U0635245

中小学综合实践活动的整体规划与实施

STEM 视野下
区域本土化研究

孙赤婴◎主编　吴志群　褚克斌◎副主编

华东师范大学出版社
·上海·

图书在版编目(CIP)数据

中小学综合实践活动的整体规划与实施：STEM视野下区域本土化研究/孙赤婴主编.—上海：华东师范大学出版社，2021

ISBN 978-7-5760-2036-6

Ⅰ.①中… Ⅱ.①孙… Ⅲ.①活动课程－教学研究－中小学 Ⅳ.①G632.3

中国版本图书馆CIP数据核字(2021)第158067号

中小学综合实践活动的整体规划与实施
STEM视野下区域本土化研究

主　　编　孙赤婴
副 主 编　吴志群　褚克斌
策划编辑　林青荻　刘　佳
审读编辑　李　璨　刘诗意
责任校对　郭　琳　时东明
装帧设计　卢晓红

出版发行　华东师范大学出版社
社　　址　上海市中山北路3663号　邮编 200062
网　　址　www.ecnupress.com.cn
电　　话　021-60821666　行政传真 021-62572105
客服电话　021-62865537　门市(邮购)电话 021-62869887
地　　址　上海市中山北路3663号华东师范大学校内先锋路口
网　　店　http://hdsdcbs.tmall.com

印 刷 者　杭州日报报业集团盛元印务有限公司
开　　本　787×1092　16开
印　　张　15.5
字　　数　258千字
版　　次　2021年9月第1版
印　　次　2021年9月第1次
书　　号　ISBN 978-7-5760-2036-6
定　　价　58.00元

出 版 人　王　焰

(如发现本版图书有印订质量问题,请寄回本社客服中心调换或电话 021-62865537 联系)

本书编委会

孙赤婴　吴志群　褚克斌
王朝平　孙群英　黄瑞花

本书系 2020 年度上海市教育科研市级课题

课题名称:STEM 视野下中小学综合实践活动课程的区域本土化实践研究(C20090)

序　言

2001年教育部《基础教育课程改革纲要（试行）》要求从小学至高中设置综合实践活动并作为必修课程,2017年《中小学综合实践活动课程指导纲要》强调要确保综合实践活动课程全面开设到位。对于综合实践活动课程的落实,上海在《上海市普通中小学课程方案（试行稿）》中,明确提出了实行国家、地方、学校三级课程管理制度,并通过校本课程加以推进。

2009年奉贤区提出"全面课程、校本特色"的区域课程建设目标。2013年,奉贤区教育研究中心的《区域中小学校本课程管理与指导的实践研究》立项为市教委课题,并开展了《中小学校本特色课程资源平台与体验式培训中心》《奉贤区推进STEM教育的实践研究》等多个市级项目的研究,形成了《奉贤区中小学校本课程管理与指导手册》等11份工作方案。明确的工作目标和机制促进学校课程建设在规范实施中不断彰显特色,推动着区域综合实践活动的开展。《区域中小学校本课程管理与指导的实践研究》项目在2017年获得上海市教学成果奖评审一等奖。

虽然课程改革在稳步推进,但是目前还面临着严峻的挑战,至今为止,中小学最广泛应用的课程模式还是分科目式的。然而,要让学生全面而有个性地发展,要让学生为未来的发展提前准备,他们必须跨越学科的界限进行学习。因此,对学生跨学科综合素养等要求呼唤着中小学课程与教学的进一步变革。

促进学生全面而有个性地发展,就是要强调德智体美劳五育并举,培养良好政治素质、道德品质和健全人格;关注学生个性化、多样化的学习和发展需求。迈向"十四五",上海根据国家课程改革要求,结合中考、高考的招生制度改革,进一步强化了发展综合素养的跨学科课程、研究性学习等要求，在中考中设置了"跨学科案例分析"的考试，在小学推进主题式综合实践活动课程。学生的全面发展和个性成长也是奉贤区"新成长教育"的使命与追求，结合基础教育"双新"（新课程、新教材）及《奉贤区创新推进课程教学行动计划》(2021—2024)的推进，奉贤区教育研究中心综合实践活动课程课题组就"校本课程、STEM教育、跨学科教学、综合实践活动课程"展开新一轮的融合研究，期望将区域课程改革引向纵深发展。

综合实践活动课程是从学生的真实生活和发展需要出发，从生活情境中发现问题，转化为活动主题，通过探究、制作、体验等方式，培养学生综合素质的跨学科实践性课程。综合实践活动课程作为开放的实践性课程，与学科课程相比，更具有鲜明的实践性、开放性、自主性、生成性，因而《中小学综合实践活动课程指导纲要》仅仅给出了课程目标、内容、实施和评价等一些大的要求和原则；综合实践活动就课程资源而言具有极强的地方性，不同地区自然条件、文化传统千差万别，使得综合实践活动在具体的课程内容上不可能统一，也无法形成统一的教材或参考资料，这也让一线教师常常无所适从。

在奉贤区，通过10多年的研究与实践，一大批具有学校特色、有利于学生个性发展的校本课程已日趋成熟，尤其是以STEM教育为代表的提升学生跨学科综合素养课程，与新课程方案要求的综合实践活动课程有着异曲同工之妙。为保证区域课程建设有内容、有载体、有特色、有效果，2014年起奉贤区教育学院成立以副院长为组长、10多位教研员为组员的团队，融合STEM教育等项目经验，合力研究区域综合实践活动课程的开发与实施，并致力于本土化实践。

STEM教育是有别于传统单科教育的综合教育理念，强调将科学(Science)、技术(Technology)、工程(Engineering)和数学(Mathematics)等不同学科知识整合起来，在任务或问题的引领下促进学习者的综合运用能力以解决实际问题。STEM教育所主张的跨学科融合，是将不同学科的知识整合成相互联系的统一整体，注重实践和过程，强调解决真实问题，倡导"做中学"；强调创新与创造力培养，注重知识的跨学科迁徙及其与学习者之间的关联。

《奉贤区创新推进课程与教学工作三年行动计划》(2015—2018)提出"以《区域中小学创新教育STEM课程实验室建设与课程开发》市级项目为引领，建设一批跨学科综合课程，提升教师的课程素养，逐步形成适合学生科学探究能力发展的区本化课程及相关配套资源"。2015 年奉贤区成为上海第一个全区推进 STEM 教育的行政区,逐渐建设了一批具有跨学科特色的 STEM 综合实践活动课程,2018 年《奉贤区推进 STEM 教育的实践研究》在上海市教研室主任论坛上获得金奖,代表上海市教研室在第九届长三角基础教育课程与教学改革论坛中做主题发言。2019 年向市教委申报的课题——《STEM 视野下中小学综合实践活动课程区域本土化实践研究》成功立项。

STEM 教育更注重理工科综合能力的培养,顺应了新时代社会发展对创新型人才、高水平技能人才、跨学科综合人才的需求,所以,许多国家把 STEM 教育与未来国家竞争力挂钩。但在国内的 STEM 教育热潮中,很多项目依托高校、研究机构、公司,相对而言,中小学校的 STEM 教育还是处于一种被动、稚嫩的状态。在奉贤区现有的 148 门区级特色课程中,STEM 项目占比还不高,呈现出理工类区域综合实践活动课程相对薄弱的现象。区域课程改革全面深化的需求与学校高品质课程缺乏的矛盾越来越尖锐,2019 年我们对全区中小学校的调查结果显示:目前我区学校领导和老师普遍认为以 STEM 为代表的理工类综合实践活动课程及其配套创新实验室还比较匮乏,教师课程项目设计与开发的能力非常欠缺,这些一定程度上也印证了我区在《上海市中小学生学业质量绿色指标》测试中学生科学素养相对薄弱的情况。

STEM 视野下的综合实践活动课程以区域课程的薄弱环节——理工类综合实践活动课程为主要研究对象,将学生置于真实生活情境并选择性解决问题的具体过程,在这个过程中学生融合多学科知识,以工程实践的方式解决问题。学校利用 STEM 教育所倡导的项目学习、课程资源等进行课程活动的内涵建设,形成跨学科的综合实践活动课程。

学生在解决具体问题时,运用不同学科知识,与教师和学习同伴不断头脑风暴,并进行自我反思,以一种融合的高阶思维来整合信息,不同的学科知识融会贯通,促进学生的深度学习。学生在体验式学习和沉浸式学习中,更加注重反思和迁移,更加关注广泛的背景信息和材料之间的内在关系,从而激发学习潜能,培养创新思维和批判性思维。

比如,奉贤区洪庙中学七年级学生的"生态瓶制作"课程,就是在科学课"学习认识生态系统"的内容基础上提出的。生态瓶是"将少量的植物,以这些植物为食的动物和其他非生物物质放入一个密闭的光口瓶中,形成的一个人工模拟的微型生态系统"。每天早出晚归的学生很少有接近大自然的机会,制作并观察带有小鱼小虾的生态瓶能够满足他们探究自然的兴趣。课程融合了科学、生物、数学、信息科技等多学科的知识,帮助学生在潜移默化中获得综合实践能力。学生通过制作与观察生态瓶,也认识到爱护环境、维护生态平衡的重要性。

区域综合实践活动课程的推进,可以引进部分外来的优质课程资源。STEM 教育发端于欧美,欧美有一定数量的经典案例,引入我国 10 多年来,各地也有一些经典案例,特别是高校研究团队、教育企业有一些较为成熟的案例。但是每个成熟的案例都有它的文化背景以及其活动所需要的基础资源,这些案例是否符合本地综合实践活动课程发展的需求? 在实践中,我们既需要引进大量的高品质外来资源,更需要进行适合区域发展的本土化改造。

比如,东南大学开发的"桥世界"课程作为"STEM 案例集"中一个经典的案例,是由美国康涅狄格州科学中心开发,由东南大学团队翻译并进行了二度开发而成的。地处江南水乡的奉贤几乎所有乡镇都以"桥"冠之以名(南桥,头桥,胡桥……),誉有"桥乡"之称。奉贤区江山小学的教师们在参加奉贤区教育研究中心与东南大学联合举办的 STEM 课程培训中,学到了精髓,结合学校原有的校本课程进行了"砖桥"综合实践活动课程开发。

"砖桥"综合实践活动课程是基于真实问题的 STEM 课程。师生对奉贤区 130 余座古桥进行考察,紧紧围绕乡情,以项目活动的形式展开课程研究,通过项目引领,培养学生精益求精的工匠精神。学生在实地考察中感受奉贤"桥乡"的文化魅力;在真实的情境中了解桥梁的相关科学知识;在砖桥搭建过程中理解工程问题、发展工程素养。在主动学习中培养勇于探索、不断发现的创造精神;在小组探究、团队合作中形成教师主导、学生主体的互动教育模式。

在本土化的实践与改造中,学校又逐渐加入信息化元素,借助 DIS 传感器等,打造课程的数字化演绎与资源平台,更好地打破时间、空间的限制,促进教育教学与课程研究的一体化。

"砖桥"综合实践活动课程自 2017 年开始由普通的校本课程向 STEM 课程演变与发展,经历了 3 次大的修改。目前由 12 个主题构成,每个主题以 8 个模块进行活动。课程研究涵盖不同学科领域:自然学科承重力的影响因素探究,美术学科对桥的造型设计,数学学科对桥的长宽高比例测算,语文学科对桥文化的探究……学校在不同的学科领域组建小项目团队,进一步开展以学科领衔的"砖桥"综合实践活动课程群建设。

"砖桥"综合活动课程注重跨学科融合的学习体验,注重跨学科学习的项目共同体建设,目标在于培养学生的探究性学习能力与创新素养,是学校基于学生发展、教师队伍、资源条件,校本化地实施国家课程和对外来优质课程资源的二度开发,学校项目团队在课程方案编制、课程开发、课程实施指导、管理与评价等方面都得到全方位的历练与提高,其经验也呈现了学校项目团队在校本课程的顶层设计、资源建设、实践推进等诸多方面的努力。3年来该课程项目获得了"第一届全国中小学 STEM案例评选二等奖""第五届全国项目式学习案例评选最佳案例评选二等奖"等21项区级以上的奖项。

区域综合实践活动课程的推进,关键还在于努力挖掘适合开发的本土化特色资源。强调区域本土化是因为跨学科的综合实践活动课程及其活动,都具有生活化、个性化、真实情境化等元素,这样的综合实践活动要以丰富的资源为依托。所以,放眼全球,借鉴区域外优质资源需要关注本土教育发展需求和自然、文化资源,充分挖掘本土的特色资源。综合实践活动课程的资源本土化也有利于课程资源的节约开发、因地制宜地开展研究。奉贤区有着优越的自然条件和人文环境,比如,传统文化、古建筑古村落、海湾旅游区等;学校资源、乡土资源,也都是具有本土化特色的素材,可以为综合实践活动课程的开展提供丰富的课程资源。

地处奉贤区最边远的农村学校——洪庙小学为了打造具有乡村特色的校本课程,发挥课程的引领作用,积极挖掘传统资源,开发设计了着眼于学生的创新素养培养的"小蜜蜂"综合活动课程。"有一只小蜜蜂,飞到西又飞到东,嗡嗡嗡嗡,嗡嗡嗡嗡,不怕雨也不怕风,自立自强有信心,刻苦耐劳勤做工,有恒一定会成功……"洪庙小学的办学理念是:让每一个人都有梦想。学校希望培养的学生能像小蜜蜂一样"明礼、勤奋、自主",能像小蜜蜂一样朝着芬芳、朝着甜蜜的梦飞翔。

"让每一个人都有梦想"就是让学生全面而有个性地发展,这需要学校多重构建有特色的、有品质的校本课程。"小蜜蜂"综合活动课程根据"我与自己""我与社会""我与自然"三个维度建构课程框架,通过"I成长主题式综合活动课程""慧生活主题式综合活动课程""法布尔主题式综合活动课程"三个主题模块的优化和整合,整体构建综合实践活动课程。课程开发依托学校资源、家庭资源、乡土资源,引导学生对家庭生活、校园生活、家乡生活深入探究,从而树立起公民意识和社会责任感。

其中的"法布尔"主题式综合活动课程,充分利用乡村学校的生态资源优势,以科技创新活动和生态探究为抓手,打破了学科间的壁垒,通过跨学科的体验学习和实践操作,实现从知识到能力、从学习到生活的沟通。法布尔实验室原本是该校校园内一块 L 形的荒地,在综合实践活动课程建设中逐渐开发成生态种植园地。现在,沿着一条小河道,周边自然生长着许多植物,有多种多样的多肉植物、蔬菜、果树、中草药,小动物以及潜伏在内的昆虫数不胜数,是孩子们探索自然的乐园。

法布尔以昆虫为琴拨响人类命运颤音,"法布尔"主题式综合活动课程引导孩子关注自然世间,养成热爱自然的情怀和探究自然的兴趣。该课程将课堂教学与生活实践紧密联系,更重视学生人格的成长。"法布尔"主题式综合活动课程在上海市STEM 教育现场会等区、市级研讨活动中多次得到展示,获得同行的称道,荣获"第一届全国中小学 STEM 案例评选三等奖""奉贤区中小学研究性学习成果二等奖"等奖项,学校也由此于 2020 年入选为上海市项目化实验学校。

近年来,奉贤区在 STEM 视野下中小学综合实践活动课程推进中,有了一系列具有鲜明本土特色的项目,洪庙小学的"小蜜蜂"综合实践活动课程、江山小学的"砖桥"综合实践活动课程是其中的代表。

法布尔童年时代就迷上了大自然中的花草虫鸟,靠自学获得了自然科学博士学位,他不知疲倦地从事独具特色的昆虫学研究,把成果写进一卷又一卷的《昆虫记》。

著名桥梁专家茅以升 10 岁那年的端午节,秦淮河赛龙舟,观者挤塌文德桥,溺死多人。茅以升自此萌生了愿望:我长大一定要做一个造桥的人,造的大桥结结实实,永远不会倒塌!

"杂交水稻之父"袁隆平做过一个梦:杂交水稻的茎秆像高粱一样高,穗子像扫帚一样大,稻谷像葡萄一样结得一串串,他和他的助手们一起在稻田里散步,在水稻下面乘凉。

谁能不为他们对事业的如醉如痴、梦魂牵绕,发出由衷的赞叹呢? 他们的快乐,他们的充实,他们的成功,都来自童年时代所执著的、美妙的梦想。从本质上讲,我们的"小蜜蜂""砖桥"综合实践活动课程也是这样的一种思维方式,也是其中的代表:在孩子的童年时代植下美好的梦想与追求。

奉贤区洪庙小学等学校课程改革的发展得益于学校课程管理团队教育思想的创

新,得益于教育价值的多元思考。在这么一种环境之下,学校的学科教学在不断打破学科壁垒,在凿通学科知识体系的基础上,逐渐给学生还原一个整体学习的机会。学校课程建设的特征之一在于开发与实施的开放性,但是对于大部分学校而言自身力量有限,况且由于城乡的差异、资源的不均导致学校发展的不均衡。这就需要区域专业部门不断通过专业引领、实践努力,寻找课程新的开发点,指导教师进一步开发、实施符合学生创新素养培养的跨学科综合活动课程,将优秀的案例进一步提炼出成功的推进模式,以更好地在区域内得到资源共享。

开展综合实践活动课程建设,在奉贤区已经走了一段较长的路。基于国家课程方案对综合实践活动课程所提出的新要求,学校将结合前期经验,进一步推进综合实践活动课程的本土化研究,充分挖掘区域特色资源,继续将校本课程建设经验、STEM教育融合于综合实践活动课程的本土化建设中,关注学生跨学科素养、创新素养培育,使我们培养的学生具有综合实践能力和创新意识,热爱科学,热爱家乡,为社会发展作出更大贡献。

教育的根本宗旨是立德树人。通过学校的课程建设,让广大学生在掌握基础知识的同时知行统一,努力发展学生的创新素养,着眼于课程改变未来。在不断创新中深化区域课程改革,为了学生的终身发展,我们将继续不懈努力!

孙赤婴

2021 年 5 月

(本书稿由孙赤婴、吴志群、褚克斌、王朝平、孙群英、黄瑞花等同志编写,最后由主编审定。)

目　录

致读者

当综合实践活动遇到 STEM 时,无论你是富有管理经验的教育行政者,还是擅长研究的教研工作者,或是一名有多年教学经验的教师,都会遇到一些困惑,我们该怎么办? 如果你是一名教育行政管理者,可以选择阅读第一章、第二章;如果你是一名教研工作者,可以选择阅读第一章、第三章;如果你是一名学校管理者或综合实践老师,可以选择阅读第一章、第四章。

第一章　综合实践活动遇见 STEM

第一节　富有价值的综合实践活动

综合实践活动是 21 世纪初课程改革方案中新设置的一门小学三年级至高中的必修课程,曾被称为第八次课程改革中的亮点。2017 年 9 月,教育部印发了《中小学综合实践活动课程指导纲要》(以下简称《纲要》),新《纲要》进一步明确规定综合实践活动课程为"从学生的真实生活和发展需要出发,从生活情境中发现问题,转化为活动主题,通过探究、服务、制作、体验等方式,培养学生综合素质的跨学科实践性课程"。奉贤区经过十多年的实践,其综合实践活动课程在培养学生社会责任意识、实践能力和创新精神等方面的独特教育功能,获得了学校师生和社会的广泛认可。

一、 综合实践活动课程是面向学生生活世界的学习

杜威说:"选择了一种教育,就选择了一种生活方式……教育是发生在师生之间的真实生活世界中的社会活动,生活世界是教育发生的场所,学生的体验和经验构成了学校教育的重要内容;生活世界也是教育意义得以建构的场所,教育只有向生活世界回归才能体现教育意义的真谛。"综合实践活动将学生的直接经验与间接经验相融合,它一方面具有尊重学生直接经验的课程价值,另一方面又有寻求间接经验的个人意义,使之共同构建个体生命的完整性。"纸上得来终觉浅,绝知此事要躬行",综合

实践活动课程引导学生走进生活领域和真实世界,充分尊重学生的兴趣、爱好,让学生带着问题深入实际生活、深入社会,使学生学而不厌、做而不累,拓宽知识面,使学生热爱生活,形成积极向上的意志品质和生活态度。

二、 综合实践活动课程是综合程度很高的学习

顾名思义,综合实践活动的主要特点是"综合"和"实践"。与单一的学科课程相比,综合实践活动课程以问题为中心,整合了一系列相关学科知识和研究方法,着重培养学生运用相关学科的知识来解决综合性实际问题的能力。例如"垃圾的分类与处理"这一类主题,就需要学生了解环保方面的知识,学习问卷设计、调查、统计、分析的方法,而且还要制作标语、撰写报告、推广成果等等,这就涉及数学、语文、信息技术等多学科的知识,以及与他人在社会中交往、交流、合作等技能和技巧。显然,以上这些知识和技能,不是单一的任何一门学科所能提供和解决的。又如,学生在综合实践活动中可以走进社区图书馆、养老院、居民区,走进科技馆、气象台,走进街道、地铁站、田野进行研究。综合实践活动课程强调学生的亲身经历,要求学生积极参与到各项活动中去,在"做""考察""实验""探究"等一系列活动中发现和解决问题,体验和感受生活,从而学会做事——能够将所学知识付诸实践,并能够获得适应未来未知工作的能力。

三、 综合实践活动课程是不断开放生成的学习

综合实践活动课程是没有统一的课程标准和教材的,是超越教材、课堂和学校的局限的。综合实践活动课程的开展,使学生的学习空间变广了,思维变活跃了,生成的信息更丰富了,学生成为教学资源的生成者和构成者。教师也不再仅仅是知识的呈现者。初始阶段,学校和教师一般都会根据学生的兴趣、学校与社区的资源、自然条件等情况来确定课程内容,对内容进行周密部署,然而在活动实践过程中,随着学生认识和体验的不断加深,新的问题会不断生成,原有计划好的目标、内容、程序等也会进行相应的更新和完善。

例如,奉贤区育秀实验学校教师在指导学生探究"家用废旧电池"这一主题时,发

现在实施垃圾分类中,很多人习惯将所有废旧电池投入到"有害垃圾"中。其实市面所流通的一次性干电池几乎都已经进行了无害处理。因此,学生们提出,并不是所有的废旧电池都要当作有害垃圾处理,废旧电池的投放也应该分类处理,要通过看电池上的标注再确定是投放到干垃圾中还是有害垃圾中。可见,师生在综合实践活动中是教学相长的,每一个学生、每一个教师都能超越原有知识的局限,生成未知的新的世界。

四、 综合实践活动课程是培养核心素养的学习

发展学生核心素养是指导课程改革与教育教学的总纲领,旨在培养学生的必备品格与关键能力。综合实践活动课程,正是为了转变与更新传统的教育理念,创设一种适应学生主动发展需要的学习环境,让学生在学习中学会选择,在活动中认识社会,在参与中发展自我。其目的是把装进学生书包的各种专题教育读本,诸如健康教育、安全教育、环境教育、国防教育、科技教育、生活教育等等,通过综合、开放的实践活动形式展现给学生,使学生能在对问题的思辨、探索、尝试、调整和解决的自主性活动中获得积极的、创造性的人格发展。综合实践活动课程注重学生创新意识、实践能力与个性品质的结合,加深学生对自然、社会、人文和自我之间内在联系的认识,这与发展学生核心素养是和谐统一的。综合实践活动课程之所以能够紧扣核心素养的教育理念,是因为其蕴含了个人与学科的关系、个人与他人的关系、个人与情境的关系,无论在价值取向、内容选取还是功能指向上,综合实践活动课程都全面、立体地彰显了我国发展学生核心素养的框架。

例如,奉贤区洪庙中学一位有摄影特长的教师,开发设计了"镜头看世界"课程,以校园、家庭、社区为切入口,用镜头捕捉身边的精彩瞬间,感悟世界的美好。她带领学生学习摄影技术,学习用发现美的眼睛去拍摄自然、学习和生活中的动人图像。该课程的意义就在于立德树人,让学生得到全面发展,同时,在日常实践活动之中,开展爱国主义、优秀传统文化教育,也是体现遵循教育规律、尊重个体差异、坚持因材施教、培养学生动手实践能力和合作创新思维的典型案例。

第二节 改变学习方式的 STEM 教育

STEM 是科学（Science）、技术（Technology）、工程（Engineering）、数学（Mathematics）四门学科英文首字母的缩写，STEM 教育作为跨学科综合教育的有效形态，其重要性已被世界各国广泛认知。教育部 2017 年修订的《义务教育小学科学课程标准》中倡导 STEM 教育等跨学科学习方式，STEM 教育是一种以项目学习、问题解决为导向，将科学、技术、工程、数学等学科有机地融为一体的课程组织方式。STEM 学习是在复杂的学习情境中改变和优化学习方式、培养实践能力与问题解决能力的教育，其主要改变具体表现在以下四个方面。

一、 从教师为中心变为以学生为中心

传统教育以接受性学习为主，以教师为中心，常常把学生当作承受知识的容器，让学生接受现成的结论。STEM 教育则是承认学生生命的整体性和发展的能动性，鼓励学生在 STEM 学习的过程中满足各方面发展的需要，使学生在教师的指导下自主地发现问题、探究问题、获得结论。STEM 学习不是否定接受性学习，而是要在综合实践活动中找回学生应有的发展方向，促使学生更好地发展。传统教育下的教师是知识的占有者和传授者，是学生获得知识的唯一来源，教学方式是传授式、一言堂，STEM 学习淡化了师生界限，教师不再是教学的垄断者，教与学的互换日趋频繁，教师成了活动的参与者、组织者、指导者。

比如，奉贤区待问中学有一些学生发现，网络购物后，很多快递员只能将快递包裹放置在小区或单位等统一地点，无法直接交到买主手中。特别是疫情期间，为实现无接触送货，快递员只能配送到指定地点，而指定点没有专人负责分类，常常是很多快递包裹堆积在一起，给收件人寻找包裹增添了不便之处。在老师的建议下，学生们开始研究快递的"最后一公里"问题，提出了"设计快递小车"这个项目，在普通小车的基础上，针对"承重""小车循迹路线"等特殊功能进行设计。这个从问题发现、问题分析到设计方案、制作小车、测试改进的过程，是非常难能可贵的，对学生解决问题思维

方式的培养和自主探究能力的提高都意义非凡。

二、 从学生个体学习变为合作学习

STEM 教育倡导解决真实问题。学生在学习过程中遇到困难和问题时,需要小组合作和同伴交流,和谐共享的学习氛围不仅能够使学习者放松身心,更能拓宽学习者的思路,促进学习者的思维碰撞,激发学习者的兴趣和深层学习动机。

STEM 教育倡导同伴互助,STEM 活动都是错综复杂的跨学科、跨领域问题,不是学生个体凭借已有的知识经验能够解决的,需要借助不同个性特长的同伴、老师,甚至专业机构的资源,是一种互补式学习。比如,奉贤区洪庙小学的学生在校本课程"法布尔实验室"中开展"设计蚱蜢屋"活动,有的学生查找资料了解蚱蜢的生活习性,有的学生开展对比实验验证蚱蜢的活动特点,有的向昆虫专家咨询昆虫饲养的专业知识,为了同一目标指向不同角度的研究,不仅锻炼了学生个体的自主学习能力,还使学生在与同伴的学习交流中得到启发、互补,同时学生之间还可以展开竞争,促进探究学习的积极性。

三、 从单一学科变为跨学科的学习

学生在解决具体问题时,运用不同学科知识,与老师和学习同伴不断进行头脑风暴,并进行自我反思,以一种融合的高阶思维来整合信息,将不同的学科知识融会贯通,促进学生的深度学习。学生在体验式学习和沉浸式学习中,会更加注重反思和迁移,更加关注广泛的背景信息和材料之间的内在关系,从而激发学习潜能,培养学生的创新思维和批判性思维。

比如,奉贤区洪庙中学七年级学生正在开展的"生态瓶制作"项目,就是源于科学课中"学习认识生态系统"这一内容基础。生态瓶,是"将少量的植物、以这些植物为食的动物和其他非生物物质放入一个密闭的广口瓶中,形成的一个人工模拟的微型生态系统"。每天早出晚归的学生大多生活在城市中,很少有接近大自然的机会,制作并观察带有小鱼小虾的生态瓶能够满足他们的兴趣。学生可以通过制作与观察生态瓶,认识到爱护环境、维护生态平衡的重要性,这一过程融合了科学、生物、数学、信息科技等多学科的知识,能够帮助学生在潜移默化中获得综合实践能力。

四、 从学科素养变为核心素养的培养

STEM 教育的课程设置不是将科学、技术、工程、数学四门课程简单地拼凑和组合，而是基于某一真实的现场场景，运用工程方式，在解决的过程中集合信息、数学及多学科知识，最终完成现实问题的解决。在此过程中，STEM 教育强调活动是有目的、有方法、有系统的融合，这与以单一学科内容为主的教学形成了鲜明的不同。所以，STEM 教育培养学生实际操作能力，强调在动手实践中学习，这种更加综合的学习是培养学生理工科技素养的重要途径，包括理性思维、批判质疑、勇于探究、勤于反思、劳动意识、问题解决、技术运用等素养。

上海市奉贤中学一位教师指导学生设计制作"求生哨"，该项目通过技术实验，采用迭代的方法来完成求生哨的设计制作，探讨外形设计与哨音频率的关系。该项目使学生经历技术设计的一般过程，学生需要制定符合要求的设计方案、使用数字化加工设备三维打印机、运用软件绘制草图、采用技术实验数据进行优化设计，培养学生形成初步的工程意识和思维。该项目的重点是运用草图和三维建模软件进行设计，难点在于哨子模型的优化设计。学生首先进行网络检索与交流讨论，学习研究完成项目所需的声学领域的概念和原理，对哨子的发声原理有了初步了解，之后形成设计方案，绘制草图，并运用三维建模软件进行设计表达，接着学习三维打印机的使用，物化求生哨，通过模型的优化设计，学会迭代的设计方法。由于三维打印机的速度慢，因此以一大组分三小组进行迭代，每次从三个哨子中选择制作较优的作品作为下一次迭代的基础。通过基于标准的过程性实验，让学生学会实验对比、评价的方法，进而分析影响哨子频率的因素。以上这类有关 STEM 的设计与实践活动，就是很好的培养学生综合实践素养的项目载体。

第三节　综合实践活动在这里遇见 STEM

一、 区域综合实践活动现状

《奉贤区推进教育综合改革实验区方案》(2015—2020 年)中要求：坚持"全面课程、校

本特色",推动学校建设一批跨学科综合课程,加快推进校本课程向特色化、品质化发展。2010年开始的区域综合实践活动研究,已经形成了148门区域的校本特色课程,2014年开始的STEM区域研究,形成了十多门的STEM特色课程,取得了预期成效。

那么,我区中小学在实施综合实践活动课程(这里指两类课程,校本课程、STEM教育)的过程中还可以挖掘哪些资源,以进一步提升课程的实施水平?为了了解中小学综合实践活动课程的现状,2019年11月,项目组从课程认识、能力、实施、管理和评价五个维度对中小学领导和教师进行了调查和深度分析,旨在为区域综合实践活动课程政策制订、教师培训和相关问题提供科学依据。调查采用问卷方式进行,调查问卷分成两个部分,其中一份问卷针对教师,全区2145名教师参与调查,另一份问卷针对学校领导,全区共有117名学校教导、分管校长或校长参与调查;调查对象的学段涵盖小学、初中、高中,学校所在地分布在奉贤地区的各个乡镇。

(一) 基本情况

1. 对综合实践活动课程的认识

对中小学综合实践活动课程的认识,包括对综合实践活动的关注度和对其意义的认可度。从调查的结果来看,仅有51.5%的教师基本了解综合实践活动课程,没听说过和有点了解的教师占比近50%,显然中小学教师对综合实践活动课程认识度并不高。另外,无论是学校领导还是教师对综合实践活动都有所了解,其中学校教师相较于领导的了解程度更高。关于中小学校开展综合实践活动的意义,总体上教师比较认可,55.9%的教师认为综合实践活动课程促进了中小学生的综合素质,39.2%的教师认为综合实践活动课程可以成为新课改背景下中小学校的教育特色,详见表1-1。

表1-1 对综合实践活动课程的认识

教师对综合实践活动课程的了解程度	十分了解	基本了解	有点了解	没听说过
百分比	3.3%	51.5%	35.5%	9.7%
领导对综合实践活动课程的了解程度	十分了解	基本了解	有点了解	没听说过
百分比	15.1%	50.5%	31.1%	3.3%
学校开展综合实践活动课程的意义	没太大意义	可以促进学生综合素质	可以提升工作表现	可以成为学校的特色
百分比	1%	55.9%	3.9%	39.2%

2. 综合实践活动课程的跨学科能力

对开展综合实践活动课程的跨学科能力,包括教师对跨学科能力培养的需求度和指导学生的胜任度。从调查结果看,30%的教师认为非常需要,50%的教师认为需要,说明教师们对发展跨学科能力的需求很大。其中对不同教龄教师的需要程度分析发现:中青年教师认为跨学科能力的发展更需要。教师在指导学生开展科学探究类或STEM实践活动时,有8%的教师能完全胜任,38%的教师基本胜任,超过半数的教师认为自己不太能胜任或不清楚,详见表1-2。

表1-2　综合实践活动课程的跨学科能力

您认为中小学教师是否需要发展跨学科能力?	十分需要	需要	一般	不需要	非常不需要
百分比	30%	50%	11%	9%	0%
您在指导学生开展科学探究类或STEM实践活动时能否胜任?	完全胜任	基本胜任	不太能胜任,需要培训	不清楚	
百分比	8%	38%	51%	3%	

3. 综合实践活动课程的实施

综合实践活动课程的实施主要包括课程的开设与课程活动的组织等。从调查结果看,无论是教师还是学校领导都认为开设综合实践课程面临的最大问题是"教师自身时间和能力有限""学校的实验室等硬件设施条件跟不上"和"周边可供学生研究性学习资源有限",有77.5%的教师和88.1%的学校领导都认为需要提供课程资源,学校的大部分领导认为需要对学校教师进行培训。相反,选择"安全问题难以保障"和"上级领导不重视,家长社会不支持"这两个选项的教师和领导较少,说明大部分领导都很重视,家长和社会也支持,安全问题也可以得到保障,在大环境保障的情况下,如何将这门课程在学校开设、实践亟待思考研究。其中值得关注的是对课程了解程度越高的老师,对培训教师的需求越大,需要教材的需求也越大。另外,学校在培养学生的创新精神和实践能力方面形式多样,在参与调查的117位学校领导中,有108位领导所在的学校会组织开展校内科技节引领学生开展创新实践活动,也有71位领导所在的学校会安排一定课时,组织学生集中学习创造发明基本方法。有29%学校领导认为在综合实践活动教学中存在的主要问题为教师角色定位模糊,25%的学校领导认为是活动指导不到位,详见表1-3。

表1-3　综合实践活动课程的实施

您所在的学校开设这门课程面临的最大困难是什么?	上级领导不重视,家长和社会不支持	学校的实验室等硬件设施条件跟不上,周边可供学生研究性学习资源有限	教师自身时间和能力有限	课时安排得不到保障	受应试教育冲击,观念转变困难	安全问题难以保障	没有教材
百分比	8.81%	53.4%	61.9%	25.1%	37.1%	9.7%	20.6%

您认为目前有效实施综合实践活动课程需要做的最重要的工作是什么?		培训教师	提供教材	提供其他课程资源	政策支持	加强督导	其他
百分比	教师	70.4%	65.7%	77.5%	45.6%	18.3%	0.1%
	领导	99.2%	80.3%	88.1%	59.8%	35.9%	0.0%

目前学校在综合实践活动教学中存在的问题主要有?	课程性质不清楚	课程内容不清楚	教师角色定位模糊	活动指导不到位	评价体制不合理		
百分比	15%	13%	29%	25%	18%		

您所在学校培养学生的创新精神和实践能力的主要方式有哪些?	每年都组织学生集中学习创造发明基本技法	每年都组织开展校内科技节,引领学生开展创新实践活动	每年都组织开展校内科技创新发明作品评比活动	每年都组织学生参加各级各类学生科技发明创新作品竞赛活动	每年都组织学生参加各级各类现场学生创意设计与制作竞赛活动	每年都对学生获得的各类科技创新发明成果进行表彰奖励	其他
百分比	60.6%	92.3%	66.7%	78.6%	76.1%	61.5%	0.01%

4. 综合实践活动课程的管理

对综合实践活动课程的管理,主要指向对教师和学生的过程性管理。在教师课程教学的管理中,学校对综合实践活动指导教师在备课环节提出的要求最多的为"教师在制定学年、学期、年级、班级综合实践活动指导计划的基础上,制定学生主题活动教师指导方案",28.3%的学校没有统一明确的要求,30.5%的学校采取与其他学科教案检查一样的标准来评价综合实践活动教师指导方案,说明学校开展综合实践活动的管理不够规范。在课程开设中超过了85%的教师特别关注了"合理的教师配置""制定相应的活动实施方案""确保开设的课时时间"三项。在学生活动的管理中,学校对学生每学期过程性作业留存情况的分析显示,48%的学校没有留存学生的过程性资料,详见表1-4。

表1-4　综合实践活动课程的管理

您所在的学校对综合实践活动指导教师在备课环节中提出的要求有哪些?	教师要在制定学年、学期、年级、班级综合实践活动指导计划的基础上,制定学生主题活动教师指导方案	教师要制定学生主题活动教师指导方案	教师要在制定学生主题活动指导方案的基础上,进一步制定学生主题活动各个环节的教师指导方案	学校没有统一明确的要求,教师自行决定	学校采取与其他学科教案检查一样的标准来评价综合实践活动教师指导方案	
百分比	67.6%	50.5%	52.4%	28.3%	30.5%	
您认为一个学校要开设好综合实践活动课程,需要注意哪些方面?	确保开设的课时时间	制定相应的活动实施方案	合理的教师配置	以学生为主体的课堂理念	对当地资源的利用和开发	其他
百分比	85.5%	87.3%	89.6%	58.1%	63.6%	
留存的过程性资料(份数)	0	1	2	3	4	4份以上
百分比	48%	20%	17%	8%	4%	3%

5. 综合实践活动课程的评价

学校对师生参与综合实践活动课程的评价,包括教师评价和学生评价措施。在学校对综合实践活动指导教师的评价这方面,有43%的学校评价的内容和方法基本与其他学科教师相同,有33%的学校采取了一些鼓励性的评价措施,还有24%的学校没有建立综合实践活动指导教师评价体系。调查也显示 55％的学校对学生参与综合实践活动学习没有过程性评价。在调查的教师中,只有 30％的教师提到会将整个过程中的各种证明材料和成果建立档案袋进行保存,有 26％的学校每学期会将主题活动整个过程材料和取得的相应成果都收集在档案袋中并进行评价和反馈。学校对在综合实践活动学习中取得各类成果的学生采取的奖励措施比较多,其中常见的有"全校通报表扬""颁发证书""颁发奖品"等,还有部分学校会评选"科技小达人""红花榜评价"等,详见表 1-5。

表 1-5 综合实践活动课程的评价

学校对综合实践活动指导教师教学工作的评价措施	还没有建立综合实践活动指导教师评价体系,归属教师原学科进行评价	建立了综合实践活动指导教师评价体系,评价内容和方法基本上与其他学科教师相同	建立了综合实践活动指导教师评价体系,并采取了一些鼓励性评价措施	其他		
百分比	24％	43％	33％	0％		
学校对学生参与综合实践活动学习的过程性评价措施	每学期没有收集与学生主题活动相关的活动成果	每学期都收集与学生主题活动相关的活动成果	每学期都收集与学生主题活动相关的活动成果,并进行评价和反馈	每学期都收集学生主题活动方案和活动结果报告,并建档	每学期将主题活动整个过程材料和取得的相应成果都收集在档案袋中	每学期将主题活动整个过程材料和取得的相应成果都收集在档案袋中并进行评价和反馈
百分比	55％	35％	33％	31％	30％	26％
学校对学生在综合实践活动学习中取得的各类成果采取的奖励措施	颁发证书	颁发奖品	颁发奖金	全校通报表扬	年级通报表扬	班级通报表扬
百分比	70.1％	53.3％	9.6％	64.2％	22.2％	29.7％

(二) 现状分析

1. 认识不到位，思想不重视，导致行动不积极

对课程的理解认识程度是有效实施课程的前提，如果对综合实践活动课程的认识不到位，定位不清楚，会使先进的理念在实践中不能得到有效的落实。调查显示有相当比例的学校领导和教师对综合实践活动课程的了解度较低，但对其期待值较高。其中 15.1% 的学校领导对于课程十分了解，99% 的教师认为开展综合活动课程非常有意义，这是可喜的地方。但还是发现超过 50% 的学校领导和教师对综合课程一知半解、了解不深，认识并未真正到位，这表现在部分学校仅满足于学校课程领导小组的成立、相关方案的制定、对实施中遇到的问题重视不够、教师对有些问题比如对课程性质以及角色定位还没有完全清楚。主要原因可能是缺乏有关机制保障，导致教学一线的校长、教师在思想上还不够重视，在实际工作中讲起来重要，做起来次要，没检查就不要。同时仍有一部分中小学还处在观望、等待的状态。

2. 管理欠规范，实施浮表面，导致效果不明显

规范的管理是有效推进课程实施的关键。调查显示有较大比例的学校对教师指导与学生活动的过程管理不够规范，课程开设比较随意。在课程管理中有 58.8% 的学校对教师综合实践活动教学常规管理没有统一的要求，48% 的学校对学生活动"轻过程，重结果"，在课程开设中还有非常多的教师特别关注"方案制定""师资配置""课时安排"三个基本问题，说明该课程的开设在许多学校还没有得到真正的落实。究其原因，一方面，区域没有及时出台规范、有序、操作性强的实施综合实践活动课程的政策支持体系，导致各校综合实践活动课程的政策规章的细化与落实较为混杂且参差不齐。第二方面，学校对综合实践活动指导教师的配备、安排比较随意，大多没有专门的教师，有的即使配备了，也是身兼数职。另外，在课程实施中有超过一半的学校领导认为教师对自主性较强的综合实践活动课程教学的角色定位还比较模糊，主要原因是由于综合实践活动课程与传统学科课程相比，呈现出许多新的特点，教师们习惯固定教材、步调划一的分科教学，导致活动指导不到位。同时部分教师对知识跨度大、融合性强的综合实践活动课程，尤其是科学、工程类综合课程缺乏研究与实践，信心不足，被动应付，草草实施，导致效果不佳。

3. 意识不到位，建设不主动，导致课程资源环境缺乏

课程的资源环境建设是保证课程常态实施的重要载体。调查显示有 61.9% 的

学校领导和53.4％的教师认为课程资源非常有限,学校的硬件设施尤其是可供学生活动的学校创新实验室跟不上,需要上级部门提供教材和经费支持等,说明我区中小学校的课程资源与环境建设还比较薄弱。究其原因,一是区域已有的综合实践活动课程资源缺乏整合,缺少平台推广,不能很好地实现课程资源共享;二是部分学校领导课程开发意识较差,没有充分挖掘当地资源和利用好区域已有的优质资源,并为学校所用;三是部分学校创建创新实验室的主动性较差,即使有实验室的学校也没有充分利用好,尤其是对于课程与实验室的有效融合缺乏研究;四是部分教师课程意识不强,课程开发能力较弱。调查中显示只有少部分教师提出需要得到家长和社会的支持等,说明部分教师尚没有意识到家长和社会是综合实践活动课程的重要资源,这些都导致教师对本土教育资源估价不足,本地优质资源没有得到充分的开发和利用。

4. 培训不到位,能力还有限,导致一线教师实施有困难

专业培训是提升教师课程意识和实施能力的重要途径。整体上看大部分教师跨学科能力培养需求度很大,STEM综合实践活动胜任度较低。调查显示61％的学校领导认为教师自身能力有限,较难胜任该课程,51％的教师提到开展科学探究类或STEM实践活动时感到非常吃力,99.2％的领导和70.4％的教师都提出上级部门要对教师进行专业培训,急需提升跨学科综合教学能力。虽然我区也曾多次组织综合实践活动课程(STEM、校本课程)教师培训活动,对教师的课程意识、课程实施能力等产生一定的影响。但从调查结果看,师资能力提升问题还是未得到有效的解决,究其原因,我们区域以往的培训,不管是综合实践活动课程还是STEM课程培训,在内容上都偏重理论,忽视实践案例的研究,同时没有更好地落实跟踪培训,教师参与面较窄,参与培训热情不高。加之教师接受培训回来后,由于学校、自身等多方原因,没有有效地开展课程实践研究,没有充分发挥引领作用,因此综合实践活动课程实施的推广面不宽、延续性不足、效果不如意。

5. 评价没到位,机制没建立,导致综合实践活动难成常态课

评价是检测和促进学校综合实践课程建设的有效手段。调查显示有67％的学校没有建立评价措施或采用与其他学科教师相同的评价方法,有55％的学校没有对学生进行过程性评价,比如与主题活动有关的活动方案、活动成果等,说明大部分学校对综合实践活动课程教师的教学情况缺乏有效的监控和评价。究其原因,一方面,区域没有及时建立综合实践活动课程教师评价机制,比如与学校绩效考核和教师职

称评定还未真正地直接挂钩等;第二方面,还没有建立对综合实践活动课程执行情况的监督评价机制,一些学校课程安排进入课表了,实际却形同虚设,综合实践活动课时随意被学科课程占用的现象还是存在,导致综合实践活动课程的发展空间比较有限;第三方面,部分学校领导和教师受应试教育评价方法的影响,没有足够重视综评研究,评价工作没有及时跟进,教师工作积极性受到较大影响,导致一部分学校综合实践活动课程难成常态课。

通过本次调查,我们认为当前我区中小学综合实践活动课程存在以下问题:

(1)中小学教师对综合实践活动课程的认识总体偏低,需要通过各种行动,如建立品牌基地校、示范校、综合实践活动课程教学案例征集、教学竞赛活动等提升教师的认识。

(2)中小学校亟需大规模的综合实践活动课程培训,可以采取线上线下相结合的混合培训模式,提升教师综合实践活动课程的基本理念、基本知识、基本方法等,尤其是工程类项目设计与开发能力。

(3)出台针对综合实践活动课程的政策,进一步明确综合实践活动课程的目标、内容体系、教学方法、实施目的以及项目范例等,并提供经费支持。对开展综合实践活动课程教师进行政策倾斜与鼓励。

(4)开发课程资源并提供支持条件,比如配套的课程和创新实验室等,促进中小学综合实践活动课程快速发展,课程与支持条件的匮乏是中小学教师实施综合实践活动课程的主要障碍之一。组织跨学科专家团队,开发适切的中小学生综合实践活动课程案例,尤其是工程类课程案例,并研制配套的实践条件,快速提升中小学综合实践活动课程的发展水平。

二、 STEM 视野下的综合实践活动

1998 年,《上海市普通中小学课程方案(试行稿)》,明确提出了实行国家、地方、学校三级课程管理制度。通过校本课程推进,奉贤区一大批具有学校特色、有利于学生个性发展的校本课程已日趋成熟,为学生提供了选择性、适应性、发展性学习的机会和载体。校本课程在课程内容开发、课程管理评价等方面与综合实践活动课程有着异曲同工之妙,因而已有的实践经验成果可以借鉴到综合实践活动课程的实施

之中。

在 STEM 教育和综合实践活动课程两者比较研究的过程中,我们发现,从课程理念角度看两者大致相同,都是培养学生的综合素质。从课程内容角度看,STEM 教育的内容属于综合实践活动课程的范畴,但它更注重理工科实践能力的培养,顺应社会发展对创新型人才、高水平技能人才、跨学科综合人才的需求,所以,许多国家甚至把 STEM 教育与未来国家竞争力挂钩。

但在近几年的 STEM 教育热潮中,很多项目都需要高校、校外机构的扶持,相对而言,中小学校 STEM 教育还是处于一种被动、稚嫩的状态。综合实践活动课程作为一种开放的实践性课程,强调超越教材、课堂和学校的发展。与以往的学科课程相比,具有更明显的实践性、开放性、自主性和生成性。《中小学综合实践活动课程指导纲要》仅仅给出了课程目标、内容、实施和评价等一些宏观层面的要求和原则,缺乏可供借鉴的具体案例。另一方面,综合实践活动从课程资源的角度来看具有极强的地方性,不同地区自然条件、传统文化千差万别,使得综合实践活动在具体的课程内容上不可能统一,也无法形成统一的教材或参考资料,这就让教师常常无所适从。因而区域 STEM 教育整体推进的需求与学校 STEM 活动课程项目缺乏的矛盾也越来越显著。

奉贤区有着优越的自然条件和人文环境,如各种传统文化、古建筑古村落、旅游区等,可以为学校开展综合实践活动课程提供丰富的课程资源。为保证学生综合实践活动有内容、有载体、有特色、有效果,奉贤区自 2014 年起成立以教育学院副院长为组长、教研员为组员的 STEM 教研团队,非常关注综合实践活动课程(校本课程)中的 STEM 项目发展,在已形成的 148 门区级特色课程中,STEM 项目明显增长,但整体占比还不高,呈现出理工科相对薄弱的现象。这也和我们对全区中小学校的调查结果相吻合,目前我区有超过一半的学校领导和教师认为 STEM 活动课程项目和创新实验室还比较匮乏,54%的教师认为 STEM 活动课程项目设计与开发的能力也非常欠缺,这些不利因素一定程度上造成了学生科学素养相对薄弱的情况,这在我区往年的《上海市中小学生学业质量绿色指标(试行)》测试中有所反映,同时这些不利因素也阻碍了区域 STEM 教育本土化的整体推进。因此,从区域的推进、本土化的实践这个层面,需要有一个更好的合力,本土化实践就是一个很好的选择。

基于以上思考,我们提出了 STEM 视野下中小学综合实践活动课程区域本土化推进的实践研究。STEM 视野下的综合实践活动课程将以区域课程的薄弱环节——理工类综合实践活动课程为主要研究对象,即将学生置于生活真实情境并选择性解决问题的具体过程,在这个过程中学生融合多学科知识,以工程实践的方式解决问题。利用 STEM 教育所倡导的项目学习、课程资源等进行课程活动的内涵建设,形成跨学科的综合实践活动课程。

区域综合实践活动课程的推进,首先要继续努力挖掘本土化的特色资源。强调区域本土化是因为跨学科综合实践活动课程的活动设置,都具有生活化、个性化、真实情境化等元素,这样的综合实践活动要有丰富的资源作为依托。所以,放眼全球、借鉴先进的教育理念需要充分关注本土教育发展的需求和自然、文化资源,充分挖掘本土的特色资源。综合实践活动课程的资源本土化也有利于节约开发课程资源、因地制宜地开展研究。奉贤区的东方美谷、江南水乡"桥"都是具有本土化特色的素材,可以为综合实践活动课程的开展提供丰富的资源。

同时,要进一步推进比较成熟的本土化综合实践活动课程案例的研究。近年来奉贤区在校本课程、STEM 教育推进中,有了一系列具有鲜明本土特色的项目,如洪庙小学的"小蜜蜂"综合实践活动课程、柘林学校的"海塘文化"综合实践活动课程、江山小学的"砖桥"综合实践活动课程等等。这些案例需要提炼出成功的推进模式,以更好地在区域内得到资源共享。

其次,要积极引进适合本土化的外来课程资源。STEM 教育发端于欧美,欧美有一定数量的经典案例,此外,STEM 教育引入我国十多年来,全国各地也有一些经典案例,特别是高校研究团队、教育企业有一些较为成熟的案例。但是每个成熟的案例都有它的文化背景以及其活动所需要的基础资源,这些案例是否符合我区综合实践活动课程发展的需求?在实践中,我们既需要引进大量的高品质外来资源,更需要进行适合我区发展的本土化改造。

综合实践活动课程的建设,在奉贤区已经走了一段较长的路。基于国家课程方案对综合实践活动课程所提出的新要求,未来我区将结合前期经验,充分挖掘区域特色资源,继续将 STEM 教育融合于本土化综合实践活动课程的建设中,关注学生综合素养、创新素养的培育,使我们培养的学生具有综合实践能力和创新意识,热爱科学、热爱奉贤,为社会发展作出更大贡献。

第二章　教育行政的思考与决策

第一节　教育行政的思考

　　综合实践活动课程作为一门超越学科框架、超越系统知识体系的课程形态,具有丰富学生对自然、社会、自我的经验,使学生回归生活世界,促进学生创新精神和实践能力发展的独特价值。《基础教育课程改革纲要(试行)》规定从小学至高中设置综合实践活动并作为必修课程,它是新课程的亮点,也是新课程的难点,是一门实践性、自主性、开放性、生成性很强的课程,体现了三级课程管理制度,即国家规定、地方管理、校本开发与实施。目前,从实践层面看,综合实践活动课程的执行过程中存在诸多问题。其中有教育行政部门的、有教育研究部门的、有学校层面的、有教师层面的,这是个系统问题。

　　我们从奉贤区及部分兄弟区的中小学校综合实践活动课程实施现状调查问卷及访谈交流中发现,区域教育行政部门的现状主要体现在如下几个方面:

　　第一,区域没有及时建立综合实践活动课程教师的评价机制,如:明确综合实践活动课程的指导教师的职称评定的方式与程序,确定综合实践活动教师工作量计算的基本标准等;

　　第二,没有建立对综合实践活动课程执行情况的监督评价机制,部分综合实践活动课程形同虚设,课时随意被其他学科课程占用,导致综合实践活动课程的发展空间受限;

第三,对综合实践活动课程研究人员、指导教师的配备、安排比较随意,大多没有区级综合实践活动专门的教研人员,有的即使配备了,也是身兼数职。有的地方虽然将综合实践活动纳入中考综合素质评价,但实际效能很低。

2014年,时任奉贤区人民政府副区长倪闽景非常重视远郊区县科学课程与综合实践活动课程教学的研究实践,对奉贤区推动 STEM 教育及综合实践活动课程引进给予积极支持,对如何更好地开展研究提出了指导性意见:"要有国际视野并主动寻求资源支持,要把 STEM 项目推进与每个学校的综合实践活动课程建设联系在一起,项目实践要与高校、企业建立深度合作……"

为保证学生综合实践活动有内容、有载体、有特色、有效果,奉贤区成立了以教育学院副院长为组长、十多位教研员为组员的项目团队,研究综合实践活动中的 STEM 教育,2015年奉贤区成为上海第一个全区推进 STEM 教育研究的行政区,也逐渐涌现了一批具有跨学科特色的 STEM 课程。

2016年5月30日,奉贤区教育局启动了"驱动课程改革的支点——区 STEM 教育推进大会",为综合实践活动课程区域本土化建设奠定了基础。

奉贤区 STEM 教育要实现跨学科、跨领域的特点,STEM 综合实践课程推进就要紧紧围绕奉贤区积极创建"东方美谷"的区域目标,打造具有郊区特色的绿色生态的 STEM 教育。课程建设应借助多方资源,搭建一个跨领域、能承担指导和支持工作的平台,有效实现课程改革的"弯道超车"。

第二节　教育行政的决策

一、 区域行政发动　争创"一校一品"学校

在教育部印发的《中小学综合实践活动课程指导纲要》中,要求课程目标以培养学生综合素质为导向。综合实践活动课程强调学生综合运用各学科知识,认识、分析和解决现实问题,提升综合素质,这与 STEM 教育培养的综合素质能力大致相同。

学校是实施素质教育的主阵地。综合实践活动课程是国家课程,必须通过校本

化实施,也就是说校本课程本身即为综合实践活动课程的本地化教学实践,但往往又是"三无课程"(没有统一的教材和教参,没有专业的指导教师,没有可以借鉴的教学经验),如何实施是个难点。为了有效实施综合实践活动课程,2007年,《奉贤区推进基础教育均衡发展行动纲领》提出要加强"校本课程的特色建设"。2009年,上海市奉贤区教育局在区第十四届教学节上强调以"全面课程,校本特色"的课程观推进区域课程建设。2010学年起,奉贤区在全市率先全面开展了"快乐星期五"活动,通过行政发动,开展"一校一品"校本课程争创活动。

在区教育局的领导下,我区成立了区域品牌学校领导小组,内设在区教育研究中心,开展提升区域课程领导力的校长、教导主任全员培训,通过教学管理者课程论坛活动,强化学校领导的课程意识;制定STEM视野下区域综合实践活动课程管理方案,将STEM视野下的综合实践活动与学校文化、学校特色、社团文化、科创活动、劳动教育等相整合;通过评选学生研究性学习案例、汇编学生研究性学习成果集,将综合实践活动内在的研究性学习和学科教学、社会实践、社区服务、劳动技术教育及学科课程等几大领域相整合。2017年11月,奉贤中学和奉教院附小被评为上海市普教系统"一校一品"特色学校。2019年11月,奉贤区江海第一小学、奉贤区肖塘小学分别以"纸艺"与"戏曲"等课程入选第四届上海普教系统校园文化建设"一校一品"特色学校。青村小学的"校园泥吧"综合实践活动课程在教育部组织的第四届全国校本课程设计大赛中荣获特等奖。

《奉贤区关于全面建设南上海品质教育区若干意见》将"学校特色品牌发展"作为全面建设南上海品质教育区的十大重点项目之一。2020年,奉贤区教育局发布《关于公布首批"品牌"计划培育学校(项目)的通知》,成立了以区教育局局长为组长的奉贤教育特色发展"品牌"计划项目评审(指导)工作组,共分学前教育组、职成教组、德育模式创新组、教学模式创新组、信息化创新组、体育活动组、艺术活动组、科创活动组、跨学科综合(STEM)组和教育模式创新组十大组开展评审活动,全区共评出首批培育的特色品牌校(项目)42项、特色优秀校43项、特色项目47项、特色实验校83项,这些学校(项目)不仅获得了专项经费支持,参与计划的专项教师也享受绩效工资倾斜。一个个项目,像一个个"支点"撬动学校的创新,不断激发每一所学校的发展活力,促进学校自主、创新、特色发展,积极建设"自然、活力、和润"的南上海品牌教育区,着力打响南上海教育品牌。

许多项目通过进一步完善,就是一门体现学校特色、办学理念的综合实践活动课程。如奉贤区柘林学校的"海塘文化"综合实践活动课程,立足乡土文化的根和魂,充分利用得天独厚的地域资源——先民们在筑塘与治水实践中形成的内涵丰富的海塘文化,它诉说着先人与灾害作斗争的坚毅与顽强,称颂着前辈与自然共处的和谐与融洽,它是学校"毅·和"校训的极好诠释,更是打造"海塘文化"综合实践活动课程的精神支柱。学校围绕"海塘史话、海塘技艺、海塘风貌、海塘畅想"四大板块,并以四个板块为横轴、以年级为纵轴,充分发挥九年一贯制学校课程一体化、培养延续性的优势,根据学生的生活、学习的实际情况来确定核心课程,多学科、多角度实施综合实践活动课程。通过目标导向与问题导向,形成主题学习和项目学习相结合的教学方式,着力提升学生的核心素养,促进学生健康发展。2020年在区教育局"品牌计划"评审中,柘林学校以"海塘文化"为载体,开展综合实践活动课程,学校被立为奉贤区跨学科综合STEM项目组特色品牌培育学校。

　　又如,奉贤区青村小学从2015年起基于本土化资源的利用、学校的校情以及培养学生核心素养的需要,组建项目组积极开展"校园泥巴"校本课程的研究与实践。通过就地取材玩泥巴,让孩子们回归自然,体验童年乐趣,玩出花样,玩出创意,课程以"泥巴"为教学载体,通过"知、玩、用"三大系列,采用"社团提高与年级普及"的模式,通过外出采泥、参观体验、实地考察、表演观摩、动手实践、设计制作、主题创想、课题研究等丰富多彩的学习方式,培养学生的综合实践能力与核心素养。课程共五个单元十四个主题。它是涉及人文、艺术、科学、技术、工程、数学等领域的综合实践活动课程,包含六大主题系列:一是引导关注生态环保的土壤探究;二是土壤采集与工具的设计改良;三是体现艺术美感和工程技术的泥塑制作;四是激发灵感、展示美好生活的主题创想;五是借助信息技术的作品设计与成果展示;六是培育科学探究精神的小课题研究等。2018年5月,该课程获"真爱梦想杯"第四届全国校本课程设计大赛特等奖。下阶段,学校将重点把"玩泥巴"和"用泥巴"两大主线作为区品牌建设重点推进,把"土文化"逐步打造成区域内小学"科创"品牌项目,在建设"青小泥巴"课程群的基础上,使之成为学生科学探究与创新实践的优质载体,进一步提高品牌标识度。

二、 管理机制引动　优化综合实践活动课程

综合实践活动具有整体、实践、开放、生成、自主等多方面的特性,这使得课程管理的重要性更加突显出来。综合实践活动课程是基于国家规定、地方管理、校本开发的三级管理课程。作为国家课程,国家规定综合实践活动课程从小学三年级到高中十二年级均须开设,是学生的必修课程,在基础教育中具有独特和不可缺失的地位。为了贯彻落实党的十九大精神,全面推进素质教育,提升学生综合素质,撬动综合素质评价改革,切实担负起"实践育人"的重要使命。实施综合实践活动课程的过程也是学校开发建设校本课程的过程。学校课程管理包括课程规划、开发、设计、实施、评价等,学校应结合校情,创造性地进行。

上海二期课改很早就将综合实践活动课程的概念引入中小学课程建设,通过制定"学校为本、政府搭台、教研助力"的发展策略,逐渐形成了"市-区-校"三级课程统筹管理、专业支持的工作推进机制。市级层面,抓课程整体规划,出台各类政策文件,为有关课程的校本化实施提供操作依据;配齐市区两级研究型、拓展型课程教研员团队,整体建构中小学研究型、拓展型课程的市-区-校三级教研体系;建立"跨学科"教师职称系列,为相关教师提供专业技术职务提升通道;并分别组织四年一度的中小学研究型课程、拓展型课程中青年教师教学大奖赛,为投身研究型课程、拓展型课程的中青年教师提供专业成长平台。至今已形成了较为完善的拓展型课程和研究型(探究型)课程,即两类课程体系。

区级层面,各区教育局积极制定各项配套举措、扶持政策,除了给予必要的人、财、物方面的政策倾斜外,还在资源适配、环境建设(尤其是信息化环境)、课程资源共享等方面,给予有效的支持,逐渐形成具有鲜明特色的区域课程文化。学校层面,以学校为课程主体提升学校课程规划、建设、实施与管理能力,以学校为单位编制相关课程纲要,设计校本课程能力目标序列和配套表现标准,制定主题探究活动规范要求。

在奉贤区,我们通过发放问卷进行相关数据收集,分析综合实践活动课程在管理体系建设上存在的问题,如管理缺乏规范性,课程内容整体性、结构性、科学性不到位,师资紧缺等问题,从区域业务指导部门的管理和指导方面追溯问题成因,在发现

问题的基础上建立一系列能够引领中小学规范实施、个性化综合实践活动课程的管理制度，即创新管理机制是解决各种管理问题的关键。

结合奉贤区教育学院教育研究中心的市课题《区域中小学校本课程管理与指导的实践研究》——近十年的实践经验及近年来区域整体推进 STEM 教育的思考，从指导性制度、评价性制度、奖励性制度、建议性制度四个方面梳理并制定《奉贤区中小学校本课程建设的指导意见》等十一份管理与指导文件。

其中，结合上海市《中小学拓展型课程指导纲要》和《中小学研究型课程指南》，奉贤区推出了《奉贤区中小学校本课程建设的指导意见》《奉贤区中小学校本课程管理与指导手册》《奉贤区校本特色课程建设与管理的九条建议》等指导性制度，这些文件为一线的中小学实施校本课程指引方向，也为中小学领导和教师提供了管理实施校本课程的基础拐杖；评价性制度包括《奉贤区校本课程实施先进校（示范校、优秀校）评选方案》《奉贤区校本课程实施先进校（示范校、优秀校）评估细则》，它们分别从"实施方案、科目建设、过程管理、活动指导、评价机制、保障机制、教研活动、实施成效"等方面提出明确要求和具体的量化指标内容，引导学校朝着指标要求的方向加强校本课程建设；奖励性制度是以区域制定的《区级校本特色课程评选方案》《区级校本课程实施特色教师评选方案》为评选奖励依据，通过区域校本特色课程、特色教师等评选，彰显校本课程的特色和个性，教育局给予每门校本特色课程、每名特色教师以经费奖励及相关荣誉；而建议性制度是将《奉贤区校本课程学校管理常规细则》推送给各校，供学校参考和修改使用。

第三章　教研部门的策划与行动

第一节　发现和提出问题

综合实践活动课程从 2001 年作为国家设置的必修课程在新课程方案中提出，2017 年 9 月《中小学综合实践活动课程指导纲要》的颁布，标志着综合实践活动课程迈入了规范发展阶段。自此，全国各地掀起了开发综合实践活动课程、探索实践育人的人才培养模式的高潮。

上海市课程改革的第一阶段（1988—1997 年），又称为第一期工程（即"一期课改"），它把课程分为必修课、选修课和活动课，明确提出活动课程的概念；1997 年上海市启动二期课改工程，启动了与基础型课程、拓展型课程并列的研究型课程，逐步由局部性、阶段性向整体性、全程性发展的综合实践活动课程转变；2018 年，上海市 16 所试点小学依据《上海市小学低年级主题式综合活动课程指导纲要（征求意见稿）》，结合学校特点，精心编制低年级主题式综合活动课程方案，进行实践探索，积累了许多有价值的案例。通过综合实践活动课程的开展，学生的问题意识明显增强，学生的学习主观能动性、学习兴趣和合作意识有明显提高，学生在实践能力等多方面都有收获和提高，课程同时促进了教师的专业成长、优化了教学方式，给学校也带来了多方面的变化。

综合实践活动课程作为新一轮课程改革的产物，它有着自身的目标、理念、内容和要求，旨在培养学生综合素质。从学校层面上来说，由于缺少专业引领，综合实践活动课程的校本教研活动自然显得有些业余和松散，这对教研部门提出了挑战。

从前期区域综合实践活动课程师资调查问卷、访谈显示，区域教研部门的问题主要表现在如下几个方面：

第一，教研部门对学校、教师在综合实践活动课程方面专业引领欠缺。许多区域各学科教研员忙于自己的学科教研任务，参与综合实践活动课程的学习与研究热情不高，即使有的学科教研员兼任该项工作，他们也只是将综合实践活动课程研究视为副业，因而没有真正参与综合实践活动课程的学习与研究，缺乏对学校综合实践活动课程有效实施的专业引领。从前期区域综合实践活动课程师资调研来看，一些承担探究（研究）型课程、拓展型课程、STEM 教育等综合类课程的教师，基本上由不同学科背景的兼职教师组成，每年综合类课程的师资队伍不稳定，流动性大，难以成立学校综合实践活动课程教研组、备课组，部分学校综合实践活动课程推进缓慢、师资力量薄弱。因此，充分发挥教研部门的专业桥梁作用，以帮助学校培养一定比例的综合实践活动课程的教师队伍，显得非常有必要。

第二，教研员对综合实践活动课程本质内涵的理解不到位。综合实践活动课程实践效果如何，在某种程度上取决于教研员课程指导力的高低。目前教研部门虽然也确立了教研员蹲点制度，但部分地区教研员队伍现状还不能完全适应新课程对课程指导力的期望，具体表现为有的教研员对综合实践活动课程的理论功底不厚，没有亲身经历过课程开发与实践过程。所以，一些教研员没有真正理解综合实践活动课程的本质内涵，还没及时转变职能，深入学校对学校综合实践活动课程中的问题进行具体指导，有的仅仅采取行政手段推进，对学校专业引领意识有些单薄。

第三，部分教研员对国内外综合实践活动课程研究成果、研究动态等信息缺乏了解、缺乏研究意识，仅凭个人经验解决问题的现象仍有存在，这也不利于指导学校教师开展综合实践活动课程建设。

针对以上三方面的现状，如何成为一名优秀的专兼职综合实践活动课程的教研员？如何提高教研员真正理解综合实践活动课程的本质意义？如何发挥教研部门教研员对学校、教师在开展综合实践活动课程时的专业引领作用？这三个问题是我们必须思考的。

第二节　寻找解决方案

一、 建设"1＋2＋2＋X"综合教研团队　形成集体的研究力量

　　新课程改革以来,尤其是在新课改走向深水区的当前,国内多位专家学者将研究的目光聚焦在教研员身上,不约而同地提出教研员应成为课程领导者,从而促进课程改革的推进。如崔允漷教授提出,教研员的专业发展问题是当前迫切需要解决的重要课题,从某种程度上说,教研员的专业发展问题制约着新课程的持续推进,制约着素质教育的全面落实,并提出教研员应当成为专业的课程领导者。

　　综合实践活动课程作为一门新型课程,实施起来难度最大的应该是缺少一支优秀的综合实践活动课程教师队伍,师资的短板凸显着综合实践活动课程教育的饥渴。为了突破困境开拓新局,教研部门需要为学校不同学科背景的教师搭建师资培训的平台。同时,要发挥教研部门不同学科背景教研员的课程指导力量,促使他们尽快成为一名优秀的专兼职综合实践活动课程教研员,从而形成集体的研究力量,引领基层学校的综合实践活动课程教师向更高、更深层次的水平迈进,从而为综合实践活动课程赋予生命力。

　　2014年奉贤区教育学院教研中心成立了"1＋2＋2＋X"综合教研团队,其中,1是指区教育学院教育研究中心分管院长兼"STEM视野下综合实践活动区域本土化实践研究"课题领衔人,第一个"2"是指一位中学科学教研员、一位小学自然教研员;第二个"2"是指一位中小学研究型课程教研员、一位中小学拓展型课程教研员;"X"是由物理、数学、信息、劳技、生物、地理、艺术、道德与法治等学科教研员组成,他们通过学科整合、项目实践研究,将STEM教育先进理念有机融入中小学学科教学、校本课程建设、教师培训中,指导学校建设本土化综合实践活动课程,组织与引领更多的综合实践活动课程教师在项目化学习、课堂实践、同行交流、典型课例共享等活动中提高专业素质与综合素养,让课程丰盈生命,让实践伴随成长,加快区域STEM课程推进及综合实践活动课程的建设,下图为奉贤区中小学综合实践活动课程教研团队

组织架构。

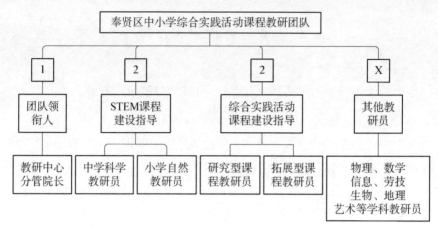

图 3-1　奉贤区中小学综合实践活动课程教研团队组织架构

二、 组织教研员外出学习培训　开展课题研究

为了开拓视野,使教研员能尽快理解综合实践活动课程的本质意义,2015 年 9 月,项目组在上海市奉贤区教育学院孙赤婴副院长的带领下赴东南大学进行学术交流活动,参加了东南大学"国培项目"的培训,参观了"做中学"科学教育改革实验项目及 STEM 课程资源成果展,与东南大学叶兆宁教授领衔的团队就 STEM 课程建设与开发进行了互动交流。STEM 教育所具有的现代教育理念和方式让项目组成员眼前一亮,有种推开窗看世界的感觉,项目组成员在互动的课堂中感受 STEM 教育的魅力,学习到了新的教学理念与方法。

之后几年中,上海市奉贤区教育学院先后组织项目组教研员赴北京、深圳、南京、无锡、苏州、浙江、重庆、上海等一些在综合实践活动课程及 STEM 教育实践方面突出的高校、科研教育机构进行高强度的专题培训,赴这些地区的一些优质中小学亲身感受本土化 STEM 课堂,通过取经问道、学术交流,教研员们认识到:综合实践活动课程伴随着教育的全过程,它是对立德树人教育总目标,对"人文底蕴、科学精神、学会学习、健康生活、责任担当、实践创新"青少年核心素养的培养的有力支撑。"以学生为本位"是叶圣陶先生对我国传统教育思想的批判继承和发展,综合实践活动课程是对这一思想的进一步传承发扬。综合实践活动课程强调学生是教育的主体和自我发展的主体,是一切活动实施的着眼点与落脚点。

为了增强全体教研员对综合实践活动课程及跨学科 STEM 教育的认识,上海市奉贤区教育学院精心设计培训方案,于 2017 年 3 月、2018 年 3 月组织全体教研员赴南京、苏州参加教研员跨学科综合实践活动课程培训活动,让全体教研员对综合实践活动课程、STEM 课程的课程性质、基本理念、课程目标、课程内容、活动形式、活动评价等关键要素,有较为充分的理解和认识。

针对区域中小学 STEM 及综合实践活动课程师资力量匮乏的现状,区域综合实践活动课程的推进与开发遇到的困难,如何在这样的条件下常态化推进综合实践活动课程,实现区域指导与管理,是我们面对的困惑,也是亟待解决的难题。2014 年起,上海市奉贤区教育学院教育研究中心融合校本课程建设、STEM 教育等研究经验,合力推进区域综合实践活动,并致力于开展本土化研究,形成的思考——"STEM 视野下中小学综合实践活动课程区域本土化实践研究"课题,于 2020 年 3 月成功立项为上海市教科研研究课题。

该课题组人员由教研员、校长和高校教授构成。课题研究采用"一领二助三实践"的模式,课题负责人孙赤婴是上海市奉贤区教育学院副院长兼教育研究中心主任,领衔整个课题研究,高校教授为本课题提供大量的国内外综合实践活动课程、STEM 教育等资源与技术支持,教研员团队涉及多学科,如中小学科学、拓展型、研究

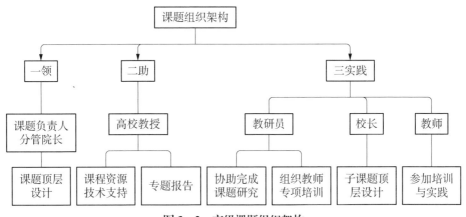

图 3-2　市级课题组织架构

型课程、物理、数学等,这些教研员始终保持着对这些领域的研究热情,积极协助课题负责人开展课题的研究。在本课题的研究中,更为重要的是实践,教研员不仅是课题研究的协助者,更是实践者,同时在课题的研究中还得到基层校长的支持,其中上海市奉贤区洪庙小学的何春秀就是校长代表之一,她作为课题组成员之一,积极带动一线教师参与综合实践活动课程的试点工作。

下图为"STEM视野下中小学综合实践活动课程区域本土化研究实践"课题研究思路图。

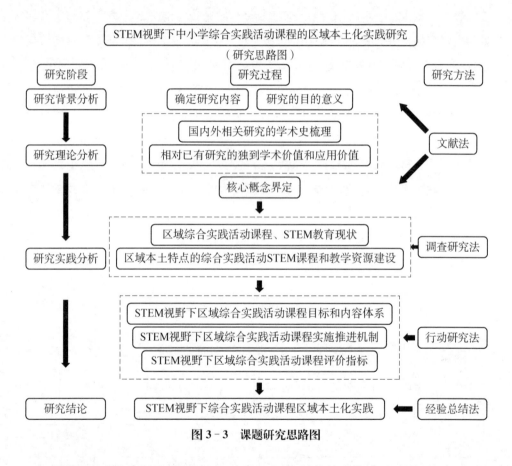

图3-3 课题研究思路图

在课题研究中,项目组通过问卷、访谈,厘清区域内综合实践活动课程、STEM教育的开展现状,立足本土资源,基于现实问题开展研究、培训、实践,借助十多年校本课程建设实施、管理、评价和培训经验,在实践中完善,逐渐形成STEM视野下综合实践活动课程区域性指导纲要,提升课程教师的专业发展水平,促进学生综合素质的发展。

三、 搭建资源和专家平台　营造积极向上的教研环境

上海市奉贤区教育学院教育研究中心多年来始终致力于教研员专业素养的提升。为了营造区域综合实践活动课程的跨学科研究氛围,区教育学院教研研究中心在经费并不宽裕的情况下,为教研员购买有关跨学科教学、STEM 教育、综合实践活动课程、项目化学习方面的书籍,订阅了十几种教研期刊,为参与 STEM 项目及综合实践活动课程研究的教研员配备了一个轻便型的 Surface(平板笔记本电脑),精心打造了一个现代化的 STEM 创新实验室,这些现代化教研设施的添置,为教研员广泛分享和整合各种教研资源,开展跨学科项目化教研提供了有力的支持。

在关注教研硬件建设的同时,教研中心还从软件上为教研员的专业成长指引方向。教研中心先后制定了《奉贤区教研中心提升教研质量的若干举措》《奉贤区教研室教研工作奖励制度》等,搭建奉贤区卓越教师工程名师工作室平台、上海市第四期名师跨学科基地培训平台,了解国内外有关 STEM 教育、综合实践活动课程的最新信息和动态。教研中心十多位教研员承担了区域卓越教师工程特级(名师)主持人的工作;科学、自然教研员参加了上海市第四期名师跨学科基地培训活动,收获满满,为区域综合实践课程的推进奠定了扎实的基础。

课题组负责人孙赤婴副院长带领课题组成员,于 2018 年 3 月在第九届长三角基础教育课程与教学改革论坛"综合实践活动课程实施",代表上海市作专家点评及进行《驱动课程改革的支点——奉贤区推进 STEM 课程实践》主题发言,于 2018 年 10 月上海课改 30 年校本课程"建设特色课程　促进学生成长"主题论坛中作专家点评,相关发言内容发表于上海市教委教研室主编《创生》上海课改 30 年区校实践成果荟萃。综合实践活动课程教研团队中的教研员也在一些项目培训中积极开展主题论坛,比如,科学学科教研员吴志群老师受邀参加"测评也是学习"2019 考试评价国际研讨会,作了题为"科学测评能力模型建构及命题编制"的报告;同时,于 2019 年 12 月在浙江省小学骨干校长全球教育视野提升专题研修班作主题讲座:推进区域STEM 课程建设　培养跨学科创新人才;自然学科教研员褚克斌老师于 2016 年 11

月在长宁区教育学院作"小学科学教学中的 STEM 探索"讲座等等。一系列的培训与活动,大大改变了综合实践活动课程教研员的教研旨向,教研人员一改原来只满足于上传下达的教研习惯,积极致力于提升自身的专业水平。

第三节　方案实践过程

上海市奉贤区教育学院教育研究中心于 2015 年成功向上海市教育委员会申报"奉贤区 STEM 课程建设与开发实践研究""奉贤区 STEM 创新实验室"两个项目。在 STEM 课程探索初期,项目团队也遇到了前所未有的困难,教师对 STEM 理念处于懵懂状态,从备课到项目实践、课程开发,再到如何通过课堂实践达到预期效果,成为难中之难、重中之重。为了让教师充分理解 STEM 教育的跨学科、趣味性、体验性、情境性、协作性、设计性、艺术性、实证性、技术增强性九个核心理念,并运用于学校课程实践,项目组全体成员通过反复研讨、交流,制定行动计划,通过"借助多方资源,搭建 STEM 综合实践师训平台""依托 STEM 项目,开发区域综合实践本土课程""落实区综改方案,建设 STEM 综合创新实验室"等策略,为每所学校培养 3 至 5 名指导跨学科综合实践活动课程、STEM 教育的教师,指导学校结合办学理念开发本土化综合实践活动课程,指导学校挖掘资源建设创新实验室,从而解决了部分学校课程建设中存在的跨学科师资匮乏、本土课程短缺、实验环境设备缺少等问题,为区域课程的推进奠定了基础。

一、 借助多方资源　搭建 STEM 综合实践师训平台

综合实践活动课程作为中小学的必修课程,着重培养学生的创新精神与实践能力,在立德树人的根本任务中发挥其独特的育人价值。综合实践活动涉及学科领域广,实施开放性高,课程标准与教材的缺少更是对学校和教师的课程开发能力提出了新的挑战,而 STEM 教育与综合实践活动课程具有共同的跨学科背景和实施理念,综合实践课程的顺利推进可以依托 STEM 教育团队提供的智力、技术支撑,STEM 教育团队的融入会使综合实践活动课程的开展更具科学性。

上海市奉贤区在充分认识 STEM 教育重要性的基础上，在《奉贤区推进教育综合改革实验区项目方案(2015—2020 年)》中明确了区域推进 STEM 教育的意图——旨在进一步深化课程教学改革，培养创新型教育骨干教师，提升学生的核心素养和创新技能，助推"自然、活力、和润"的南上海品质教育，并坚持"全面课程、校本特色"，推动学校建设一批跨学科综合课程，加快推进校本课程的特色化向区域性、品质化发展。

STEM 教育具有实现跨学科、跨领域的特点，打造具有郊区特色的绿色生态的 STEM 教育，应借助多方资源，搭建一个跨领域、能承担指导和支持工作的培训平台，实现课程改革的"弯道超车"。通过几年的努力和实践，我们探索出促进 STEM 教育教师专业能力提升的核心策略，即借助多方资源搭建 STEM 综合实践活动师训平台，全方位助力教师的专业发展，具体措施包括：与高校深度合作，提高教师理论和实践的认识；与国内外专家合作，指导 STEM 特色课程建设；与企业和专业机构合作，提高教师的专业水平和技能。

(一)与高校深度合作　提高教师理论和实践的认识

师资队伍建设是 STEM 教育及综合实践活动课程实施的关键因素，打造一支高素质的跨学科创新型师资队伍是学校开展 STEM 教育、开发本土化综合实践活动课程的首要任务。

STEM 教育作为培养创新型、综合性人才的新型教育范式，以其先进的教育理念在全球范围内迅速发展。培养创新人才已经成为当前教育改革与发展的重中之重，早在 2001 年颁发的《国务院关于基础教育改革与发展的决定》中就提出："有条件的普通高中可与高等学校合作，探索创新人才培养的途径。"培养创新人才需要进行系统的规划，需要教育各个阶段的相互配合，并形成一个有机的整体。

根据上海市奉贤区"全面课程、校本特色"的课程建设目标，奉贤区教育学院教育研究中心教研团队十多年来，坚持以校本特色课程、STEM 教育、跨学科教育、综合实践活动为抓手开展特色课程创新指导工作。

从 2015 年 9 月开始，上海市奉贤区教育学院与东南大学、华东师范大学、上海交通大学、上海师范大学等高等院校签订合作培训协议，开展跨学科创新人才培养培训项目，至今累计培训班次 26 个，约 1 300 多人次接受培训，以"请进来、走出去"的方式，通过通识培训、教学观摩、案例研讨等方式,提高综合实践活动课程教师的专业素质。

参加培训的学员以"全浸入式"的方式体验 STEM 课程,对培训学员来说,整个培训过程充满了鲜活互动,全程全员动手参与,有时还要小组分享、组内互动等等。STEM 课程及综合实践活动课程培训点燃了学员们的激情,大家体悟精髓、勇于实践,在一次次头脑风暴和反思中走向成熟,他们既是"聆听者",又是"体验者",对 STEM 教育及校本课程、综合实践活动课程的认知也在新理念与新尝试中不断升华。通过亲身实践体验,教师逐渐理解 STEM 教育的真谛,强化了对校本课程、综合实践活动课程、跨学科教育的理解和在实践层面上的深化,提高教师的课程设计理念和课程实施能力。培训结束后,许多教师能及时将最前沿的思想与探索传递给学校师生,带动学校内其他教师一起开展跨学科校本课程建设,在实践探索中共同成长。以下为奉贤区教育学院与南京东南大学的合作培训方案。

附: 2018 年上海市奉贤区中学跨学科教育教师培训方案

上海市教委公布《上海市进一步推进高中阶段学校考试招生制度改革实施意见》,明确"完善初中学业水平考试制度""完善初中学生综合素质评价制度"和"深化高中阶段学校招生录取改革"三方面的改革措施。其中跨学科案例分析等新增的考试内容旨在培养学生的动手能力、实践能力、创新素养,可以更好地释放学生的创造力。

本项目旨在顺应中考改革方案,推动奉贤区中学跨学科教育的发展,提升学科教师对跨学科教育的理解和在实践层面上的深化,提高我区各学科教师对国际教育发展动态的了解,对跨学科教育理念、内涵、过程与方法的领会,学习将跨学科教育与学校文化建设、特色课程建设相结合的途径和方法,提升我区各学科教师的教育理论与实践水平。设立由上海市奉贤区教育学院主办,中国科协"做中学"科学教育改革实验项目教学中心(东南大学)承办的"2018 年上海市奉贤区中学跨学科教育教师培训"项目。

❖ 培训目标

1. 了解国际跨学科教育发展的新动态,学习跨学科课程的设计方法和教学策略;

2. 了解跨学科教育的内涵与特征,了解跨学科教育与学科教育的关系;

3. 学习开展课内外跨学科教育的途径与方法。

❖ 培训对象

上海市奉贤区中学骨干教师、区 STEM 项目组成员

❖ 培训时间

2018 年 6 月至 9 月

❖ 培训项目规划

本项目由三期培训组成,包括两期集中培训和一期网络研修,具体时间和主题安排见下表:

期数与时间		主题	地点
第一期集中培训	6 月·3 天	跨学科教育的内涵与特征	上海奉贤区教育学院
第二期网络研修	6~7 月·5 周	网络课程"科学与工程在课堂中的整合"在线学习	顶你学堂
第三期集中培训	9 月·4 天	跨学科教育的途径与方法	苏州

❖ 培训内容与日程

第一期集中培训

时长:3 天,共计 24 学时

地点:上海市奉贤区教育学院

时间:6 月

课程主题:跨学科教育的内涵与特征

课程内容:

时间		内容	培训形式		
			讲座	研讨	动手做
第一天	AM	开班仪式 报告:国际跨学科教育发展的新动态新趋势	√	√	
	PM	跨学科教育主题实践活动:宇宙探秘	√	√	√
第二天	AM	课堂实践观摩活动	√	√	
	PM	报告:跨学科教育课程案例解析	√	√	
第三天	AM	跨学科教育主题实践活动:升降机(一)	√	√	√
	PM	跨学科教育主题实践活动:升降机(二) 研讨:跨学科教育的内涵与特征	√	√	√

第二期网络培训

慕课课程名称：科学与工程在课堂中的整合

学时：60 学时

时间：6～7 月

课程内容："科学与工程在课堂中的整合"慕课课程,精选美国科学教育领域的优秀科教案例。《中国科技教育》杂志社于 2011 年与美国国家科学教师协会（NSTA）主办的《科学与儿童》《科学视野》和《科学教师》杂志签署了内容共享协议,杂志设立"NSTA 专栏",每期翻译发表来自 NSTA 主办杂志中的优秀文章,为中国科技教师提供最前沿的科教案例。该慕课课程精选《中国科技教育》杂志上关于工程与科学相结合的 NSTA 专栏文章,以及由 NSTA 出版的各类优秀案例,将案例进行分类和整合,旨在帮助教师深入理解在课堂上将科学与工程进行整合的方法与策略。

"科学与工程在课堂中的整合"慕课课程由四个部分、31 节课组成。这四个部分分别是课程概况、工程篇、科学篇和方法篇。其中工程篇主要围绕工程设计的完整流程展开,通过趣味性非常浓厚的科学和工程综合性的活动,增强学员对工程设计流程的了解。科学篇主要按照三大科学领域进行划分,生命与环境科学、地球科学和物质科学,每个领域中由具有代表性的科学活动组成。方法篇则介绍了在课堂上开展工程与科学活动的方法与步骤,以及评价学生在 STEM 课堂中学习成果的策略。

课程部分	课程题目
第一章：课程概况	S1L1：课程框架
	S1L2：工程与科学
第二章：工程篇	S2L1：把工程学请进科学实验室
	S2L2：向工程"奔跑"
	S2L3：为沟通而合作：一个需要学生们合作完成的工程挑战
	S2L4：为未来供电——挑战设计风力发电机
	S2L5：工程设计与效果——一个水过滤实例
	S2L6：建立塔模型
	S2L7：幼儿园工程项目：微型雪橇
	S2L8：纸飞机活动的科学与工程

课程部分		课程题目
第三章：科学篇	生命与环境科学	S3L1：强茎还需有壮芽
		S3L2：抓错了鱼
		S3L3：生物材料科学示范课：修复股骨骨折
		S3L4：冠状动脉无小事
		S3L5："假肢手臂"的工程挑战
		S3L6：仿生学
	地球科学	S3L7：狂躁的天气
		S3L8：在室内模拟真实的地表结构变化
		S3L9：生机勃勃的湖泊
		S3L10：上涨的潮
		S3L11：洞穴沉积物和沙堡
		S3L12：设计墙壁：科学与语言课程的融合
		S3L13：拯救企鹅：通过工程设计讲授热学
	物质科学	S3L14：理解反射原理
		S3L15：吸管与气压
		S3L16：弹射器
		S3L17：土豆储存箱
		S3L18：奔跑吧，赛车
		S3L19：震动、摇晃，最好别塌
第四篇：方法篇		S4L1：模式法——如何引导初学者进行科学实践
		S4L2：对学习成果的评价

第三期集中培训：

时长：4天，共计32学时

地点：苏州市

课程内容：

时间		内容	培训形式		
			讲座	研讨	动手做
第1天	AM	报到			
	PM	理论培训：跨学科教育与学科教育的关系	✓	✓	
第2天	AM	跨学科教育主题实践活动：飞行器	✓	✓	✓
	PM	理论培训：跨学科课程的教学设计方法与策略	✓	✓	
第3天	AM	跨学科教育主题实践活动：洞穴沉积物和沙堡 跨学科课程案例分析与设计(1小时)	✓ ✓	✓ ✓	✓ ✓
	PM	参观苏州市科技特色学校		✓	
第4天	AM	跨学科课程案例展示与交流培训 总结	✓	✓	
	PM	返程			

培训项目说明

"2018 年上海市奉贤区中学跨学科教育教师培训"由三期培训组成,包括两期集中培训和一期网络研修,培训内容是针对奉贤区中学教师跨学科培训需求,经过多次协商制定的培训课程方案,培训内容比较丰富。

对每位参训教师来说,感受比较深刻的是,在第三期 4 天的培训中,在东南大学叶兆宁教授的安排下,参访了苏州市科技特色学校,进行 STEM 课堂实例观摩,通过理论学习,了解了跨学科教育与学科的关系、跨学科课程的教学设计方法与策略,通过实践活动,学习了"飞行器""洞穴沉积物和沙堡"等主题实践活动的教学方式,与相关学科教师们进行了专业交流,汲取如何引导学生的能动、自主、合作、探究学习的经验。参训教师们通过外出考察学习,拓宽了视野,丰富了学员 STEM 跨学科教育的理论和实践知识。

以上内容仅仅以与高校合作的其中一次培训方案为例。

为了尽快提升区域中小学教师 STEM 教育能力,奉贤区综合实践活动课程项目组在认识 STEM 教育发展趋势基础上,进一步明确了 STEM 教育对教师的专业要求,始终抓住教师队伍的思维转变,每年都与东南大学"做中学"科学教育改革研究中心合作,分批对区域中小学不同学科背景的教师进行跨学科综合实践活动课程专题培训,每批培训包含 6 天集中培训,60 课时的在线培训,连续五年坚持不断。通过研修,教师对 STEM 教育的理解更加深刻,教学行为有了明显变化,相关综合实践活动课程教学案例也纷纷在全国、上海市各项评比中获奖。

奉贤区 STEM 教育将继续致力于与高校合作,持续推进教师培训基地建设,培养具有国际视野和跨文化沟通能力的综合实践活动课程教师队伍。

(二)与国内外专家合作 指导 STEM 特色课程建设

2015 年 10 月,上海市奉贤区第一批中小学跨学科课程师资培训启动后,教师们带着全新的理念,在国内外高校专家、教育科研机构专家的引领下,开启了多学科融合的综合实践活动课程开发之路。

比如,2016 年 5 月 30 日,上海市奉贤区 STEM 教育推进研讨会在奉贤区明德外国语小学成功举行。上海市科学技术协会、上海市教育委员会教研室和上海市奉贤区教育局、教育学院及相关区县教育学院、相关高校、研究机构、专业公司等二十多家单位的专家出席活动,奉贤区中小学校长、教师等相关人员参加了活动。本次推进大会由区教育学院院长蒋东标主持。推进会以专家报告、课堂展示及专家评课相结合的形式进行。奉贤区教育局副局长万国良就 STEM 课程区域推进背景做了具体介绍;奉贤区教育学院副院长孙赤婴就推进 STEM 课程行动和思考进行了经验交流。

与此同时,在分会场,明德外国语小学陈磊老师执教主题为"纸船承重"的 STEM 科技研究课,该课融合了科学、技术、工程、数学等学科原理,让学生在小组合作探究中深入学习。在专家和领导交流的同时,插入实时课堂镜头转播,生动形象地阐述了 STEM 课程实施的要求与目标,东南大学叶兆宁教授对本课做了精彩点评,她指出了 STEM 教育旨在培养学生体验发现问题和解决问题的能力,分享了推进区域 STEM 教育的具体策略与方法。七家 STEM 专业机构依据各自的 STEM 实践成果对 STEM 教育进行了不同角度的诠释,其他专家结合自己的思考展开了提问、交流与互动,会场研讨气氛热烈。上海市教委教研室副主任谭轶斌充分肯定了奉贤区 STEM 工作的推进,认为教研员以项目组为推进的课程的研究与实践值得推广。本次活动得到了高度的社会评价,上海多家媒体、微信公众号对奉贤区 STEM 教育推进大会进行了宣传。

从 2016 年起,奉贤区部分学校借助区 STEM 教育推进项目,与知名大学积极联系、合作,开始与 STEM 教育结缘,通过学习、培训、研究、实践、交流,尝试将 STEM 教育在学校落地。几年坚持下来,课程与课堂出现了新奇的变化,学校科技创新方面也取得了显著成绩。

2016 年 6 月 2 日,加拿大伦敦国际学院 STEM 中心主任 William Neal 来到奉教院附小指导 STEM 课程,观摩了上海市奉贤区教育学院附属实验小学蒋顾鹰老师的一堂机器人课堂教学。课堂围绕如何设计让小车绕过障碍的程序展开,其间 William Neal 与学生积极互动,他评价这堂课非常精彩,充分训练了学生的思维,也使学生的动手能力得到了发展。奉贤区教育学院聘请 William Neal 为奉贤区 STEM 教育研究指导专家并颁发聘书。

(三)与区域企业和专业机构合作　提高教师的专业水平和技能

1. 与本土企业合作

2019 年发布的《中国 STEM 白皮书》提到,STEM 教育是一场国家终身学习活动,是国家创新型人才培养的战略需要;学校是实施 STEM 教育的主要场所;STEM 教育是全社会共同参与的教育创新实践;政府在开展 STEM 教育方面起着统筹作用,扮演着完成 STEM 教育的多重角色。

STEM 教育提倡从社会生活中发掘有价值的项目主题开展活动,并鼓励将活动成果应用于社会生活之中。STEM 视野下综合实践活动课程的实施需要通过各种学习环境持续的信息传达、指导与资源供给,支持学生进行学习。将 STEM 融入综合实践活动课程是一场需要发动全区域综合实践活动课程教师共同参与的教育创新实践,要遵循以点及面、全面普及的思路,除了与高校深度合作、与专家合作开展项目培训、指导课程建设外,学校应该打开校门,主动联系具有 STEM 教育资源的单位,邀请高科技企业及科研单位的专业人员到校开设专题讲座,甚至设置选修课程。这些单位也可以为学校开展综合实践活动课程提供设备、器材和样本检测的方便。对于那些承载较多 STEM 教育因素、热心参与学校教育的企业,条件成熟时还可以挂牌设立"STEM 综合实践活动基地单位",从而实现校内外的良性互动。

例如,奉贤区"东方美谷"品牌,以美丽健康产业为核心,形成涵盖美容护肤品、日化用品、生物医药和食品保健品等多领域的"美丽健康生态圈"。2017 年 9 月 20 日下午,奉贤区综合实践活动课程项目组、十所优质学校的校长等二十余人在奉贤区教育局领导的带领下参观考察了位于东方美谷核心区的伽蓝(集团)股份有限公司,该公司专注化妆品的开发制造与服务,伽蓝集团旗下现有自然堂、美素、植物智慧、春夏、珀美研、COMO 等多个品牌,并在塑造"中国品牌"的世界级高度上持续"领跑"。伽蓝集团自然堂喜马拉雅美丽研究院实验操作流程给大家留下了深刻的印象,为学校开发 STEM 课程打开了思路。

如何将本区优质企业的资源与学校 STEM 课程建设融合在一起,如何推动"STEM 创新教育""课程与实验的结合""兴趣与生活的结合",我们需要加快探索的步伐,加强与企业的紧密合作,开发出适合奉贤学子的优质 STEM 综合实践活动课程。奉贤区教育学院通过建立联动机制,打造企业与学校的合作通道,通过引进本土企业项目,实现与企业的"合作共赢",同时,优化课程体系,建立优秀教师团队,打造跨学科创新型教师队伍。

案　例

为学校搭建校企合作平台
——金水苑中学"行知农坊"综合实践课程实践探索

奉贤区金水苑中学坐落于金海社区上海之鱼湖畔,位于东方美谷核心区域,学校周边资源丰富,但由于学校建校时间比较短,该校仍然缺乏相对专业的科技行业技术支持。

金水苑中学"行知农坊"综合实践课程在项目建设之初遇到资源平台不足,需求驱动弱化的问题。教师可利用的课程资源较单一,学生的资源需求驱动较低,校内的人文资源、学习资源、实践场地都明显不足。

对此,金水苑中学充分借助共建共享资源,以研学形式参观考察上海雪榕生物有限公司、上海新季农业科技有限公司等社会实践基地,拓宽学生知识面。

上海雪榕生物科技股份有限公司坐落于奉贤区现代农业园区,经营生物科技、食用菌领域内的技术开发与咨询、食用菌的种植等多种业务。师生们在雪榕生物公司通过看、听、做等实践活动学习菌菇生产的流程和步骤,察看菌菇不同时期的生长情况,研究种植菌菇需要的生产环境、场地选择、控温保湿条件等问题。公司还向学校赠送菌种培养瓶,让同学们能够在学校体验菌菇种植,进行课题研究,培养劳动技能,增强探究和创新意识。

上海新季农业科技有限公司位于奉贤区青村镇陶宅村,主要研究新优品种柑橘,基地占地面积近 300 亩,主栽红美人、春香、蜜夏柑等十余个品种的柑橘。师生在新季农业公司可以学习生态循环种植技术,与基地中的植物、动物进行零距离接触,学习和了解农药和肥料的使用安全等知识。新季农业则定期来访金水苑中学,将优良橘树品种引进"行知农坊",有效指导教师果树的种植、修剪、养护等知识。

与此同时,"行知农坊"教师团队和社会企业的技术专家积极开展学习活动,在专业人员的技术帮助下,共同优化课程体系,做可行性和创新性兼具的课程。学校在不断地整合和探索下,现已开设"种萌行知——蔬菜培植""药护行知——天然农药""史话行知——农耕文化""植萃行知——手霜制作"等系列项目化探究课程。

学校积极打通与社会、企业间的通道,找到互相的内容关联点,跨界聚合资源和环境。广阔的平台和丰富的活动有利于提升学生的实践能力,提升课程的品质,为"行知农坊"项目的开展注入强劲的力量。

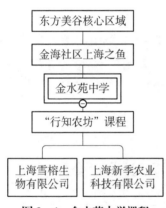

图 3-4　金水苑中学课程
开发思维导图

2. 与 STEM 专业机构合作

在美国 STEM 教育变革中,社会组织是推动美国 STEM 教育创新的重要力量。美国与专业机构合作的经验给我们区域 STEM 综合实践活动课程师资培训有很大启示,我们结合区域实际,选择一些有实力的科技教育公司、STEM 专业机构开展合作培训,下面列举"引进上海国腾教育创客课程　开展理科实验技能培训""发挥上海 STEM 云中心平台优势　开展 STEM 专项培训"两个培训案例方案来说明我区与 STEM 专业机构开展合作培训的做法。

案 例

引进上海国腾教育创客课程　开展理科实验技能培训

为了提高小学自然、初中科学、生命科学、物理、化学、信息技术等理科教师的实验能力,2016 至 2018 年,我们先后与上海国腾教育科技有限公司签约,举行了 5 期的"小小创客""极智创科"理科实验技能项目、植物编程创新课程培训活动,通过双方合作、精心设计课程培训方案、借助上海国腾教育从日本引进的课程资源,让学员在实践中掌握科学原理、体验学习科学的乐趣,提高理科教师的实验能力、课程设计能力、综合实践活动课程的开发能力。

❖ 项目名称

奉贤区植物编程综合创新课程教师培训方案

❖ 课程简介

"新课标"2018年版相比于之前,大幅度提升了在编程、计算思维、算法方面的思维要求,以及人工智能、开源硬件、网络空间安全等知识面的要求。"植物编程"课程将现代科学领域中的生态与编程紧密联系在一起,按照麻省理工Scratch语言授课,在游戏项目的过程中学习基础计算思维、电脑程序逻辑、设计思维,培养学生动脑思考与动手实践的创客能力。

❖ 课程目标

了解影响植物生长的数据;知道物联网在植物生长方面的应用;掌握运用编辑器编写程序代码应用程序。

❖ 培训对象

奉贤区小学信息科技教师

❖ 培训内容及课时安排

第一天

序号	培训内容	培训时长	课程内容
1	植物与环境动画	1课时	介绍程序编辑器的操作界面,让学员可以运用编辑器编写程序代码 说明移动、滑动、漫画对话框程序使用方式 应用程序制作"蒹葭苍苍,白露为霜"诗歌动画,了解节气与植物的关系
2	植物知识题库	1课时	讲解基础条件判断语句"如果……就……做"、重复循环、交集、联集、差集 介绍变量、列表等数据库概念 应用先前学习的植物知识,制作一款与植物相关的问答游戏
3	植物应用程序	2课时	介绍外观程序组中的尺寸改变与变换造型,用程序控制物件展示大小 应用定位程序设定初始复位,让每次程序重启时都能回到初始位置 制作一个会依据温度条件,来显示花开速度的模拟器程序

第二天

序号	培训内容	培训时长	课程内容
1	介绍"智能植物箱"硬件	1课时	介绍温度、湿度、光照传感器的功能与如何连接到控制主板
2	培训箱体组装及硬件联接	1课时	组装植物箱外箱 介绍硬件固定位置,并进行插线连接
3	培训基础硬件编程控制	2课时	应用程序透过主板读取温度传感器的数据,并且观测在冰袋中与室温下,数据是否有变化 应用程序透过主板读取土壤湿度传感器的数据,并且观测放在不同湿度的土壤中,数据是否有变化 应用程序透过主板读取光照传感器的数据,并且观测灯光明亮是否让数据有变化

第三天

序号	培训内容	培训时长	课程内容
1	介绍"物联网"硬件	1课时	应用条件判断代码让环境湿度低时对浇水装置进行开启动作 把温度与光照数据发送到服务器端,让服务器定时记录相关数据
2	串口数据处理	1课时	把湿度数据发送到服务器端,让服务器定时记录相关数据。若开启浇水装置后,再度记录湿度数据并回传
3	大数据采集	2课时	调试数据与服务器的连接状况,把土壤与植物安置在植物箱中,进行数据记录

案 例

发挥上海 STEM 云中心平台优势 开展 STEM 专项培训

教育部于 6 月 7 日发布了《教育信息化"十三五"规划》,在这份规划中,深化信息技术与教育教学的融合发展被列作教育信息化未来发展的主要任务之一。

上海 STEM 云中心作为全国首家 STEM 教育平台,STEM 教育整体解决方案的引领者,在 STEM 课程、研发等方面有着丰富的开发经验和领先的行业地位,借助华东师范大学的优质资源,在人工智能、大数据、机器人、云计算等领域有着长期的经验积累,STEM 云中心培养学生综合运用科学(Science)、技术(Technology)、工程

(Engineering)、数学(Mathematics)知识进行创新实践,锻炼学生运用科学方法解决实际问题的能力。为此上海市奉贤区教育学院于 2018 年起与上海 STEM 云中心合作,结合物理、信息科技、科学、劳动技术等学科教师的学习需求,精心设计课程方案,开展针对性的培训活动,在不同学科中融入 STEM 教育理念,实现教育信息化,提升了教师创新项目的指导能力,本区部分教师指导的学生在上海市创新项目大赛中频频获奖。以下为奉贤区教育学院与上海 STEM 云中心合作的培训方案。

附：2020 年奉贤区 STEM 项目化学习课程培训方案

❖ 项目背景

随着新一轮高中课程标准、国务院《关于深化教育教学改革全面提高义务教育质量的意见》等系列文件的颁布,项目化学习(简称 PBL)日趋成为国内外教育领域中备受关注的一种学习方式。近年来,在国内教育界同仁的共同努力下,项目化学习在国内的探索方兴未艾。但由于各种主客观因素,项目化学习的中国建构仍然面临不少的困境与挑战。

2020 月 3 月 20 日,中共中央国务院颁发了《关于全面加强新时代大中小学劳动教育的意见》,对学校师资提出了新的要求。为了提高本区初高中劳动技术教师的专业素养,增强教师运用项目化学习方式开发与实施 STEM 综合实践活动课程的能力。结合 2020 年奉贤区跨学科综合(STEM)工作重点,奉贤区教育学院与上海 STEM 云中心合作,制定了 2020 年奉贤区 STEM 项目化学习课程培训方案。

❖ 培训目标

运用项目化学习(PBL)方式,将 STEM 理念、项目化学习模式和具体案例相结合,参与、合作、体验“拯救夏天——冰箱 DIY”“建筑王国”项目的实施、开发与评估的过程。在游泳中学习游泳,提升教师的教育实践能力和课程开发能力。通过本次培训,以期达到以下具体目标:

通过梳理项目化学习、STEM 教育的起源和国内外发展现状,解读项目化学习、STEM 教育的内涵和特征,明确项目化学习、STEM 教育对我国当前基础教育的价值和意义;理解项目化学习(PBL)的概念、特征和关键环节,揭示 STEM 教育与项目化学习(PBL)的关系;辨析 STEM 教育与跨学科教育、综合实践活动、创客教育、科创大赛等概念的关系。

学校老师结合本次培训的项目式课程,以学生的角度,体验项目式 STEM 课堂的氛围,了解项目式 STEM 课程的特点,通过学习开发过程和系统化的思维方式,从理论与实践出发归纳优秀项目式课程的特征。学员以学生视角,体验 STEM 课程,体会课程设计背后的理念。学习了解课程的评价目的、评价类型、评价策略和评价量表的设计方法;能从自己熟悉的问题(主题)出发,运用计算思维的方法论,模拟在学校开展科学探究类或工程设计类的课程案例,并进行展示与评价。每所学校老师,基于自己学校的特色,讨论思考本次培训的课程如何在学校落地开展。

❖ 培训对象

奉贤区初、高中劳技老师 45 人

❖ 培训地点

奉贤区教育学院(线下培训)

❖ 培训时间

2020 年 6 月～9 月

培训安排					
时间	模块	内容	培训形式		
			讲座	研讨	实践
第一天	开班	开班仪式	√	√	
	专家讲座	专题讲座:工程设计导向的 STEM 项目学习	√	√	√
	STEM 项目式课程	拯救夏天——冰箱 DIY	√	√	√
第二天	STEM 项目式课程	建筑王国——"Go Home"关注周边的弱小群体	√		√
第三天	STEM 项目式课程	建筑王国——"疯狂建筑师"	√		√
第四天	STEM 项目式课程	建筑王国——"奇思妙想大赛——公园凉亭"	√	√	√
	结业	结业仪式	√	√	√

二、依托 STEM 项目 开发区域综合实践本土课程

(一) 基于 STEM 视野挖掘区域本土化综合实践活动课程资源

随着社会对创新型、综合型人才需求的增加,世界各国将人才培养的目光逐渐投

放在 STEM 教育的发展之上。STEM 教育是通过基于实践、工程设计、项目问题等方式将科学、技术、工程和数学四门学科进行融合的跨学科教育,其特点包括跨学科性、设计性、实践性。

教育部于 2017 年颁布了《中小学综合实践活动课程指导纲要》。这份纲要与 2001 年版综合实践活动的指导意见相比有很多突破:增加"设计制作"活动方式、提出"创意物化"目标等,它以培养学生综合素质为导向,与 STEM 教育理念大致相同。

中小学阶段是培养学生研究性学习,产生综合实践活动兴趣的关键时期。为了激发学生的学习兴趣,培养学生综合运用知识解决问题的能力,在综合实践课程设计中可以引入 STEM 教育理念,将 STEM 教育理念充分运用到每个活动流程,以帮助学生选择最优解决方案。

奉贤区综合实践活动课程项目组通过指导学校在设计融合 STEM 理念的综合实践课程内容时发现,奉贤区本身就具有一些富有本土特色的资源,如各种传统文化、古建筑古村落、海湾旅游区、民风民俗、江南水乡"桥",都是具有本土化特色的区域素材,其中奉贤地域文化可以包括贤文化、桥文化、海塘文化、古城文化、酒文化等;本土资源包括江南水乡"桥""东方美谷""上海之鱼"等等,这一系列的文化与课程资源值得我们去探究、去弘扬,去开展丰富多样的研究性学习活动。为此,我们以学生需求为本,以学生发展为原则,以激发学生的兴趣为突破口,有针对性地选择了适合学生深入研究的本土文化、乡土课程资源,通过融入 STEM 跨学科理念,开发综合实践活动课程。本区一些学校结合区域 STEM 教育的推进,结合地域文化与乡土资源,开发地方文化特色的综合实践活动课程。下面以上海市奉贤区江南桥乡资源、"风筝"特色项目为例说明,如何基于 STEM 视野挖掘区域本土化课程资源,开发综合实践活动课程。

案例 1

借助江南桥乡资源　开发 STEM 综合实践活动课程

奉贤是江南水乡,境内水道纵横,用桥来命名的地方比比皆是,素来有"桥之乡"之称,记录在册的古桥有 120 处之多,分布在奉贤的各个镇内。桥,是我国劳动人民勤劳与智慧的结晶,承载着深厚的文化积淀,更是人类社会发展历史的见证!

奉贤区一些学校以"桥"为题材,开展综合实践活动课程。

例如,上海市奉贤区汇贤中学探究教师王敏芬老师开发了"制作家乡的桥"课程,该课程通过让学生查阅古桥资料,设计古桥造型,利用陶砖完成桥梁模型制作,使学生对中国古代桥梁的造型有一定认识,对古代桥梁制造工艺有一定了解,从而增强学生对家乡的热爱、激发学生保护历史遗迹的社会责任感。其课程目标为:

1. 能从设计要求出发,综合运用科学、美术等学科知识、技能,了解桥梁搭建原理,完成桥梁结构设计。

2. 了解设计方案的基本要素,并能完成一份完整的设计方案。

3. 根据设计方案,不断改进,完成桥梁模型的搭建。

4. 养成乐于思考、敢于尝试、合作解决问题的探究精神,体验成功的喜悦。

5. 了解科学技术影响社会发展,增强对家乡的热爱和保护历史遗迹的社会责任感。

又如,上海市奉贤区华亭学校张海燕老师开发了"奉贤桥韵——探究奉贤桥结构"研究型课程主题活动。利用家乡的资源,充分发挥本土特色,让学生深入了解家乡桥的结构特点,拓展学习内容,接触社会实践。该课程分为四个阶段,第一阶段:观察桥梁类型及结构特点;第二阶段:实验探究桥梁结构;第三阶段:设计未来桥模型与测试(解决问题);第四阶段:撰写并交流工程报告。希望通过对桥梁结构以及承重能力的探究,让学生在掌握探究方法和体验工程设计的流程的同时,进一步认

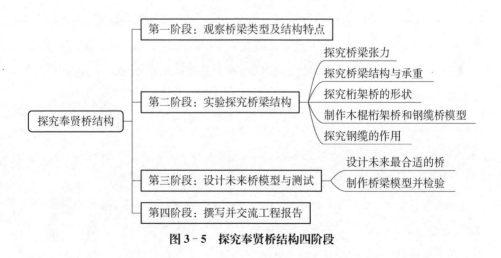

图 3-5 探究奉贤桥结构四阶段

识家乡桥的结构、了解奉贤人民的智慧,为奉贤未来的发展设计一座现代化的桥,激发学生热爱家乡的情感。

再如,上海市奉贤区江山小学以江南水乡特色砖桥为切入口,结合奉贤桥乡的环境特点,利用仿真砖进行桥梁设计制作,融入 STEM 教育理念,开启课程全学科参与,结合学校原有特色项目,打造"砖桥"综合实践活动品牌课程。以"砖桥"课程为引领,构建学校课程建设群,全面开展"砖桥"综合实践活动课程,努力体现以下几个特色:

1. 以江南水乡砖桥为契机,通过亲近家乡古桥,了解家乡古桥文化,体会家乡古桥之韵味,和古桥近距离接触,比较全面而真实地了解桥的制作工艺、周边环境以及古桥发展现状,激发兴趣,培养爱家乡、爱古桥的情感。

图 3-6　古桥考察活动

2. 以砖桥设计制作为手段,动手用仿制小砖建造一座家乡古桥,重现家乡古桥的风貌,通过项目的设计将知识蕴含于情境化的真实问题中,以调动学生主动积极地利用各学科的相关知识设计解决方案,跨越学科界限提高学生的高阶思维能力,传承"贤文化",弘扬工匠精神。

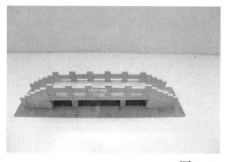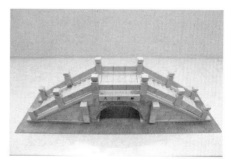

图 3-7　砖桥作品

3. 以课程群建设为核心,全学科参与,全范围覆盖,将学校原有的基础型课程及校本特色课程融入"砖桥"综合实践活动课程建设中(如图3-8)。通过项目组领衔的方式,挖掘"贤文化"教育优质资源,建立课程评价体系,践行"砖桥"课程与STEM理念的有机融合,找到适合学校综合实践活动课程建设的实践方式。

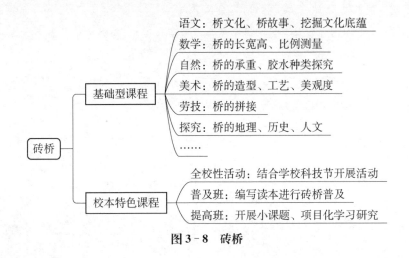

图 3-8　砖桥

案 例 2

依托地域文化资源　开发"快乐风筝"跨学科项目

上海市奉贤区齐贤学校是由原齐贤中学和齐贤小学合并的一所九年一贯制学校。学校继承了原有的文化传统,将南朝宋范晔的《后汉书·朱穆传》"长感时浇薄,慕尚敦笃"中所指的"敦笃"(有敦厚、诚笃之意)纳入校训内涵,形成了"见贤思齐,敦品笃学"的新校训。学校开展风筝活动已有32年历史,是上海市"非遗"进校园优秀传习基地、上海市科技教育特色示范学校(风筝)、奉贤区中小学生风筝科普教育基地、上海市中小学风筝专题教育特色学校。

学校根据《完善中华优秀传统文化教育指导纲要》《上海市学生民族精神教育指导纲要》《评选上海市中华优秀文化研习暨非遗进校园十佳传习基地指导意见》《奉贤区齐贤学校"非遗进校园"传习基地建设三年规划》,以"弘扬民间艺术,传承民族精神,激发民族自豪感"为目标,通过制定风筝课程实施方案、风筝拓展型课程科目教学管理制度,确保风筝综合实践活动课程的有效实施。通过"识风筝、做风筝、放风筝、赛风筝、写风筝、诵风筝"等一系列综合实践活动,培养学生的实践能力、协作能力、创新能力,促进学生能力全面发展,该项目被列为2020年奉贤区教育局"品牌计划"特色项目。

一、风筝课堂,促进跨学科知识融合

2000年风筝教学纳入齐贤学校课程,学校自编拓展型风筝教学读本,形成供低、中、高年级学生进行制作、放飞和探究的风筝教学校本课程。这一过程积累了齐贤学校拓展型课程系列"风筝"、上海市中小学活动课程系列资料《民间工艺——风筝》,形成了"快乐风筝"综合实践活动课程。

目前学校按学生年龄特点,分年级、分阶段进行风筝知识启蒙、普及教育,逐步形成学校风筝特色。重点在1至6年级开展每班每周一节风筝课,了解风筝的历史与用途、学习风筝文化、掌握风筝"扎、糊、绘、放"各个环节技术,让学生掌握工具的使用和风筝的制作,风筝课堂促进各学科知识的融合,促进学生综合能力的提高。

在课时类型上,每班每周一节的风筝课用于学习基础知识技能;星期六乡村少年宫风筝项目活动为提高型学习班;星期五校级风筝兴趣课为精英学习班,培养参加展示、比赛型的学生。

在教材内容的安排上,低年级到高年级形成简易风筝—简单风筝—一般难度风筝—中等难度风筝—高难度风筝—创新风筝,每学期安排的风筝中有一个在原有基础上略有提高。同时学生还可以认识风筝的历史、风筝用途的演变、风筝习俗、风筝故事、诗词、戏剧、歌曲、传统风筝的流派和现代风筝的变化等。

在教学方法上,强调训练,掌握基础性技能。通过教师示范,学生模仿学习风筝"扎、糊、绘、放"各个环节技术,以一学期两个风筝的进度,学生通过接触—认识—尝试—实践—探究—钻研—归纳—提高的过程,掌握工具的使用,学会风筝的制作和放飞技术,形成各自的实践体验。

通过风筝课堂教学,体现学科间融合的教学方式,让学生们自己动手完成他们感兴趣的风筝项目,从过程中学习各种学科以及跨学科的知识,使学生从自己的实践经验出发,理解科学原理,运用叠加效应和强化作用让学生对科学的亲近感增强,激发探索的好奇心,开拓学生的学习思路。

二、综合实践,形成校园风筝文化

学校积极探索面向全体学生的"快乐风筝"综合实践活动课程,传承与渗透校园风筝文化。通过活动目标的制定、学习方法的选择、活动内容的实施、评价内容的设置,在风筝活动中开展对学生的民族精神和传统文化教育,让学生得到劳动教育的实践、科学意识的培养。通过培养具有严谨科学态度、热爱生活、积极向上、具有民族自信、勇于学习传承优秀民俗文化的学生,逐步形成齐贤学校特色的校园风筝文化。

2020 年 6 月,学校开展了"匠心传承 同心抗疫——中华优秀传统文化传承暨'我是非遗传习人'"校园初选活动。通过风筝制作、视频录播评比,选拔优秀作品参加了上海市级初赛、复赛和决赛,取得了一银三铜的成绩。

2020 年 7 月 2 日至 8 月 10 日开展了"习风筝技艺,传民俗文化,做传习好少年——上海市奉贤区齐贤学校未成年人暑假风筝活动"。学生了解了风筝的悠久历史和文化。每位学生完成了"六边形风筝""衣裳风筝"和"沙燕风筝"的制作。学生实践了不同风筝的制作过程,初步掌握了风筝的传统制作技艺,理解了风筝这一民间艺术所包含的精细、传承、创新、协作的文化内涵。

2020 年 9 月,通过充分的准备,齐贤学校风筝队队员在上海之鱼参加并顺利完成了奉贤区教育十三五教育品质专题片风筝项目的拍摄。活动中队员们展示了娴熟的放飞技术,团结协作让"自然、和润、活力"等风筝飞翔在蓝天,展现了奉贤学子的精神面貌。

2020 年 10 月至 11 月,周丽军老师参加了"金山杯"全国运动风筝锦标赛和崇明"东滩杯"全国运动风筝锦标赛的裁判员学习培训和实践。在"东滩杯"全国运动风筝锦标赛上周丽军老师获"体育道德风尚奖"。周丽军老师的《鸳鸯戏荷》风筝作品入选《2020 奉贤区教师艺术作品集》。

"快乐风筝"综合实践活动课程贯穿于学校学科教学、德育工作、少先队活动、科技教育活动中,为齐贤学校师生搭建了学习优秀传统文化与技术、培养优良品德和实践能力的一个平台,让齐贤学校的学子快乐、健康地成长……

(二) 联系社会生活 创设 STEM 理念下的特色课程

新课改强调,小学综合实践课程教学要回归生活。中小学综合实践课若与生活紧密联系,可以加强教学的直观性,使学生能够更富有趣味地学习与探索,激发学生的学习动机。

陶行知先生倡导生活教育理念,即"生活是教育的本原,教育只有通过生活才能产生作用并真正成为教育"。STEM 教育思想倡导从真实问题出发,强调探究、设计和创造的学习过程,最终使学生将知识应用到实际生活中,解决真实问题。两者从本质上来看追求是一致的,有研究表明,基于STEM理念的教学,有助于加深学习者对数学和科学等内容的理解,同时将知识应用在生活中的能力也得到提高。

《义务教育小学科学课程标准(2017年版)》新增了技术与工程领域,明确提出了科学、技术、社会与环境目标,科学课程中出现了很多STEM案例的身影。

为此,在课程实践过程中,选取与学生生活实际密切相关及学生非常感兴趣的主题可以激发学生的探索热情,从而提高对所学知识的专注力,为学生提供适时指导,给学生思考讨论的时间,学生在这个过程中更容易迸发出灵感的火花,创作出属于自己的作品,从而提高学习力。

案 例

巧设驱动性问题　提升学科核心素养
——"家用消毒剂的制备研究"项目实践

上海市奉贤中学化学教师张莉设计了"家用消毒剂的制备研究",该项目是沪科技版《化学》高一年级第一学期第二章"开发海水中的卤素资源"的单元项目化学习研究内容,该内容与生活、生产紧密联系,次氯酸及其盐可用于水的消毒,提供了很好的在生活情境中进行综合能力培养的平台,该项目以制备实验为载体,主要运用了调查实践、探究性实践、调控性实践和技术性实践等学习方式,让学生经历有意义的学习实践历程,体验"提出问题—分析问题—解决问题"的科学研究方法,通过"提炼学科核心知识,明确项目学习目标""创设生活化驱动问题,激发学生研究兴趣""组建小组合作学习,共同探究完成项目任务""注重过程性评价,多维度评价激励学生"等途径,有效提高学生的实验探究与创新意识等学科核心素养。

设计开放性生活化问题,驱动学生研究家用消毒剂。生活中有很多消毒剂,不同消毒剂成分不同,使用方法不同,适用条件也不同。由此设计项目驱动性问题,让学生帮助小明去超市调研,并由此开启制备实验的研究。

驱动性问题:小明家的部分日用品用完了,爷爷需要对马桶消毒,爸爸需要清除油烟机污垢,妈妈需要对水果、蔬菜消毒,小明需要漂白衬衫上的汗渍,妹妹需要擦除作业本上的笔迹。请你给出购买建议,或者帮助小明家自制一种家用消毒剂。

案例说明：驱动性问题涉及小明一家五位成员的不同需求，学生带着任务进入超市或网络进行调研，研究不同类别的家用消毒剂的成分、适用条件及使用方法，为下阶段研究提供材料。

项目化学习的驱动性问题设计对后续研究具有启发意义，是项目化学习贯穿始终的研究线索。教师设计具有一定开放性、生活化的驱动性问题，给学生提供多向度的探索空间，能激发学生的好奇心，促使学生在提出、分析和解决问题的过程中，主动探究相关的化学知识，提高学生学科核心素养。

案 例

聚焦生活实际　融合学科探究
——疫情背景下"快递小车"项目设计

在网络购物已经成为大多数人的主要购物方式的当下，快递行业兴起，但很多时候快递员只能将快递放置在小区或单位统一地点，而无法直接交到我们的手中。疫情期间，为实现无接触送货，快递也只能配送到指定地点。而指定点有一个让人头疼

【教学活动设计】

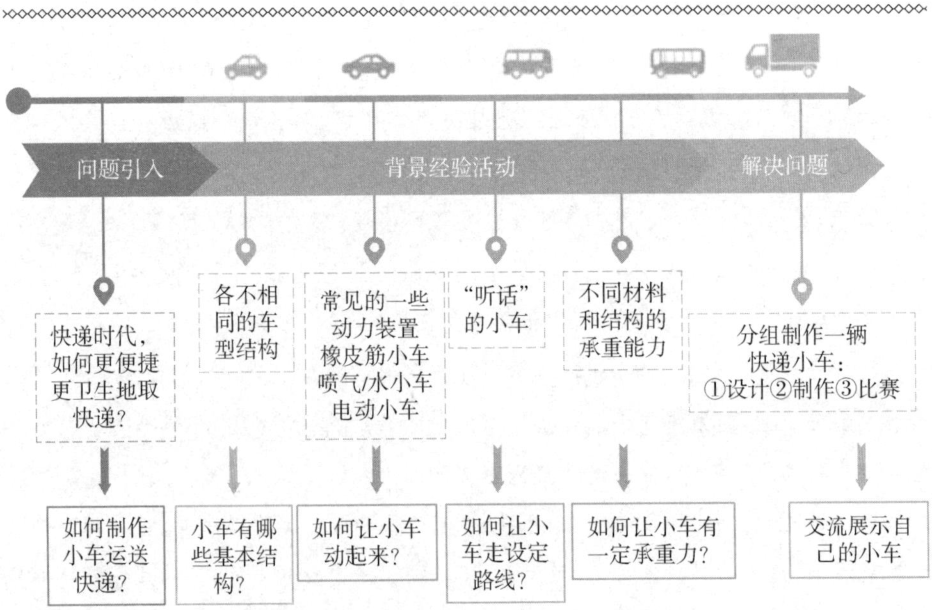

图3-9　疫情背景下"快递小车"项目教学设计

的问题,就是没有专人负责分类,常常是快递一多便堆积在一起,因此寻找自己的包裹十分艰难,出门拿快递更是要做好一定的防护措施。快递的"最后一公里"亟需解决。本课程让学生在特定的问题情景中,结合科学、劳技、物理、信息等多门学科基础知识的学习,来解决实际问题。契合学生生活,联系重要实事,具有引导激发学生从生活中寻找问题、解决问题的教育价值。锻炼学生解决实际生活问题的各方面能力,包括设计作品、电子信息技术、数据计算等。通过跨学科知识的前期学习和整合,让学生养成使用多种知识解决问题的习惯,培养学生的学科核心素养。

案　例

围绕核心概念　精选材料开展项目化学习
——保温杯套的设计与制作

科学教学要求学生通过对已收集到的证据进行思考和逻辑推理生成概念,使学生能够更好地理解周围的世界。学生掌握一个科学概念,实质上就是掌握同类事物的共同特征。项目化学习可以指导学生将具有共同关键属性的一类对象、事件、情境、需求、性质等的科学概念进行融合,从而建构更高层级的大概念。

奉贤中学附属南桥中学科学教师卫丽丽老师执教六年级"保温杯套的设计与制作"一课,本课是学生综合运用知识解决实际问题的一节课,由于学生缺乏亲自经历的切身感受,对相关概念的运用不甚了解或知之甚少,因此通过对教材内容的项目化处理,围绕核心概念"热传递"设计出3个阶段的主题活动。

- 设计一个保温杯套

该教师从生活中的现象提出问题"热水为什么会变冷""如何设计一款保温杯套来保温",并提供给学生多种保温材料,给予学生充分的时间自主选择其中的材料进行设计并制作。保温杯套设计需要学生对"热传递"这一概念进行灵活的运用,学生在解决实际问题的过程中,可以自发地对已有经验进行提取和再内化,加强有效的部分概念,修改有问题的部分概念。

- 如何将自己设计的保温杯套制作出来

这一阶段的目标是在设计的基础上思考制作保温杯套的可行性和需要准备的材料。在前期设计的过程中,学生对相关概念在小组内进行了讨论,并得到修正,在实际制作过程中进一步强化。

- 检测保温杯套的效果

这一阶段的目标是介绍自己保温杯套的制作过程,设计科学、可行的检测方法,并进行测评。通过课堂上的交流与讨论,学生各抒己见,碰撞出创意的火花。通过这样的学习方式,学生对于核心概念具有更深刻的认识,同时也提高了学生综合运用多学科知识解决复杂现实问题的能力。

案例说明:

本案例让学生在前期学习的基础上设计制作保温杯套,该产品的核心竞争力为保温效果,教师提供了多种材料(各种材料保温原理不同),学生可以从减小热传递的角度出发进行思考,这需要学生对本主题的核心概念"热传递"有充分的认识,并灵活运用这一概念选择相关材料,这是学生思维上的一个难点,需要同伴之间充分交流,最后达成共识。整合的教学方式帮助学生在活动中建构理解概念,掌握解决问题的技能,并将相关概念灵活地运用到日常生活中去。

因此,项目化学习需要让学生全面、充分地理解概念的本质特征,并在教师所设计的情境中丰富对概念的认知,让他们有机会运用概念,并以概念为工具来解决问题,从而实现用高阶学习带动低阶学习。

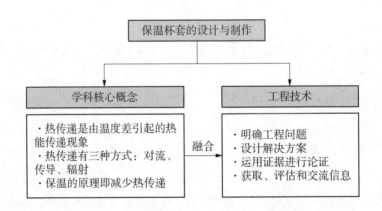

图 3 - 10　保温杯套的设计与制作项目框架

三、 落实综改方案　建设 STEM 综合创新实验室

（一）基于课程的创新实验室建设

2019 年,中共中央国务院出台的《关于深化教育教学改革全面提高义务教育质量的意见》中提出要优化教学方式,"融合运用传统与现代技术手段,重视情境教学;探索基于学科的课程综合化教学,开展研究型、项目式、合作式学习"。国务院办公厅印发的《关于新时代推进普通高中育人方式改革的指导意见》中强调,要积极探索基于情境、问题导向的互动式、启发式、探究式、体验式等课堂教学,注重加强课题研究、项目设计、研究性学习等跨学科综合性教学。

开展基于课程的创新实验室建设研究有助于真正落实《上海中长期教育改革和发展规划纲要》,符合国家对教育发展的新要求,树立学子创新素养培育的新导向,有助于回应社会对创新素质人才的期待,也是满足学子个性化成长与特质培养的必然选择。

基于课程的创新实验室建设是奉贤区深化课程改革的需要,奉贤区始终坚持"全面课程　校本特色",以课程改革创新助推学校发展,在《奉贤区推进教育综合改革实验区项目方案(2015—2020 年)》中也特别提到要试点 STEM 课程,依托驻奉高校以及区内外先进企业、现代农业园区等资源优势,共建"创新实验室",推进创新人才培养。

面向未来的创新课程聚焦真实情景、强调学科整合、注重合作探究、看重工程设计,各校基于课程建设,着力打造相关创新实验室,成为撬动区域课程改革的亮点。在奉贤区整体推进 STEM 教育实践过程中发现,许多学校开发的 STEM 课程最终需以产品形式呈现成果,需要有专门的创新实验室,如肇文学校古城文化体验馆、肖塘中学的百草园、柘林学校海塘文化创新实验室等均是基于综合实践课程建设的需要而开发的创新实验室,下面以"基于古城文化课程的体验馆建设""基于海塘文化课程的创新实验室"为例来说明区域学校如何结合学校办学理念,挖掘本土文化,以课程建设为抓手,开展创新实验室的建设。

案 例

基于古城文化课程的体验馆建设

上海市奉贤区肇文学校创办于 2013 年,地处奉城古镇,镇内现存有上海沿海独

有的古城墙、万佛阁及其古城部分街区和古建筑。校名"肇文"源自1805年奉贤兴学办校肇文书院,学校创办至今坚持努力延续"肇启文道"文脉,传承奉城"历史文韵"。综合实践活动课程的建设不仅是上海新中考跨学科案例分析能力培养的需要,更是落实国家、上海市及区域弘扬传统文化、建设文化品牌的需要,也是为践行贤文化、肇文学校做出了积极应答。

1. 文化传承,打造奉城古城文化课程

学校基于课程理念,立足学生"修炼品德、学会学习、身心健康、艺术传承、劳动实践"五大基础素养要求,构建石榴课程(见图3-11),古城贤韵课程是石榴课程中的一个子课程。

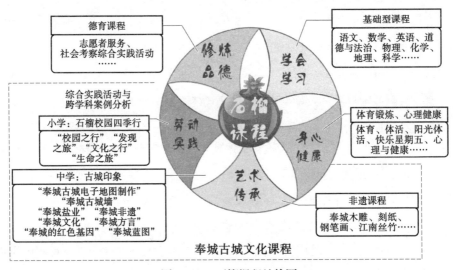

图3-11　石榴课程结构图

2017年11月学校课程设计团队把奉城古城文化放入拓展型探究型课程中,并编撰完成读本《肇启奉城古城文化》,全力打造古城贤韵系列课程。读本共有六个章节:"奉城之源""滨海之境""古城之魅""人文之灵""民俗之馨""宜居之所"。章节间既有联系又相互独立,每一章节都有一个小型的探究活动,如"寻访古城故事""寻访古城名人""非遗的保护与发展"等,既丰富了学生的传统文化知识,又培养了学生跨学科综合探究能力。

2. 建设展馆,打造课程的实践阵地

为了能使课程更好地落地,学校历时两年精心打造了一座奉城古城文化体验馆。

体验馆占地面积约1200平方米,根据课程的六个章节建设相应的展览厅(如图3－12、图3－13),进一步加深了孩子们对奉城历史的了解,激发他们对传统文化的热爱与自信。此外,展馆内开设民俗文化工作室,如木雕工作室、刻纸工作室、钢笔画工作室、江南丝竹体验室等(如图3－14至图3－17),为课程提供了教学和作品展示场所。馆内预留很大的空间,为后续课程作品提供充足的展示空间,也为新课程的建设提供保障。

图3－12　"奉贤之源"展示体验区

图3－13　"滨海之境"展示体验区

图 3 - 14　徐华兵木雕工作室

图 3 - 15　周宝才刻纸工作室

图 3-16 黄根裕钢笔画工作室

图 3-17 江南丝竹体验室

3. 丰富课程,为学校发展提供源动力

以展示馆为基地,以 STEM 课程为载体,以古城文化为线索,学校组织教师们围绕奉城古城文化这一特色资源再开发课程,开发建设了跨学科课程"寻根古城贤韵""古城印象"。其中"古城印象"跨学科课程已经成为奉贤区首批"品牌"计划培育学校特色实验校项目,为课程的继续开发提供了专业支持。2017 年学校制定特色教师培养计划,2020 年在奉城古城文化背景下,金敏老师执教的 STEM 课程"奉城盐业"获上海市中青年教师探究型课程教学评比一等奖。

案 例

基于海塘文化课程的创新实验室

华亭海塘的故事穿梭四千多年的光阴,带着祖先的荣光,承载了柘林人的历史,承载了柘林人的精神,让我们来有源头,去有归处。

一方水土滋养一方人。先民们在筑塘与治水实践中形成了内涵丰富的海塘文化,它诉说着先人与灾害作斗争的坚毅与顽强,称颂着前辈与自然共处的和谐与融洽,它是上海市奉贤区柘林学校"毅·和"校训的极好诠释,更是打造"海塘文化"综合实践活动课程的精神支柱。

1. 课程的目标定位

从学生身边的真实生活和发展需要出发,从具体的情境中发现问题,以提升核心素养为导向,以身心愉悦、自由探究、收获快乐和自信为宗旨,以"海塘文化"为特色,打造面向 1—9 年级学生的综合实践活动课程体系。

2. 课程的内容体系

柘林学校的"海塘文化"综合实践活动课程,立足乡土文化的根和魂,充分利用得天独厚的地域资源,围绕"海塘史话、海塘技艺、海塘风貌、海塘畅想"四大板块,并以四个板块为横轴、以年级为纵轴,充分发挥九年一贯制学校课程一体化、培养延续性的优势,根据学生的生活、学习的实际情况来确定核心课程,多学科、多角度实施综合实践活动课程。通过目标导向与问题导向相结合,形成主题学习和项目学习相结合的教学方式,着力提升学生的核心素养,促进学生健康发展。

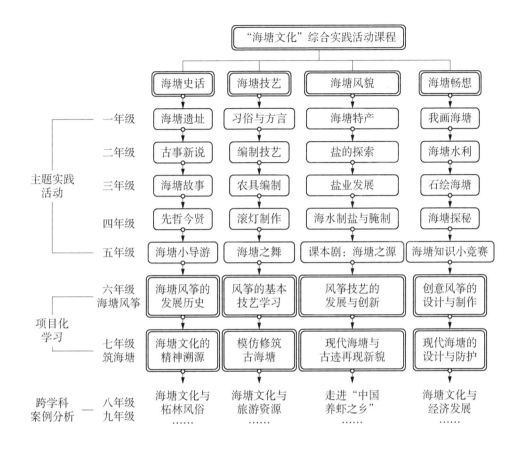

图 3-18 "海塘文化"综合实践活动课程框架

3. 基于课程的创新实验室建设

为了更好地实施"海塘文化"综合实践活动课程,2020年9月,柘林学校"海塘文化创新实验室"正式建成并启用,实验室有108平方米,涵盖了筑海塘、古法制盐、海洋生物、海水净化四大主题,设有古海塘沙盘模型展示区、学生作品展示区、海水制盐区、海塘文化历史观看区、学生动手实践区和体验区。创新实验室丰富了"海塘文化"综合实践活动的课程资源,激发了学生对华亭古海塘的乡土情怀,培育了学生探索创新能力、团队合作意识。

图 3 - 19 古海塘沙盘模型

图 3 - 20 海水制盐区

图 3 - 21　学生作品展示区

(二) STEM 视野下学习环境的创设

当前,中小学生创新能力培养过程中存在的主要问题之一就是缺乏创新实践的机会和场所,而创新实验室正是中小学校为学生营造创新教育实践环境而建设的,它轻松和谐的学习环境,使学生的兴趣得到培养、个性得到尊重、潜能得到发挥、创新意识得到增强、创新思维得到锻炼、创新技能得到提升。

STEM 教育课程的实施离不开环境的创设、空间的打造。从狭义的空间观念来看,STEM 教育空间主要是指学校开展 STEM 课程的教室、场所等,属于灯光下的空间。在空间建设的过程中要做顶层设计和统筹安排,要有体验空间、设计空间和智造空间,能给学生真实的体验和灵感,激发学生的兴趣和积极性;同时要给学生进行创新设计和交流研讨的区域,以及动手实践操作的场所。从广义的空间观念来看,STEM 教育的空间不应仅仅停留在室内,还应延伸到户外,属于阳光下的空间。学校的每一个区域都能成为课程实施的空间场所,还可以延伸到家庭空间、社区和社会空间,这些空间都能为 STEM 教育提供丰富的空间资源。

创新实验室是学校的课程资源,是学生自主学习、自主探索的实践平台,是融合学习内容、学习特征和先进设施设备于一体的学习环境。为进一步加强上海市基于课程的中小学创新实验室建设,丰富教学实践环境,满足学生个性化学习需求,上海市教育委员会教育技术装备中心主办了以"创新实验室——课程引领下的学习环境重构"为主题的上海市中小学创新实验室建设论坛,全市 16 个区县的教育局相关部门负责人及参与"基于课程的中小学创新实验室建设行动研究"课题研究的 66 个学校、区县的子课题负责人共约 240 人参会,该论坛综合反映了上海市在创新实验室建设发展方面的思路、政策和具体应用形式等。

截至 2019 年 8 月 31 日,上海市已建成覆盖全学段的创新实验室 2 313 个,覆盖上海市 85.60% 的高中、85.06% 的初中、76.78% 的小学。2020 年底,基本覆盖全市所有小学和初中。课程内容涉及八大学习领域的 50 余个门类,打破学科界限,注重跨学科融合,衍生出了一大批新型课程,丰富了学校课程资源。创新实验室是学生开展自主探究和创新实践的场所,支持创新素养和实践能力培养,是融学习内容、学习方式和技术装备于一体的新型学习空间。

2015 年,为了落实"奉贤区推进教育综合改革实验区项目",奉贤区教育局开始实施"星光灿烂计划"项目。奉贤的创新实验室建设则成为区星光计划中学校自主发展的项目内容,各基层单位根据教育局《关于实施星光灿烂计划设立学校自主发展专项的通知》,上报学校自主发展项目。经过十个项目组审核,奉贤区局党政班子研究讨论,182 个项目获批先行实施,实施负责人由校(园)长担任,其中 36 个为课程教学专项,依托课程教学专项,推进创新实验室、创新课程建设,促进学生全面发展。这些项目涵盖环境科学、自然科学、人文社科、科技制作、艺术设计、金融创新、工程设计、信息技术等领域。项目建设始终坚持以课程建设为中心,以创新环境建设为基础,在动手实践、亲身体验中帮助学生习得科学文化知识,体验创新的过程与乐趣,发展创新的能力与素养。

STEM 空间是学生进行 STEM 学习的场所,支撑学生进行学习、研讨、探究、实践,直接影响学生的学习过程和体验,是 STEM 教育的硬件支持和重要因素。STEM 空间建设要依据 STEM 教育的理念,充分体现 STEM 教育的特征,把 STEM 文化融入空间建设中,使学生在 STEM 环境中有效地开展真实的 STEM 学习活动。STEM 空间建设应根据学校的场地规模、可动用资金、发展理念、环保理念因素进行考虑。

以 STEM 为代表的跨学科课程,尽可能通过新建、改建或扩建的方式在校园中建立一批可满足 STEM 课程需要的新型学习空间。STEM 空间要便于学生进行自主学习和讨论互动,要有教师集体讲授的空间,学生阅读图书、在线学习的空间以及研讨交流的空间等,促进 STEM 活动与学习的有效发生;要鼓励学生动手实践,建立相关学科实验室、跨学科创新实验室,向学生开放基本的工具、材料、设备以及空间场地,支持学生有更多时间在实验室开展各种 STEM 活动。

本节选择了三所学校,介绍了各校不同的 STEM 空间建设方式。

奉贤区教育学院把课程建设、师资培训与空间建设同步推进实践,为培训学员搭建跨学科学习环境;

洪庙小学把 STEM 空间建设当作一项 STEM 工程,紧握 STEM 教育特征,完成了法布尔创新实验室 STEM 空间建设实践,为学生建立了一个亲近自然环境生态基地;

奉贤中学结合科学创新实验大楼,把综合实践活动课程与中学理科课程实验室结合起来,引导学生在 STEM 教育空间进行项目式学习。

案 例 1

为教师搭建跨学科学习环境
——奉贤区教育学院 STEM 创新实验室

为推动区域 STEM 课程建设,满足区域项目组开展 STEM 跨学科培训需求,奉贤区教育学院基于现实条件、未来教室的特点和培训需求,将原来仅有 60 平方米的普通教室进行空间改造,通过对教室所涉设备、网络、器材、配件、管控中心等科学规划与设计,实现功能在空间上的转化,2017 年 6 月完成了 STEM 创新实验室建设,该实验室集现场录播、智慧课堂、远程云课堂于一体,同时还包含 VR 体验区、实验操作区、3D 建模打印区、小组项目化学习区、信息化资料查询区、优秀作品展示区等,同时具有教师集体讲授、阅读图书、在线查阅、研讨交流、动手操作的空间等。

STEM 创新实验室打破标准化、固定式的实验室形态,为参加项目化学习培训学员创造了一个学习、思考、讨论、设计、制作、总结、展示的学习环境,培训学员以小组合作形式围绕某一主题开展跨学科项目化学习,运用科学的探究过程和工程设计过程,探索和解决真实问题,提升实践应用能力和创新能力,促进 STEM 活动与学习的有效发生。该实验室为基层学校创新实验室建设起示范与引领作用。下面为奉贤区教育学院 STEM 创新实验室空间管理一览表。

表 3 - 1　奉贤区教育学院 STEM 创新实验室空间管理一览表

工作类型	工作性质概括	具体描述
授课教师及培训学员	结合专项授课及互动教学	每学期结合综合实践活动课程、STEM 项目培训组织教师进行培训
学习空间管理者	计划、开发、管理和维护学习空间的材料与设备（3D 打印机、VR 设备体验、智慧互动课堂、空气净化器等）	①具备工具和设备方面的知识 ②管理库存、原材料和处理消耗品 ③保存实验室和项目存储空间的清洁 ④管理实验室日常表及提升设备使用效率
课程整合与教师支持	开发 STEM 视野下综合实践活动课程	①与教研团队、培训学员一起工作，将"真实世界"带进课堂，设计项目 ②追求适当的专业发展，保存与教育教学改革同步
技术帮助	支持专家及培训学员基于硬件和软件的问题	解决培训专家及学员关于笔记本电脑、平板电脑、3D 打印机、无线网络、智慧黑板、软件等其他设备的使用问题

案例 2

为学生建立了一个亲近自然环境生态基地

——洪庙小学法布尔实验室

　　洪庙小学是奉贤区的乡村小学，地处海滨，周边有多处绿地，南面有大型生态公园"奉贤区森林海湾公园"，学校占地面积也比较大。学校利用原有的绿地进行改造，开发了"法布尔生态实验室"，实验室里拥有 8 个功能性区域，可以开展种植、养殖、观测、探秘等学生体验活动。依托这一资源，学校成立"法布尔"自然社团，"让学生拥有科学的梦想"是社团的宗旨，通过综合实践活动，学生走进自然、亲近自然、探究自然，提升了对于自然的情感，并明确自身作为自然的一分子所要肩负的责任。

　　洪庙小学基于"法布尔生态实验室"的真实情境，开发了若干个 STEM 课程，如鸟巢制作、法布尔取水器、黄瓜藤架的秘密、开源软件 STEM 创意、法布尔自动浇水装置等，其理念是"让孩子萌生科学的梦想"。法布尔生态实验室为学生建立了一个亲近自然环境、观察自然变化、研究自然规律的生态基地，更是老师发现资源、设计课程、研究课堂的风水宝地。

图 3 - 22　"法布尔"生态实验室

图 3 - 23　学生社团开展植物小课题探究

案例 3

整合综合实践活动课程与中学理科课程

——奉贤区奉贤中学创新实验室建设

奉贤中学利用校内资源,通过重置、改装、新建设施设备,投入使用了总建筑面积21 000多平米的科学创新实验大楼,并在室外配有800平方米的智能温室。这里设立了创客坊、3D创意设计、激光雕刻设计、单片机设计、结构制作、电子制作、无人机开发、机器人开发、绿色化学、生物组培、海洋馆、天象馆等30多个功能性创新实验室,为20多个创新社团的自主发展创造条件。为拓展学科个性化学习的空间,面对智能时代的挑战,奉贤中学努力建设基于数据的智慧校园,拓展学习者的学习时空,让海量的资源助力学生走入学习的高速车道。

一楼化学实验层功能设计分区为化学学科教室、化学实验准备室、化学药品/仪器室、绿色化学创新实验室、测试中心、有毒气体/新能源实验室和生化DIS实验室。实验室建成以后,学校拥有了一个上海领先、全国一流的综合化学实验平台,学生在这个实验平台上可以开展各方面的化学实验课题研究,整合化学实验的功能,将有毒气体、新能源化学和生化DIS实验室的功能性完美结合,打造最具前瞻性和实用性的功能型化学实践基地。学生在最黄金的中学阶段学会科学的实验方法及技术必然会为将来的发展打下坚实的基础,为学校在一些重要竞赛、比赛中获取优异成绩提供基础支撑。

二楼生物实验层功能设计分区为生物学科教室、生物药品/仪器室、数码显微互动/生物工程实验室和生物组培实验室。生物实验室的建设发展将为学校生物科技创新活动提供应用、规划、实验、测试与高端支持平台,将前瞻性地、持续性地优化实验平台架构;为学生和老师提供生物试验展示、应用、测试的平台,帮助学生获得完成创新实验的最新需求,实验室将为奉贤中学开展创新素质教育打下坚实基础。

三楼物理实验层功能设计分区为电磁DIS实验室、力学DIS实验室、物理学科教室、物理准备室、物理仪器/药品室。物理实验室建设以国际和国内设计规范标准作为依据,打造科学领先、灵活的物理实验室。在满足基础实验课程的同时,打造灵活型、开放式的物理实践基地。

四楼科技创客层功能设计分区为电子技术教室、机器人室、结构设计教室、结构测试室、无人机室、创新思维实验室、单片机设计、APP设计、电脑设计、3D打印雕刻室和创客室。科技创客层通过各功能教室的布局形成一个相对完整的创客教育课程群，能很好地培养学生综合运用学科知识理解并改造物理世界的能力，使学生具备对技术工程设计与开发过程的理解能力。各功能相互补充、相互作用。如3D打印雕刻室与电脑设计、结构设计教室、机器人室等相互结合，灵感碰撞的魅力就在于为创意与创造提供了无限的可能性。

创新实验室的建设是一项系统工程。首先，学校应根据自身条件、优势学科和师资队伍，论证特定学科创新实验室建设的可行性；其次，在给定的学习空间内，进行所需软硬件的合理配置和布局；第三，开发符合特定学科创新实验室的校本课程；第四，建立一支能够胜任学科创新实验室教学的师资队伍；第五，改变以往传统实验室运行机制，形成以项目或任务驱动的创新实验室运行机制；第六，将学生在创新实验室的学习成果纳入学生评价体系，形成多元化评价体系，进而为创新教育和素质教育的融合奠定良好的基础。中小学创新实验室的建设框架如图所示。

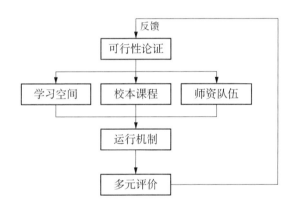

图 3－24 中小学创新实验室的建设框架示意图

学习空间是学校落实"立德树人"根本任务、推进学习方式变革的重要载体。学习空间的重构，应该着力体现目标培养、课程实施、学校文化和办学特色的要求。具体来讲，在空间重构的过程中，要实现课程、学习方式和技术装备的深度融合，支持学校特色化发展；强调以学习者为中心，注重学习的过程性和体验性；强化与人工智能等新技术的融合，为学习者提供更为开阔的学习视野和更为灵活的学习手段，满足学习者个性化学习需求，同时注重学习场域建设，灵活布局，方便学习者合作、交流、互动。

奉贤区教育局将根据学校创新实验室建设的情况，进一步做好规划，引导学校间的错位发展。多点布局，加大学校创新实验室建设力度，为学生打造参与体验的学习、实验环境；基于实际，引导学校开发与创新实验室相融合的具有探究性、选择性的优质校本课程，形成基于创新实验环境的特色课程；从提高学生的创新兴趣和实践能力入手，通过更加开放、灵活的教学，拓展学生的知识范畴和能力空间，培养学生的核心素养和综合素质。

第四节　成效与反思

一、教师专业素质提升与教师团队建设

（一）项目驱动　借助多方资源　培育创新教师

当前，中国作为快速发展的创新型国家，各行各业都需要卓越创新型人才的技术支持，因此，对于创新型人才的创新实践能力培养就显得尤为重要。项目驱动为中小学课程建设区域推进的重要实践模式。

针对区域 STEM 教育及综合实践活动课程建设存在缺乏统筹规划、缺失专业规范和专业培训不足而导致创新型教师紧缺等现象，以项目驱动的区域推进策略可以实现中小学课程建设政策导向具体化、专业引领实践化、资源共享平台化。这里指的项目驱动区域推进是指区域教研机构牵头，或是学区化、集团化办学联合体成员校之间，或是区内外几所学校之间，是基于课题研究、教师培训、课程建设等需求的合作项目开展的跨校教研活动。

以奉贤区为例，为保证小学低年段主题式综合实践活动在基层学校有效推行，并顺应中考改革方案，推动区域中学跨学科教育的发展，区教育学院与东南大学、上海师范大学、上海交通大学、上海 STEM 云中心等多家高校及教育培训机构合作，结合区域各校不同需求，设计针对性培训方案，开展校本课程、STEM、跨学科教育、综合实践活动课程培训项目，累计约 25 班次，约 1000 多人次接受培训，强化了教师对校本课程、STEM 教育及跨学科教育综合主题课程的理解和在实践层面上的深化，指导

培训学员运用 STEM 教育理念以小组团队合作的方式研发、试点综合实践活动课程，教师创新综合能力得到有效提升。2019 年 10 月奉贤区 13 位理科教师(物理、化学、生物、科学、自然、劳技)被推荐参加上海市中青年教师教学评比活动,荣获上海市一等奖 6 名,二等奖 4 名,三等奖 3 名,创下奉贤区历史新高。这些获奖教师曾多次接受区域 STEM、校本课程、跨学科等专项培训,项目培训中创新的教育理念及先进的教学方式在这些获奖教师身上得到了很好的印证。

(二) 品牌打造　培育特色项目　培养创新人才

为贯彻落实全国、市、区教育大会精神,根据《奉贤区教育局关于促进学校自主、创新、特色发展的实施意见》,通过建立资源投入、培育发展、评估认定等系统支撑机制,批准一批特色实验校,培育一批特色项目校、特色优秀校、特色品牌校,加快学校特色化、品牌化发展,办好每一所家门口的学校,全面建设"自然·活力·和润"的南上海品质教育。

2020 年,奉贤区教育局启动学校特色发展品牌计划项目,在科创组的基础上专门设立了跨学科综合(STEM)组,其中洪庙小学"小蜜蜂"综合实践活动课程、柘林学校"海塘文化"综合实践课程经过申报、评审、答辩,被评为特色品牌项目;江山小学"砖桥"综合实践课程被评为特色优秀项目;金水苑小学"路口前行"、洪庙中学"镜视界"综合课程被评为特色项目;金水苑中学"行知农坊"、古华中学"梦想家园"、头桥小学"麦钓船"、平安学校"智能发芽机"TI－STEM 等项目被列为特色实验项目。除了这 9 所学校外,区教育学院又从科创组中遴选出奉贤中学、汇贤中学等 6 所在科技创新实践方面成绩突出的学校作为市级课题"STEM 视野下中小学综合实践区域本土化实践研究"试点学校。奉贤区"品牌"计划项目激活了区域跨学科综合(STEM)课程建设,项目组成员放弃休息、假期时间指导学校设计课程方案、撰写课程案例,这些辛勤的付出让更多的奉贤学子享受区域优质课程资源、成为创新人才。

二、 课程质量与品质的提升

(一) 课题引领　培育课程资源　引领品质发展

教科研活动可以助推一个区域课程建设。奉贤区教育学院教研中心于 2003 年启动了校本课程建设,2015 年起在上海率先开展了 STEM 教育试点工作,确立了"课题引领、教研结合、区本培训"的发展理念,2016 年"奉贤区 STEM 课程建设实践研究""奉贤区创新实验室实践研究"两大项目被立为市级项目,2017 年完成了"奉贤区中小学校本课程区域管理与指导的实践研究"市课题研究,"STEM 视野下中小学综合实践活动课程区域本土化实践研究"于 2020 年被立为上海市教科研课题;十多年来邀请了上海市教科院、上海市教委教研室、东南大学等专家组领导,来奉贤区指导课题研究。一批试点学校骨干教师、学科教研员共同参与了 STEM 课程建设、综合实践活动课程的开发与实施工作,项目组先后组织全区部分试点学校开展了 STEM 课程、综合实践活动课程教师培训、参加全国性品质课程论坛等活动,同时组织专家团队和教学一线的骨干教师开发并撰写 STEM 视野下中小学综合实践活动本土课程案例,这些案例在区域中小学综合实践活动课程教学中,发挥示范和引领作用。

"区域校本课程管理与指导的实践研究"荣获 2017 年上海基础教育成果一等奖、奉贤区首届教学成果特等奖,研究成果在市域处于领先。《区域推进校本特色——校本特色课程科目设计与实践》(中学卷)(小学卷)已于 2019 年由文汇出版社正式出版;其编制的《奉贤区中小学校本课程建设的指导意见》等十一份管理与指导文件,从方案实施、科目建设、过程管理、评价机制等方面指导学校规范、特色地发展校本课程。

1. 《校本课程实施方案与科目设计》专著

精选 8 位区中小学校长和 12 位有特长的骨干教师在已有实践的基础上进行校本课程实施方案和教师科目方案的编写,并由上海科技教育出版社出版。原上海市教研室主任徐淀芳作序"掩卷后的感言",称赞本书不是"写"出来的,是"做"出来的。

2. 《校本特色区域推进——校本特色课程科目设计与实践》专著

在学校整体方案设计的同时,对教师科目方案进行研究指导,以区域开展的三轮中小学校本特色课程评比活动的参赛教师为对象,进一步指导教师提炼校本课程建设成果。2018 年 6 月启动了"2018 年全区校本课程科目设计评选",从科目方案、活动设计和案例故事三部分进行综合评价,有 117 个科目设计方案入围,经过几轮指导修改,择优汇编出版《校本特色区域推进——校本特色课程科目设计与实践》,另外相关成果上传至奉贤区校本课程建设平台供中小幼学校学习共享。这本书会成为教师常态化实施课程的"拐杖"。

3. 专项实施"STEM 跨学科综合实践教育"课程

针对中小学跨学科教学实践研究欠缺的现状,2015 年起项目组结合《奉贤区推进教育综合改革实验区项目方案》,成立奉贤区 STEM 项目研究组,通过"区域整体规划,构建 STEM 教研团队""汇聚多方资源,培训 STEM 骨干教师""立足校本课程,打造 STEM 特色课程""融合学科教学,探索 STEM 实施路径""借助区级项目,营造STEM 实验环境"等多方研究,引领基层学校从校本课程中进一步开发和实施 STEM课程(项目),推动学校实施跨学科建设。2018 年 1 月,实践成果在"上海市 2017 年度区教研室主任论坛"中荣获"常春藤金奖";目前参与奉贤区 STEM 课程实践研究的洪庙小学"法布尔实验室"、柘林学校"海塘文化"、青村小学"泥巴"、江山小学"砖桥"、头桥中学"健康呼吸绿色桥乡"、邬桥学校"牡丹文化"、肖塘中学"走进百草园"等课程已成熟,引领区域跨学科综合课程整体推进。

(二) 蹲点指导 优化课程设计 提升育人品质

奉贤区实行教研员蹲点制已有多年。区教育学院要求每学年各学科教研员蹲点一至两所薄弱学校,参与综合实践活动课程项目组的教研员结合学科蹲点活动时机,为学校综合实践活动课程指导老师开设微讲座,如解读中小学综合实践活动课程指导纲要、STEM 理念、实施方法与途径等,在参与课程开发中与教师进行平等对话和引领,分析研究教师在课程开发实践过程中遇到的困难与问题,及时进行精确诊断,然后针对性地进行有效指导,为提升学校课程建设质量提供了新的思路。蹲点制的推行,促进了校本课程、STEM 项目、综合实践活动课程的建设和开发,提升了课程建设质量,教师的能力也得到了提高。

例如,两位区探究型课程教研员蹲点奉贤区肇文学校,指导"肇启奉城古城文化"课程的开发,梳理完善学校探究型课程的纲要,结合 2020 年市探究型课程教学评比活动,帮助教师搜集信息、确定课程设计思路、梳理课程内容呈现序列、指导课例设计与编写。在上海市探究型课程评比中,金敏老师"寻根古城贤韵之奉城盐业"一课荣获上海市中青年教学评比一等奖,教师的课程设计与实施能力有了很大的提高。

在 2017 年洪庙小学 STEM 市级专场活动、2018 年奉贤中学跨学科教学市级现场活动、2018 年平安学校的"智能发芽机"TI - STEM 市级课程交流、区校本课程、STEM 跨学科案例分享交流中,项目组通过蹲点指导,优化课程设计,提升育人品质。

2018 年古华中学、实验中学、奉城二中、金水苑小学、四团小学五所学校参加了上海市教研室领衔的跨学科项目——创课程试点教学,相关案例已分别编入《创课程——上海市中小学跨领域实践创新课程的研究》一书中。奉贤中学 STEM 教师《走进STEAM——中学一线教师的项目式学习实例》正式出版,奉贤区中小学综合跨学科案例集也已通过项目组教研员的精准指导汇编成册,为区域中小学开展综合跨学科课程实践奠定了扎实的基础。

(三) 搭建平台　建构工作网络　实现资源共享

随着网络的发展,信息与课程教学的深入融合,数字化课程平台越来越受到重视,在线课程和开放学习平台扩大了优质教育资源的受益面,拓展了学习时空,为学生个性化自主学习和体验创造了条件,"搭建平台　建构工作网络　实现资源共享"是奉贤区 STEM 课程、综合实践活动课程的建设行动计划之一。

奉贤区教育研究中心充分利用信息技术提高工作效益,因地制宜建构了多元化的共享平台及工作网络。以"区域校本特色课程资源平台"为基础,建立了资源培训平台、成果展示平台、互联网＋教研平台三个交流平台;建立了资源联盟体共享网、镇教管办共享网、示范校共享网、特色教师共享网等工作网络。这些平台与工作网络及时解决了区域学校校本课程发展不平衡、薄弱学校课程资源短缺等问题,有效地促进了学校共享优质资源,逐步实现区域校本课程品质的有效提升。

其中,依托资源联盟体的"教研中心—盟主学校—盟员学校"共享网是根据区域划定的办学资源联盟体,指导盟主学校将特色课程辐射到盟体内的学校,从师资培训、教学资源、课程管理等方面全面共享。例如,2020 年 12 月 8 日下午,主题为"基于九年一贯制学校学情的综合实践活动课程探究"的弘文教育集团综合实践课程研讨活动在奉贤区柘林学校举行。来自弘文教育集团五所学校的十位老师进行了课堂展示。奉贤区弘文学校张晓莉等老师执教"笔墨春秋"、奉贤区柘林学校顾文青老师执教"海塘堆叠方案"、张怡云老师执教"制盐"、奉贤区邵厂学校王华兰老师执教"版画——印痕之美"、奉贤区五四学校张立榕老师执教"请您聆听自然的'声音'"、奉贤区平安学校张晓菲等老师执教"百花谷计划——云南鲜花采购之旅",异彩纷呈的综合实践活动课堂获得了观课教师的纷纷好评,资源联盟体内的优质综合实践活动课程在相互交流学习中共同成长。

为了充分利用现有信息技术,方便管理与指导过程中主、客体之间的互动,奉贤区教育研究中心还建立了以下三个校本课程成果交流平台。

　　1. 资源培训平台。围绕校本课程建设师资培训的实际需要,为学校的校本课程建设开辟了资源培训平台,该平台功能主要通过主题式课程研究、优质资源共享的联盟体等方式实现。

　　2. 成果展示平台。成果展示平台主要是通过区级校本课程评选、各类成果展示活动、《奉贤教育》的"特色课程"专栏等方式积累校本课程资源,提炼区域校本课程成果,培养校本课程教师。

　　3. 互联网＋教研平台。互联网＋教研平台营造了一个开放的教、学、研三位一体的综合环境,该平台由区中小学校本课程网络平台、区域 FTP 共享资源网、QQ群、微信群、微信公众号等多种方式构成。借助这些方式指导各级学校依托传统优势资源,共建共享机制,在课程实施基础上开发校本课程特色网站,进行信息交流、资源共享,彰显学校办学特色,加快推进校本课程的特色化向区域性、品质化发展。

　　项目组紧紧围绕"全面课程校本特色""人文课堂有效教学"课程与教学主题,积极参加上海市中小学专题教育网络课程建设申报活动,通过多年来的努力,项目组亲自参与编写的 9 门课程已作为上海市中小学专题教育网络课程,供全市中小学生学习使用。2020 年 2 月,"人防伴我行"被评为上海市最受学生欢迎的网络课程,奉贤区教育学院荣获上海市中小学专题教育网络课程建设优秀组织奖,孙赤婴副院长代表项目组作主题发言,受到好评,在市域层面起示范引领作用。许多跨学科项目、案例、活动报道等通过"奉贤 STEM 教育"微信平台分批推送,受到全国各地专家、学者关注,为区域学校课程建设搭建了交流的平台,真正实现了资源共享。

　　2020 年一场突如其来的疫情打乱了人们的生活节奏,也打乱了学校的教学秩序,防疫工作由应急状态转为常态化,这使得线下研学旅行综合实践活动课程无法正常开展。针对当前的防疫形式,各地纷纷开放线上研学旅行资源,如国家博物馆、上海博物馆、奉贤云课堂等。线上"课堂"为综合实践活动课程拓宽新渠道、打开新思路、铺设新前景。如开展研学旅行综合实践活动课程可以线上线下研学旅行双轨并行,突破时间和空间的限制,从研学前的准备、研学中的指导、研学后的提升几个方面组织开展,拓展研学综合实践活动的新途径,提升研学旅行综合实践活动质量,拓展了综合实践活动课程的渠道。

第四章 学校教师课程的设计与实践

第一节 课程遭遇的困难

一、生源学习的差异

课程实践的主体是学生,学生作为学习的主体,是课程执行效果的关键,正确认识课程的主体有助于课程的实践。在课程实施的过程中,课程将面对不同的学生群体,面临着学生的认知差异,面临着学生不同的心理特征,也面临着 STEM 课程所要求的动手实践操作的层次性等系列问题。

跨学科课程活动中,不同的案例中都提到"部分学生的动手操作能力也较差""动手能力普遍较弱",甚至有较多的学生在跨学科活动的过程中作为"旁观者"在参与,我们可以发现学生在参与跨学科课程活动中所存在的不同表现,在一些案例中,也进行了一些分析,如"往往是动手能力较强的学生把所有动手的活都做掉了,减少了动手能力较弱的学生锻炼自己的机会""基本的科学知识储备欠缺""学生的科学素养的差异较大",明显指向了学生在活动中所存在的活动差异的真实现象,虽然我们的老师也在不断努力,如"低年级的学生对于昆虫的兴趣保留在外形和颜色,过多的科学知识对于幼童而言是有难度的;三年级、四年级的学生对于昆虫的兴趣从卵到成虫都有涉及;五年级学生对于昆虫的兴趣已经没有其他年级的浓厚。因此,在开展过程中教师对于不同年级的学生,需要基于不同的知识储备以及兴趣角度去设计问题和活动."显然,我们的老师们在努力从跨学科课程活动设计的角度去改变、去化解,但这些学生之间的差异还是依然存在的。

学习者认知方式是指学习者对信息进行组织和加工的过程,表现了人的知觉、记忆、思维以及解决问题的能力等特征。而学习者在认知方式上的个体差异使学生在课程执行的过程中有着不同的表现,如有的喜欢安静的环境,有的喜欢与大家进行探讨,也有的喜欢独自思考……在教育心理学领域,学习风格差异是反映个人认知差异的重要方面,学生在感知学习环境中与学习环境相互作用,并在感情上作出反应。而教师在课程执行的过程中,也注意到了学生的这些不同差异。学生在参与这些课程活动时,其表现存在着以下这些现象:

问题一　学生学习认知的差异(详见"案例 1")

在不同课程执行的过程中,每个课程都会招纳不同的学生参与课程学习与研究,但大多数时候,每个课程小组的学生或来自同一学段,或来自同一年级,甚至来自于一个班。但即使是同一班级的学生,学生本身认知是存在着差异性的,因此知识水平影响了学生们认知事物、参与课程活动的结果,从而在课程活动中所表现出的解决问题的思路和方法不一,这就需要教师基于学生的认识水平作出必要的策略调整。

问题二　学生兴趣能动的差异(详见"案例 2")

虽然 STEM 视野下的综合实践活动课程对于大多数学生有着较大的吸引力,但不可否认,学生们所表现出的兴趣不一,还是或多或少地影响着课程的执行、发展。皮亚克说"一切有成效的工作都是以某种兴趣为先决条件的",现代研究也证明,学习者只要对学习有兴趣,就可使人脑系统处于开放状态,学习者对于学习的兴趣越浓,教学信息在传输过程中受到的信道干扰就越小。兴趣是一个人倾向于认识、研究获得某种认知的心理特征,是推动人们求知的一种内在力量。所以教师在课程执行的过程中,经常要研究学生的学习兴趣,并对学习内容作出较为积极的调整。对于一个整体课程来说,课程设置的学习梯度应该是明显的,且对应着较明显的学习进阶,教师在选择活动内容,以及活动的整体设计时,需要有一个较好的规划。

问题三　学生动手能力的差异(详见"案例 3")

教育家苏霍姆林斯基认为"儿童的智慧在他的手指尖上"。读书是学习,使用也是学习,而且是更为重要的学习,动手是一种重要的学习方式。由于遗传、社会环境、学习经历等因素导致同一课程中的学生在行为能力上的差异,面对同一动手实践活动,表现不一,在 STEM 视野下的综合实践活动中的动手实践活动,学生可以通过课程实践中的动手操作,进一步认知事物,并为其认知发展而服务。当然,教师在课程执行时,总希望学生在动手实践方面有一个较大的进步,最起码在每个学生个体原有的基础上有一定的进步,这对教师课程的设计、执行也提出了比较大的挑战。

总之,对于教育教学活动中的学生来说,差异总是存在的,每个学生对于事物的认知都是不一样的,面对教师布置的任务,其执行也可能有着一定的差异,面对学生认知差异、兴趣能动的差异、动手能力的差异,教师结合自己的课程实践给出了一些综合性的解决策略与措施。

案例 1

"吊水桶"课程

2017 年起,该校教师开始在快乐星期五活动中开设"吊水桶"课程,创设用吊水桶取水的情景,利用身边的材料设计方案,进行工程实践并交流展示。通过真实问题解决的过程,提升学生的问题解决能力、合作协调能力。

该课程于 2017 年 10 月奉贤区第 22 届教学节小学 STEM 专场活动中进行课程展示。2018 年,经历了一年的课程尝试以及多次的 STEM 培训学习,结合中国学生核心素养的提出,教师将吊水桶课程进行了完善。2019 年,结合学生在使用吊水桶取水时发生的问题,将科学概念悄然融入在此课程中,帮助学生在真实的问题情景中系统性地学习科学概念、全面提升学习素养。2020 年,恰逢学校"农耕园"项目在区学校"品牌"计划中被评为学校优秀项目,学校决定在农耕园中正式凿一个水井,从学校整体的角度去探索该课程的开展,2020 年 6 月该课程在奉贤区学科专题活动中进行课程项目的论坛交流;2020 年 11 月于张家港市进行全国项目化优秀案例活动展示。

一、问题描述

吊水桶 STEM 课程,以培养小科学家为目标,以自然学科为核心融入 STEM 理念。通过学校自然学科教师团队进行课程的开发与优化,在不断地培训学习与实践中优化课程教学模式,教师和学生的科学素养都得到了较大的提升。但是在实施过程中,还是发现了一些问题,如活动资源匮乏、师资力量缺乏,以及学生科学素养差异较大,尤其是学生学习认知差异的问题。

STEM课程核心是通过工程作品来解决生活中的实际问题。然而,在学生实际的学习研究过程中,体现出学生的科学素养的差异较大。除了基本的科学知识储备欠缺外,部分学生的动手操作能力也较差,甚至出现"旁观者"心态,不积极参与小组的合作学习。

二、实施策略

在课程研发和实施中,学校秉持"为了实现每一个孩子的美好心愿"的办学理念,结合"六小心愿课程"中小科学家课程目标,关注学生的心愿教育,挖掘各学科教材资源,努力激发学生的学习兴趣,提升学生的核心素养。

1. 加强学习培训。STEM课程作为从美国引进的课程,要在区域本土化更好地进行落地,需要教师不断进行学习培训。不能照搬国外 STEM 的模式,要结合区域及学校自身的特点,发展自己的 STEM 课程。学校组织教师不断地参与相关的课程培训,紧跟最前沿的 STEM 教育理念。学校还专门将专家请进门进行通识的培训及针对性的指导,帮助解答课程实施中的困惑,为后续的课程开发与实施提供建设性的建议。

2. 组建课程团队。做一门课程光靠一个人是远远不够的,需要集体的智慧。学校特别将小科学家课程实施的 7 名教师组建成课程团队,每一门课程不再是单打独斗。每门课程至少设置 2 名以上的教师进行开发与实施,每位教师负责一门主课程和参与一门兼课程,让教师在互相学习中快速成长。每 2 周进行一次课程交流,每位教师除了交流主课程目前的开发和实施情况外,还要对其他课程提出建议。

3. 合理分配资源。针对各课程活动资源的相互交错,在学期初由课程负责教师上报所需课程的活动资源,由课程团队负责人进行整理归纳。将活动资源分成通用活动工具和活动耗材资源两大类,做到活动资源的共享与及时报备。在尽可能满足每门课程活动资源保证的同时,又不造成资源的浪费。

4. 真实学习实践。STEM课程的本质是学生通过真实问题情境下真实问题解决的过程,提升科学、技术、工程及数学等方面的核心素养。与传统课程教学中以知识传授为主不同的是,STEM 更加关注驱动问题下学生真实的学习实践过程,以驱动问题—方案设计—尝试解决—反思优化为主的教学模式,努力营造学生真实的学习实践过程,提升学生的科学素养。

三、实行机制

1. 与劳动教育融合。该课程中吊水桶的历史、制作、取水等都可属于劳动教育的范畴,而学校农耕园更是区劳动教育基地之一。经过调查,学生对于在农耕园的劳动是极其感兴趣的,将课程与劳动教育有机融合不仅能激发学生的研究热情,也为课程的开展提供了经费、人力等相关资源的保证。

2. 课程拓展多样化。吊水桶STEM课程的研究目前还远远不够。如让水自动进入吊水桶的方式还可以是多样化的。还可以结合其他的科学概念如水的压力等相关知识,做出自注式吊水桶等各种形式的吊水桶,这是这个项目后续的期待之一。吊水桶项目也可以做成"吊水桶+",如将自动控制、人工智能、大数据等信息技术融入吊水桶这个项目,那么这个课程势必会带来更大的突破。

3. 评价机制多元化。学习评价是整个课程学习中不可或缺的一部分,是学生积极进行课程探究学习的重要动力来源,所以学习评价的方式除了组内外的自评、互评、师评外,还应贯穿于整个课程学习中,与预设的课程目标相对应,在每次活动中都落实好学习评价。

四、创新之处

吊水桶STEM课程的开设,注重吊水桶的发展背后是人类取水文化的发展;注重自然科学学科在拓展型课程中的延伸;注重学生感受真实科学研究过程、科学素养的提升以及科学兴趣的培养。

1. 课程目标的更新迭代

奉贤区引入STEM课程已经多年,课程目标也在不断地更新迭代。从最初吊水桶课程的目标设置只关注科学、技术、工程以及数学方面相关目标的拼接,到现在全面关注学生科学核心素养的培养,课程目标也发生了巨大的更新。

2. 课程评价的更新迭代

随着课程不断地本土化实施,STEM课程的评价也在不断地更新迭代。从最初只关注于学生最终工程作品的完成度,到现在全面关注课程实施过程中各个活动的评价以及成果性评价。如小组活动时的参与度、成果交流时的交流表达、信息技术能力等都会提前作为评价量规呈现给学生,让学生明确课程目标的同时,也意识到学习研究过程中的各环节都是非常重要的。

3. 课程对象的普及壮大

最初的吊水桶STEM课程对象仅仅是拓展型课程,不到20人。显然,这样的规模是很难做大做强的。恰逢学校农耕园项目的契机,学校每位学生都参与到农耕园的种植活动,都将遇到用井水取水的真实问题情境。于是,学校就创设了一个极速取水挑战赛的活动,将吊水桶课程辐射到四、五年级近400人的队伍中。

4. 驱动问题的不断提出

很多STEM课程都是以一个真实的驱动问题引入,由学生通过工程制作达成真实问题的解决。但其实,在学生真实地解决问题过程中,驱动问题将不断出现。就如课程中,前有需要制作一个吊水桶的大驱动问题,后有经过学生的学习实践后发现普通的吊水桶存在着不方便取水的问题,于是就会提出其他的问题:做方便、省力取水的吊水桶、自动翻转的吊水桶等。

五、案例反思

1. 厘清核心概念,挖掘教材资源,推进课程学习

吊水桶STEM课程的重要来源之一便是自然学科教材。而自然学科本身就是一门跨学科,其生命科学、物质科学、地球与宇宙和社会技术四大板块中有很多可以作为STEM课程挖掘的点。但这些课程研究点挖掘的前提就是得要先厘清核心概念,只有充分厘清这些核心概念,才能更好地去寻找可以进行STEM课程的工程产品。

2. 关注问题意识,提升提问能力,激发学习兴趣

驱动性问题是任何一个STEM课程的起点,驱动性问题的获得不够真实、不够吸引学生,那么STEM课程的实施必然大打折扣。同时,驱动问题的产生过程也是至关重要的。如在真实情景下,由学生观察、思考后自己提出驱动性问题,除了能激发学生对课程的学习热情,也能显著提升学生的提问能力。课程创造性地设计了两次提出驱动性问题,第一次是学生针对取水的现实提出的吊水桶出现的必要性;第二次则是学生在亲身实践中发现的问题而提出的要做一个自动翻转吊水桶的要求。这样的驱动性问题设计,才能真正激发学生的项目学习兴趣。

3. 全面课程评价,持续探究热情,提升学习素养

STEM课程不同于普通的课程学习,它是一个较为完整的、丰富的探究性活动学习,所以评价的设计要做到局部与全面相结合。要做到每个活动有评价,最终成果有

评价。同时评价的方式也要多元,除了学生自评、互评及师评外,也要挖掘学校领导及家长的资源来展开评价,让学生觉得在做一件很光荣的事情,有持续不断的探究热情和兴趣,通过 STEM 课程的知识载体帮助学生提升学习素养。

STEM 课程的引入与本土化实践,以及综合实践活动课程的形成,必将是一个长期艰苦的摸索过程。在吊水桶 STEM 课程中,学生在动手操作活动中体验学习的过程和乐趣,在解决真实问题的过程中提升解决问题的能力和科学核心素养。学校将继续不断开发和优化吊水桶 STEM 课程,并以此课程为模板,鼓励学校其他校本 STEM 课程的开设,打破传统课程教学的壁垒,推进新成长教育理念。

案 例 2

"炫动汽车"课程

该校是一所新办学校,成立于 2014 年,该校确立"尚文达理,至善同行"办学理念及校训,希望培养兼具人文情怀和科学理性精神的学生,着手实施"汽车工作坊"星光计划,逐渐形成"炫动汽车"STEM 校本特色课程。这些年来,"炫动汽车"课程,获区中小学校本特色课程设计三等奖,案例"小车变速器"被收入中小学校本特色课程案例集;学校组织学生参加第二届 STEM 青少年电视公开赛,学生获市级二等奖,学校获优秀组织奖;以"模拟实现汽车各类功能"为特征的课程内容已形成 10 个连续主题篇目初稿,将于 2020 年底完成"炫动汽车"校本特色 STEM 课程资源的编写与印刷。

这些年来,"炫动汽车"课程的建设,始终围绕提高学生综合能力的目标勉力践行:

1. 基于问题,开展主题式、项目化自主学习

"炫动汽车"课程开设之初,学校就确立了以学生为主体、开展主题式项目化学习的基本活动方式,引导学生在观察生活情境中发现问题,并对问题进行分析、设计解决方案、实施方案、优化方案、尝试解决问题。例如,在"汽车的变速装置"主题学习中,针对汽车变速中的加速与减速问题,在得知齿轮与齿轮的配合可以达到变速效果后,学生们提出了如何配合可以达到减速或加速的问题,并以小组合作方式展开基于问题的探究,活动过程中,学生的自主性强、参与度高,形成的结论也颇有自主实践后

的说服力。

2. 做中学，经历一个完整的探究过程

"炫动汽车"课程以模拟解决汽车的功能问题为特点，属于工程类问题的 STEM 课程，整个学习过程中，无论是提出问题，还是分析问题、尝试解决问题，"做中学"的特点都非常鲜明，鼓励学生能够在动手操作的同时，深入了解、理解其背后的知识基础，乐此不疲地进行实践研究。例如，在"汽车减速装置"主题学习中，学生从"如何进行减速才能达到最优减速效果"问题出发，在整个过程中，自主设计方案，不断实践，反复改进、优化，最终形成一个较为良好的解决方案，颇有"英雄所见略同"之效，竟然与现实中汽车的刹车装置有着如出一辙的原理。经历这样的探究过程后，学生对汽车行驶有了更加深刻的理解，同时也感受到了自主解决问题的成就感。

3. 与时俱进，关注汽车的发展前沿

"炫动汽车"课程学习涉及的主题，都以现实生活中汽车的真实问题为基础，尝试以模拟的方式，实现汽车的各类结构与功能。例如，关于汽车的新能源问题，在以 EV3 系统提供动力基础的情况下，提出了"是否能够使用太阳能板给模拟汽车提供动力"；又如，眼下行业内热议的"无人驾驶"汽车，怎样在日常的学习、探究中实现？概而言之，便是问题源于生活，方案要高于生活，希望学生在面对各类问题时，都能明白解决问题的意义在哪里，明白综合性学习的意义在哪里。"炫动汽车"课程始终提倡，学习的根本目的是为了解决生活中的现实问题，要逐渐形成对未来汽车发展的思考。

这样的 STEM 样式的课程学习，让一些学生逐渐地开始崭露头角，尤其以参加各类机器人竞赛时最为突出。其中，最能体现学生综合能力的就是第二届青少年 STEM 电视公开赛。在这档节目中，参赛学生以仅仅六、七年级的状态，迎接需要具备八年级知识储备的"钟摆"计时问题。这些学生经过"炫动汽车"课程的学习，比较熟练地分析问题、设计方案、进行实践，再优化方案，然后解决问题，最终赢得了进入决赛的门票。

二、问题描述

"炫动汽车"以 STEM 课程理念为基本出发点，以学校教师为主体进行课程内容的自主开发与设计，积极探索主题式、项目化教学活动模式。"炫动汽车"以 STEM 课程理念为基本出发点，以学校教师为主体进行课程内容的自主开发与设计，积极探索主题式、项目化教学活动模式。因为主要采用"乐高"积木教学,在实施过程中,还是发现了一些问题。

"乐高"积木材料,主要通过 EV3 套件和配套使用各类传感器,来达成汽车的功能预期与结构合成。当涉及汽车的"导航系统""无人驾驶系统"等依靠 GPS 定位的功能时,颇有些无能为力的感受,基本上不能完全按照现实中汽车采用的方式来设置功能。此外,还有一些需要特殊装置的功能,也都难以实现。解决工程类问题,需要大量的动手操作过程,需要学生在设计好方案后,一次次地实践尝试,一次次地动手更改。现实的情况是,学生们的动手能力普遍较弱,这也在一定程度上影响了一些学生的学习效果,往往是动手能力较强的学生把所有动手的活都做掉了,减少了动手能力较弱的学生锻炼自己的机会。"炫动汽车"面向本校每一届的六年级学生开设,每周活动一次,90 分钟。学生完成一个主题探究过程,常常在拼装环节耽搁了比较长的时间,等到下一周,可能需要再次将各部分零件重新组装起来(相当于复习巩固了),如此重复多次,难免影响到学生的学习兴趣与学习效果。

三、实施策略

为解决上述问题,基于学校"尚文达理、至善同行"校训,课程坚持了"提高学生综合能力"的目标,提出了一些针对性策略,以期减弱问题的负面影响。

1. 利用现有材料模拟实现汽车新功能

在面对一些无法利用现有材料完成汽车功能的问题时,学校采取了"模拟"的方式试图解决问题。例如,汽车的无人驾驶系统,是通过 GPS 定位系统让汽车达成无人驾驶目标;而在课程中,则采用光电传感器进行黑色线的巡线来达成无人驾驶功能。两者之间,虽然方法不同,但多少也有一些关联,无人驾驶汽车,同样也是需要传感器来定位,他们背后所蕴含的知识基础是一样的,同时也让学生认识到,要合理地利用身边有限的资源。

2. 多种手段增加学生动手实践的机会

(1)定时定点开放专用教室。在保证学生与设备安全的基础上,安排专人看管,施行轮班机制,给学生提供动手实践的机会,让学生可以利用课余时间到专用教室进行拼装练习,以增加动手经验。

(2)自行组织"炫动汽车"比赛。为学生提供一个参赛的舞台,要求学生以小组为单位,针对一个综合性的问题进行设计,以比赛的形式鼓励学生积极动手,以提升学生的动手能力。

3. 结合"乡村少年宫"增加开放时间

每天放学以后,以"乡村少年宫"的形式开放专用教室,让学生自由出入,对自己的汽车进行搭建与修整,让学生有机会继续接触材料,就不会因为长时间没有接触材料而导致下一节课忘了前一节课的想法与计划的情况。

四、实行机制

在"尚文达理、至善同行"校训的指引下,"炫动汽车"课程为学生精心设计了别具特色的主题式、项目化探究活动,让学生在玩和做的过程中,发展创造性思维,提高沟通与合作能力,促进动手能力和表达能力,并激发学生主动探究的欲望,使学生在主题探究活动的过程中度过一个快乐成长的时光。

学校分别从多个方面建立起良好的运行机制,保证了课程的有效实施。

1. 创造有利于课程实施的基本条件

(1)选配教师。学校成立 STEM 跨学科小组,开展 STEM 项目的教学研讨;同时,选配具有良好素养的教师承担"炫动汽车"课程的教学任务。

(2)提供材料。"炫动汽车"课程主要使用"乐高"材料,学校会定期询问专任教师并及时补充材料,教师也可以在需要时提出申购材料的要求。

(3)固定场所。为保障学生能有一个安稳良好的学习环境,学校设立"炫动汽车"课程专用教室,并在室内布置各类汽车物件以营造学习氛围。

2. 课程实施着眼于提升学生综合能力

"炫动汽车"是一门综合性较高的课程,一系列的活动主题,像是一个个工程项目,学生可以从设计、数学、艺术、工程等方面入手,以完成"模拟实现汽车各类功能"为目标,通过设计与搭建,学习和体验物理、机械、数学的基础知识,并运用这些知识和技能来解决一些问题,享受综合实践活动带来的乐趣。在课程学习过程中,培养了学生获取新知识的能力和解决新问题的能力,激发了学生的创造力,这也正是学校积极实践 STEM 课程的初衷。

3. 多种方式评价以促进学生可持续发展

"炫动汽车"课程的评价,采用了学生自评、学生组内互评以及教师评价三种方式,兼顾过程性评价和终结性评价两个维度。由于"炫动汽车"课程的操作实践性比较强,终结性评价最能体现学生的学习成效;然而考虑到部分学生动手能力比较差,但在学习过程中始终有良好的态度,最后也能够达到比较好的学习效果,此时过程中的鼓励性评价就显得尤为重要了。

同时,学校组织一至两次校级比赛,提供学生展示成效的平台,也是一种行之有效的评价方式。学生在参赛的过程中,运用学到的知识以及各类综合能力去解决问题,与他人形成良性竞争,可以展示自己的风采。从校级比赛,到区级、市级比赛,层层递进,形成促进学生可持续发展的态势。

五、创新之处

"炫动汽车"课程的建设和发展,始终着眼于提升学生发现问题、分析问题、解决问题、举一反三的能力,一句话,就是关注学生发展、提升综合能力。

1. 主题确定:面对发展过程中的问题

"炫动汽车"已经形成十余个系列的活动主题,这些主题的共同特点是,面对汽车发展过程中的真实问题,比如变速、动力、新能源、无人驾驶等,尝试解决这些问题,往往需要综合考虑,需要综合运用多个方面的学科知识,希望以此来给予学生提升综合能力的机会。

2. 内容选择:体验功能运作的原理

例如,现实生活中的汽车如何实现变速?通过多种手段,让学生能够联系实际生活,领会"变速箱——齿轮与齿轮的相互合作"的变速原理。通过这样的 STEM 化学习,学生了解了生活中真实汽车各类功能的运作原理后,尝试自己设计实现功能的方案并且实施,有时,一些创新型的想法也冒出来了。

3. 实施保障:多个层面支持课程发展

在"炫动汽车"课程的发展过程中,学校实现了:学习材料足量保障;学习时间保障;学习场地保障;学生有展示机会。这些举措,为学生的课程学习提供了良好的支持,也有效促进了学生综合能力的提升。

4. 评价机制:鼓励学生积极参与提升能力

在"炫动汽车"的评价实践中,既包括自我评价、教师评价、伙伴评价三个方面,也考察作品的完成情况、学习态度等,还采用竞赛形式的展示性评价,从多个方面考量学生的整体情况,能够促进学生提升多方面的能力,从而获得巨大成就感。

六、案例反思

自学校开办时着手实施"汽车工作坊"计划、形成"炫动汽车"课程以来,学校投入了较多的资源,也显示了这一课程提升学生综合能力的成效。一个好的项目,如何让更多的学生得益? 仍有值得进一步思考的地方。

1. 可以让学生较长周期地享受资源

现阶段,"炫动汽车"课程主要在六年级课程计划中实施,而六年级学生刚进初中,动手能力相对比较弱,尽管通过学习,六年级学生的综合能力已经得到了较大提升,但如果能够在七年级继续学习,则能更好地巩固已经习得的能力。在有条件的时候,让更多的学生较长周期地享受资源,形成持续学习的习惯,对其综合能力的形成和提升将有良好的助益。

2. 提供充裕材料,增加操作体验

增加学生的学习时间,势必会带来材料的供给问题。现阶段,以 5~6 人为一个小组开展活动,尚能基本满足需求。如果条件允许,以 2~3 人为一组,则可以让每个学生有更多的机会与时间接触设备。甚至可以设立一间体验教室,将需要模拟实现的汽车功能做场景模拟,让学生体会现实汽车的操作方法。如此,则更能够营造校园文化氛围,提升课程的品牌效应。

3. 创造让教师提升专业素养的机会

"炫动汽车"课程的持续发展,教师的专业素养是一个绕不过去的话题,若有合适的机会,教师应不断学习、参加各类培训、提升自己的专业水准,将最前沿的信息,融入课程的教学活动中。教师是最需要与时俱进的一种职业,教师的较高素养将直接影响学生的学习成效。

"炫动汽车"课程,已经走在了提升学生综合能力的路上,并仍将秉承"尚文达理,至善同行"校训,继续一如既往地走下去。

案 例 3

"自制捕蝇笼"STEM 活动

"自制捕蝇笼"STEM 活动开展至今已经有两年了,该活动开展的年级设定为五年级,是在学习完自然教材内容"制作标本"一课之后所进行的一次 STEM 活动,为期三周,制作捕蝇笼的目的是为了捕捉一些昆虫、进行昆虫标本的制作。选择五年级的学生完成这个 STEM 活动,是考虑到了学生各方面能力都能符合实施要求基础,比如在知识储备上，学生已经在三年级学习了有关昆虫的知识；在动手制作能力上，四年级开始的劳技课的学习，让学生有了一定的实践基础；在自主学习习惯上，五年级学生是高年级学生，自觉性以及探究习惯都是比较好的。本活动也被纳入学校自然学科 STEM 活动体系，成为了富有学科特色的 STEM 活动之一。

一、问题描述

"自制捕蝇笼"STEM 活动，是学生完整体验科学探究过程的一次活动。首先是提出活动任务，老师设计了"如何减少和消灭学校过多昆虫"的真实问题，激发学生探究兴趣；然后通过学生搜集捕蝇笼的相关资料，培养学生的资料收集、分析、整理、归纳能力；再通过设计制作捕蝇笼初次试验，引导学生利用科学、技术、工程、数学等学科知识以及能力实施；接着根据试验结果进行分析总结，从而改进设计并制作完成改良版捕蝇笼进行再次试验（其中可能会有数次改良，各小组的次数取决于学生改良的程度）；最后展示各小组自制的捕蝇笼。但是在实施过程中，还是发现了一些问题，如学校课程支持和课程资源的缺乏、教师教学手段和教学模式的单一，以及学生原有知识和活动时间的受限等问题，尤其是学生动手能力差异对课程的影响。

学生原有知识和活动时间的受限。STEM 活动是一个以学生为主体的实践体验过程，学生在探究过程中需要对研究问题有一定的先期认识，还要具备相关知识储备量以及操作能力，但是科学课、数学课等相关课程的知识体系有它自有的一套内容，在安排知识体系时也不是为了对接 STEM 活动，当然也不一定能满足特有 STEM 活动所需的知识内容，学生受限于这些未知的知识是阻碍 STEM 活动顺利开展的因素之一。另外在活动时间上也是一样，学生的活动时间受限于学校对课程的安排，一般一周只安排一节课，在小学阶段一堂课的时间只有 35 分钟，学生的活动时间很不够。比如学生在课前准备探究的时间和结束后整理探究材料的时间就占了很大一部分，那么真正在活动的时间就可想而知，活动效率也就不会达到原先预期了。

二、实施策略

在本 STEM 活动的研发过程中，学校秉持"依托 STEM 活动让学生体验到知识应用于生活的真实感受"的发展愿景，挖掘各方面资源，充分整合，努力改善课程生态并能迎合顺利发展 STEM 课程的需求。

1. 精准定位——调整活动设计，明确培养目标

由于学生的先期知识储备不足或者不适应特有 STEM 活动的需要，在设计活动方

案时,就应该将这部分因素考虑进去,增加有关内容的活动设计,让学生在 STEM 实施过程中"补课",将学生需要但不具备的知识融入到活动当中,从而让学生可以更好地完成整个活动。每一个活动设计都应该有一个明确的培养目标,根据培养目标来分步设计活动环节,务必做到一个活动环节解决一个培养目标,让活动效率达到最大化。

2. 教学革新——丰富教学策略,转变教学形式

对教师在 STEM 课程实施上的原有策略和教学形式进行革新。基于现有的科学和数学课堂,融入技术和工程,运用多种策略进行 STEM 课程教学,这也是相对省时有效的途径。根据丹尼尔斯和海德等人针对美国科学和数学教师实施 STEM 课程教学提出最为有效的 10 条教学策略:运用教具和动手学习;合作学习;讨论和探究;提问和推测;运用思维修正;形成反馈和问题解决的纸质报告;运用问题解决方式;整合技术;教师作为促进者;在教学中运用评价。借鉴他们的研究发现,在课堂教学中理科教师灵活运用上述 STEM 教学策略能大大提升教学效果,同时也能提升学生在 STEM 方面的学术成就。因此,运用 STEM 跨学科特点来进行科学和数学内容教学,能够逐渐改变教师原有的单一教学策略,熟悉 STEM 教学策略。

3. 支持共享——校内支持,共享课程资源

目前,想要突破 STEM 课程资源发展的困境,就必须结合已有的现实条件,跨界聚合课程资源,扩大 STEM 资源的利用范围。首先,在充分利用好学校现有实验室、图书馆、活动室等设施的基础上,加强与校外科普基地(农科院、高校等)的联系,充分利用科普基地的条件和环境,不仅能够提高科普基地的使用效率,还能够拓宽学校 STEM 课程资源,打破 STEM 课程资源利用的地域限制。其次,各学校在互相交流的同时,也可以建立长期的伙伴关系。一方面,在实施 STEM 课程中都会形成各自的 STEM 课程材料和优势项目,通过相互的观摩、交流和总结,拓展各学校的 STEM 项目活动和学习机会;另一方面,还能大大降低 STEM 课程实验项目的投入成本。

三、创新之处

"自制捕蝇笼"STEM 活动,强调聚焦完成能有效捕捉到昆虫的工具,引导学生动用多领域的知识,帮助学生摆脱单一学科的知识体系的束缚,整合可获得的资源,合作完成学习任务,发展学生 STEM 素养。

1. 结合校本资源的课程实施

本活动是起源于校本资源"农耕园",并在此基础上衍生出来的 STEM 活动。昆

虫本身需要一些自然环境才能栖息,而这个活动能够在学校里就能实施也是依靠了这一片田地,所以每个STEM活动都是独特的、地域性的以及有学校标签在里面的。

2. 结合教师资源的课程实施

本活动的教师对于动手制作方面比较擅长,而不同的STEM活动所需要的教师特长也不尽相同。所以负责STEM活动的教师应该是各有所长,这样才能对不同的活动项目进行驾驭,学校可以让更多不同学科的老师加入到STEM活动的行列中来,丰富学校STEM活动,从而达到培养能解决真实且有挑战性问题的学生的目的。

3. 结合学生资源的课程实施

在设计STEM活动方案时,就应该要对将要开展活动的学生进行研究,学生的先期条件直接影响教师对活动方案的设计,不同学年段的学生对于STEM的要求也是不同的,所以有针对性的设计才是最好的设计。

四、案例反思

通过本活动案例,教师感受到了STEM融入学科教学以后所焕发出来的勃勃生机,STEM活动让学生的学习自主性大大提高,以下是在实施STEM活动期间的些许反思:

1. 激发学生开展任务驱动下的学习

任务驱动下的学习,即学生在教师的帮助下,带着探究的目的或任务进行探索和发现。作为教师,需要观察和了解学生在学习过程中的能力表现和关键问题,从而在设计和实施课程时做到有的放矢,并通过有目的的提问鼓励学生自主探索,最终发现事物背后的奥秘。

就如在开展项目"自制捕蝇笼"STEM活动的前期,通过多个和学生互动式的提问,如"大家知道我们在哪里可以看到捕蝇笼吗?""捕蝇笼都是什么样子的?""那你们知道捕蝇笼有什么用吗?"等一系列的问题,让学生对捕蝇笼的制作产生了浓厚的兴趣,继而决定去校园一探究竟,寻找捕蝇笼的线索。STEM教育实践中,寻找线索不是为了给出答案,而是在寻找的过程中,发挥学生自主探索的能力,从而激发学生开展任务驱动下的学习。

2. 引领学生在解决真实世界的问题中学习

在解决真实世界的问题中学习,就是指教师通过设计真实的学习任务,从而创设出能够帮助学生构建经验、激发联想、唤醒记忆、引发学习兴趣的环境。在学生解决问题的过程中，教师需要做的就是追随学生，让他们的探究聚焦在思考和发现问题上。

就像在对捕蝇笼制作过程中材料的选择上，每一组的学生选择的材料各不相同，制作后完成的结果也大不一样，有的组失败了，有的组制作的捕蝇笼却能坚固耐用。带着学生们的问题和好奇，引导学生们仔细去观察每一种材料的不同特性，以及材料与材料之间组合起来的功能性等制作要点，让学生的学习有一个自主探索、发现问题到再次探索的过程，解决在实践过程中产生的问题。

3. 带领学生在实证分析中推理验证

学生在探索过程中，好奇心会不断被激发，会提出很多的问题。因此，作为教师就需要探究其中出现的问题，引导学生不断学习、收集有关资料，并通过积极探索和思考，在实证分析中学会分析和推理。

在制作材料选定之后，如何设计捕蝇笼的结构对学生来说又是一个极大的挑战。每个材料之间的组合、材料的性能研究、苍蝇洞入口位置的设计、细节设计的调整等都是影响捕蝇笼成败与否的重要因素。在一次又一次的制作、试验过程中，发现了原来洞口略大，位置处于捕蝇笼的中心位置这种制作结构更适合捕捉到苍蝇。另外，通过各种形式资料的收集，学生们对捕蝇笼的内部结构有了更深入的了解，原来可以通过悬挂吸引苍蝇诱饵的容器，让这个看着简单的捕蝇笼变得威力无穷。

通过一次次的观察比较和实证分析，学生们不仅了解了捕蝇器结构制作的要领，同时也对捕蝇器的内部构造有了更深的了解。

4. 鼓励学生带着问题持续探究

在探究过程中，每个学生的视角和理解不同，因此，他们的发现和认识也不尽相同。这个过程不是为了去寻求固定的答案，而是一个创新的过程。就如在制作完捕蝇笼后，许多后续产生的问题接踵而至，例如"怎么消除捕蝇笼发出的阵阵异味？"又如"捕蝇笼脏了怎么办？""捕蝇笼挂在什么高度最合适？"鼓励学生带着这些疑惑、这些问题持续地去探究，让这个"自制捕蝇笼"STEM活动更加多姿多彩。

STEM项目实践是一种"学习方式"，这种学习方式具有基于项目、任务驱动、解决真实问题、注重实证、鼓励持续探究等特征。在整个"制作捕蝇笼"项目活动中，学生对前期驱动问题进行自主确立；利用各种信息途径对所要研究问题进行资料的搜集、整理、分析；在实际操作过程中从捕蝇笼材料的选择、结构的设计、后期的制作对工程技能自主掌握;在验证和改进环节努力做到符合解决问题要求,精益求精。看到了学生们热爱科学的情感以及持续探究的动力,也让教师感受到了他们解决问题、敢于质疑、用于探究等能力的发展。作为教师,也会不断反思如何从他们的视角出发,给予他们更有力的支持,和他们一起体验 STEM 探究学习的奇妙旅程。

二、 校内配置的局限

    课程开发与建设的过程中,校园资源相比社会大环境来说,总有它的局限性,而 STEM 视野下的本土化综合实践活动更应关注本土化资源的利用与开发,但在每个课程的具体操作与实践中,还是面对着较多困难与无奈。

    校园对于我们的孩子来说并不是陌生的,对于我们的老师也是熟悉的,但即使是每天看在眼里,是否一定能够成为跨学科活动中的一些很好的活动素材与载体的,其结论肯定是未必。校园中肯定有很多的花草树木,如一所学校提到"课程立足于校园,扎根于校园,校园一开始仅有石榴树三四棵,作为一所以石榴为文化标志的学校来说,石榴树的数量及布局还需要进一步优化",从介绍来看,跨学科的课程发展也不是一日能定的,周期比较长,很多学校现在都有了一些创新实验室,如木工坊、暖棚、绣坊等,它们都可以成为很好的校园内进行跨学科课程建设的资源,但我们的老师发现困难不少,如"当涉及汽车的'导航系统''无人驾驶系统'等依靠 GPS 定位的功能时,颇有些无能为力的感受,基本上不能完全按照现实中汽车采用的方式来完成功能""课程活动资源主要是小砖,且是由砖窑加工后形成的人工材料,在学生实践操作的时候几乎每节课都需要⋯⋯但大部分只能是一次使用,整体呈现出耗材严重的问题",看来即使有了专用室,在使用的过程中,还是需要去设计、去经营,并与跨学科课程的设计有效衔接的。

    任何课程都是以一定的课程资源为基础和前提的,没有课程资源也就没有课程。资源的区域划分可以有校园资源、校外资源,校园资源包括了校内的各种场所和设施,还包括了校内的人文资源,甚至与课程教育教学密切相关的各种活动,它们都是实施课程可以依靠的资源。校内的这些课程资源可以为 STEM 视野下的各种综合实践活动所运用,并为促进学生全面的发展而服务。在教师们对课程开展的剖析中,教师们也集中反映了有关校内课程资源的一些问题:

问题一　校园资源开发不足

STEM视野下的课程内容广泛,从现在学校所呈现的已经开发的区域课程来看,涉及了物质科学、生命科学、地球与宇宙,也涉及了工程与技术模块,特别是与本土化资源息息相关的一些内容实体,而这些大体量的资源作为课程的校园资源来开发,其难度是比较大的,在课程开发与开展的过程中,教师们需要在课程教育教学的设计中,有针对性地基于已有的校园资源进行合理的利用,同时,在课程建设的过程中,积极利用区域优质资源进行有效开发,从而更好地为课程的建设而服务。

问题二　校园设施布置短缺(详见"案例5")

随着社会技术的飞速发展,课程教学的环境也在产生着巨大的变化,STEM视野下的综合实践活动本身具有时代性的需求,对支持其课程实践的校园设施也提出了一定的要求。在综合实践活动中,既有传统的校园设施的需求,也需要校园设施随着社会环境的变化而积极跟进,从而改变原来的由一支粉笔教天下的做法。当然,我们的课程本身还不仅仅是一支粉笔的问题,更多的是一些具有可实践操作的现代化的校园设施设备,比如信息化的技术设施、电子化的数据录取……尽可能在继承传统优势的同时,围绕课程的系统开展,准备与之匹配的设施布置。我们的学校在课程实践中虽然确实遇到了一些问题,但也在积极地改变,然而要满足需求还需要更为努力。

问题三　校园条件配置局限(详见"案例4")

大部分的STEM课程所需的资源、设施还是可以尽可能满足的,但日新月异的社会发展,也使人们对世界的认知有了非常大的提高,我们的孩子的眼界也放宽了许多,当新事物进入我们的课程选择范围时,校园条件也成为了一个限制因素,如无人机课程、汽车制作类课程、宇宙探索类课程……

总之,随着课程的不断演变与发展,校园资源在不断地发展,教师们对于课程实施质的提高还需要借助校园资源的改进得以更好地实现,区域对于学校校园配置上的改进也使得课程有着质的飞跃,但课程的发展与校园配置的矛盾还会依然存在。

案 例 ④

"小小磁铁玩具设计师"课程

磁铁是小学生在日常生活中容易接触到的物品之一,市场上有较多的儿童玩具含有磁铁。小学生们喜欢玩磁铁,乐于探究有关磁铁的秘密。在小学自然(科教版)第二册第四单元"磁铁"中,学生以"玩"为线索,逐步学习了磁铁能吸铁、磁铁能隔着一些物体吸铁、磁铁的两端有差别等内容,逐步了解了磁铁在生产和生活中的一些应用。课程在原有教学内容的基础上,进行了延伸拓展,鼓励学生化身为玩具设计师,利用已知的磁铁秘密,利用身边的材料,结合自己的构思或团队的创意,设计出带有磁铁的磁性玩具,成为小小磁铁玩具设计师。根据课程开展过程中积累的经验与做法撰写的案例"能隔物吸铁的磁铁玩具"参与第二届"学习素养·项目化学习"大赛,荣获项目化学习案例三等奖。

"小小磁铁玩具设计师"课程聚焦于磁铁玩具设计,通过一系列课程任务布置,引导学生由浅入深地探究、动手实践、创新设计独具个性的磁铁玩具。在学与玩中,提高学生的动手能力、记录能力、分析归纳能力和发散思维能力。课程所涉及的磁铁知识与一年级第二学期自然的教材内容相对应,所以课程实施对象为低年级小学生。

一、问题描述

"小小磁铁玩具设计师"课程的开展,深受学生们的喜爱,他们层出不穷的奇妙构思,跃跃欲试的实践热情都给予了教师们极大的安慰与鼓励,从而激励他们继续深入开发和开展课程。一年级的学生虽然较为年幼,但他们有着较强的模仿能力和天马行空的想象力,让课程的展示与制作的玩具产品丰富多彩。在课程实践的过程中,虽然学生曾遇到各种困难、问题和挫折,但在教师用心的呵护、启发与引导下,学生们相互交流、讨论、分析问题,用不同的方法尝试解决问题,以评价与展示来彼此鼓励。在实施过程中,主要存在以下一些问题,如设计环节与真实课堂教学难以一致,学生学习活动中真实想法与设计草图难以重叠,以及实际试验材料与设计要求材料难以匹配,尤其是校园条件配置局限的问题。

以磁铁为例,不同尺寸形状的磁铁、不同大小的磁铁、不同材质的磁铁都是难以提供的设计材料。学生身边现有的磁铁材料或者教师提供给学生的磁铁材料磁性性能偏差,在一定程度上限制了学生的创意发挥。对于学生而言,将脑海中的创意以设计图的形式展示出来,或以语言表述出来,都是有一定困难的。多数学生描绘的设计图与教师示范的设计图相似度很高。设计图例的类型单一,在一定程度上限制了学生的思维表达。教师预设的引导环节较为理想化、流程化。真实课堂中总是难以按设计程序实现,教师要一边鼓励学生踊跃发言表达,一边要勉励其他学生静心聆听、思考并给予评价。有时教师的引导或者学生的反馈会超出预设的时间,导致其他环节的时间受到影响。

二、实施策略

"同在蓝天下,和谐共发展"是学校的办学理念,也是教师开发课程的核心理念。课题编写小组关注学生的核心素养,尊重每一个学生的个性特点,给予每一个学生参与的机会,公平公正地关心呵护每一个学生的身心健康。针对已经发现的一些问题,课程编写小组针对原有课程进行了优化与改进。

1. 基于真实问题情境的项目化活动

从原来的自由创想转为现在针对某一个具体问题的对症性构思,将学生的思维范围做了一定程度的圈定,也将可能涉及的材料做了一些明确的性能规定,要求学生在分析问题的基础上,尽量结合现有的材料,进行各自或联合创想与设计。

2. 基于日常学习的思维设计图活动

在日常学习中,给予学生思维设计图的指导与训练。如将某一课的知识用思维设计图的形式呈现出来,或者针对某一个问题用思维设计图的形式将可能的解决方法罗列出来等。思维设计图的形式多样,难以在某一节课或某一次训练形成效果,需要融入日常的教育教学中,让学生熟悉并熟练掌握它的使用。

3. 基于学情分析的教学活动再设计

每一位学生都是独特的个体,每一个班级也都有各自的班风、学风等。教师需要基于学生的真实情况分析,对教学活动作出一定程度的调整,以适应不同班级或不同的学生学习风格。如遇到课堂中临时出现的新状况,在现场灵活的因势利导处理后,做好课后记录、反思与研究,必要时对课程教学过程再设计。

三、实行机制

教师是课程教学的设计者与执行者,学生是课程学习的执行者和受益者。为了确保课程顺利的实施与运行,课程编写小组从以下方面作了努力:

1. 方案先行

课程不是一个人的事情,而是整个团队的智慧结晶。课程编写小组首先创建课程执行方案,从时间、内容、步骤、授课方式等方面逐一落实。在学校教导处统一协调下,全年级学生在各自教师的指导下,进行了每周一次、持续四周的课程探究之旅;在总务处统一配备下,课程所需材料按课程教学设计规格统一配齐。

2. 评价保障

良好的评价机制,让学生明确努力的方向和评判的标准。俗话说"众人拾柴火焰高",团队的力量不容小觑。在课程的教授过程中,基于团队表现和成果的评价机制,可以启发引导学生融入团队,让学生学会参与团队合作,体验团队的力量,感受集体的智慧。一个人的想法或许不够精彩,但经过团队的交流与打磨,一定能迸发出别样的璀璨。评价机制促使学生用公平公正的态度看待他人的想法或作品,学习用建议的方式鼓励他人,感受交流与分享的喜悦。

3. 反思优化

学生在交流与展示中,反思优化原有的设计,教师也需要在交流与思考中,优化原有的教学设计。反思后,进行优化是不断进步的螺旋上升步骤。学生借助课堂上的交流与讨论、"晓黑板"上的"晓讨论"功能,收集可优化改进的内容,再进行汇总讨论、反思、修改、制订出新的优化方案。教师借助课程编写小组内部平台的交流与讨论,对不足的部分进行改进,逐步完善课程设计,推广优秀的课程教授方法。

四、创新之处

利用学校现有的资源,课程设计小组一直致力于提高学生的核心素养、培养学生的问题意识、给予学生个性化的发展平台,同时致力于收集更多的实践课程教授经验、吸引更多优秀教师参与课程的编写与设计。

1. 利用信息化学习平台 丰富个性化活动形式

学校推广并使用"晓黑板"作为全校师生共同使用的信息化平台。利用"晓黑板"平台的"晓讨论"功能,发布课程的部分活动内容,浏览学生上传的资料(语音、文字或视频等)信息。"晓讨论"功能支持学生与学生之间的云端互动,也支持教师与学生之间的即时互动。学生可以采用文字、图片、语音、视频等多种形式在讨论区发表自己的想法,点赞或评论他人的观点。教师可以直接在学生上传的图片中进行编辑批阅或评论,也可以用语音、文字等形式回应学生的提问。信息化平台延伸了学习的空间与时间,让师生、生生之间的交流不再局限于学校场所,也不再局限于课堂时间。

2. 借助 STEM 实践活动　培养学生的问题意识

STEM 实践活动是一种动态的学习活动。学生在较为真实的问题情境中,用自己所学的本领解决实际问题,并在探究实践的过程中收获新的本领。从一年级开始,逐步培养学生的问题意识:如问题在哪里,怎么发现问题,如何解决问题等。经过课程的学习,学生在交流与讨论中寻找发现问题,在展示与评价中给予别人优化的建议或肯定的赞赏,在测试与互动中收集新的问题。

3. 基于 STEM 实践课程　提升教师的课程设计

STEM 课程学习活动的内容既来源于教材,又区别于教材。教师在日常教学中,收集整理学生的疑问,挖掘开发原有的学习活动,形成新的 STEM 实践课程的雏形。教师运用自己的教育教学技能和经验,创新课程设计,并组织学生参与课程活动,再优化原有的课程设计,最终形成较为成熟完善的 STEM 课程。在整个过程中,教师积累了较为丰富的活动经验,产生了更为优化的创意构想,提升了自身的专业素养与课程设计能力。

五、案例反思

每一次的课程开展与实施都会积累新的经验,产生新的构思。课程编写小组边实践边总结,在实践与反思中,不断改进优化课程。

1. 丰富课程内容

STEM 课程的多学科融合,消除了学科界限,让学生综合运用所学的各学科知识,进行实践和探索。在此基础上融入更多学科内容,增加更多问题情境,让现有课程更丰富、更有趣。

2. 拓宽展示平台

学生现有的展示平台虽然多样化,但都局限在自己的班级中。可以为学生创设更宽广的展示平台,增强学生的自信心、荣誉感,收获更多善意的评价和创新的建议。将学生的展示录制成微视频,投放在学校大厅的显示屏上,供全校师生欣赏;组建磁铁玩具展览会,邀请教师和学生参观或试玩学生的作品;排练微型舞台剧,演绎磁铁玩具的诞生过程,展示学生进步的点点滴滴。多样化、多角度、多维度的展示平台激励学生更用心地参与、更努力地奋斗、更快乐地成长。

3. 融入创新材料

巧妇难为无米之炊,创新材料的引入,能够激发学生更多的创作灵感。形式多样的材料,也能丰富磁铁玩具的种类。让材料的种类更多样,磁铁上可用磁力强、体积小的钕铁硼磁铁,或者可以任意剪裁的磁力贴片;黏合材料可用热熔胶,某些时候黏合效果与美观程度比双面胶、透明胶要好;基础材料可用彩色卡纸,有一定的硬度,且色彩多样;组装材料可用乐高积木,多变的组合方式增强磁铁玩具的趣味……

"小小磁铁玩具设计师"课程是属于学生的课程,也是属于教师的课程。学生在课程中收获快乐和成长,教师在课程中收获经验和能力。STEM 实践课程的设计与开展,活跃了整个学校的科学探究氛围,激发了全体师生的科学探究热情,特别是可以改变学生的学习态度,变被动学习为主动学习。

案 例 ⑤

"艺韵木雕"课程

木雕是奉城地方传统文化象征之一,享誉全国。在 2010 年世博园区美国馆前就摆放着奉城木雕工艺品,造型独特;上海展览中心的贵宾厅内的木雕挂屏《松泉图》工艺精湛;在龙华寺、玉佛寺等寺庙道观都有奉城制作的仙佛造像、供桌、佛龛等雕刻品。

学校坚持"有氧教育:让教育充满氧气,让生命自由呼吸"的办学理念,秉承"让每一个学生在这里自由呼吸"的课程理念。在学校龙头课题"城郊初中'有氧课程'校本开发与实施的行动研究"的引领下,立足奉城古镇,传承地域文化,于 2016 年开发并实施"艺韵木雕"校课程,2018 年 9 月,将"艺韵木雕"在六年级学生中普及,作为全体学生共同参与的必修课。

为彰显"艺韵木雕"课程特色,学校结合"有氧课程"理念,在原纯手工雕刻工艺基础上融入现代文化,给传统工艺注入新鲜氧气,让课程更有氧。2019 年 9 月,学校精心打造"木雕工作坊",教室内配备全套手工雕刻刀、普松德科小型机床、激光雕刻机、3D 打印机和专业木工桌等。教室内划分了不同功能的区域:公共授课区兼设计区、设计编程区、数码机器加工区、作品精加工区、展示区、材料收纳存储区等;同时教室内采用悬挂式电源插座,安全灵活,便于学生使用微型雕刻机。新技术的应用,很大程度上也给木雕制作带来了创新性。

一、问题描述

课程"艺韵木雕",以奉城当地文化特色为背景,以传承上海非遗奉城木雕技术为出发点,紧扣学校课题"城郊初中'有氧课程'校本开发与实施的行动研究"理念,让每个孩子都能在有氧的环境中发挥自己最好的潜能。为了让喜欢动手的学生有表现自己的舞台,学校聘请木雕传承人来校进行指导,同时,学校培养师资力量,并积极探究进入日常课堂教学的可行性模式。在整个实施过程中学生获得了很大的成就感,锻炼了自己的创作和动手能力,小组团队间的交流沟通能力也有很大幅度的提升。但是在整个实施过程中,还是发现了一些问题,如任课教师变动稍大、课程内容欠深度、操作条件较简陋,以及课程评价不完善,尤其是校园设施布置短缺的问题。

课程开发初期仅为周五拓展课,在校教师较多忙于自己的学科基础教学,木雕课程是由木雕传承人徐老师每周带好准备好的主题材料,由学校专职教师辅助进行雕刻教学,几节课之后学生便可呈现出一件件雕刻作品,在雕刻的过程中学习雕刻技法。原来的教室是多媒体教室,里面没有操作台、展示台和储备柜等功能区分,桌面上经常同时放着雕刻刀、木块和固定夹之类的工具,略显凌乱,也不适合收纳,在一定程度上,影响学生上课。

二、实施策略

在课程不断进行的过程中发现如果不打破原来的教学模式,"艺韵木雕"只能停留在雕刻层面,无法展现课程内涵。若想最大可能激发学生潜能,带动学科融合,艺韵木雕需要挖掘各方面资源,营造课程建设发展的良好氛围。

1. 课题引领

"艺韵木雕"在学校龙头课题"城郊初中'有氧课程'校本开发与实施的行动研究"的引领下,在学校管理层的大力支持和整体规划下,课程具有很好的发展力,同时,发展也更具方向性。在课程的实施过程中,学校采取先普及,后选拔的方式进行梯度式推进课程,在每位学生获得技能的基础上,发现需要有氧呼吸的"细胞"个体,集中进行"有氧环境"培养,使其发挥所长。通过木雕课程实践"有氧课程"的课程理念,由"有氧课程"为"艺韵木雕"把舵前行。

2. 团队建设

正所谓,三个臭皮匠顶个诸葛亮。课程教师团队的建设,随着木雕课程的推进,也已经迫在眉睫。适时,区级校课程及 STEM 课程培训正在陆续开展,学校积极调整课务,选派合适的老师参加培训,并在培训教师中选择合适的人选担任课程的实施与开发。与此同时,根据课程需要的学科类别,挑选部分教师参加木工机床、激光雕刻机和 3D 打印机等的相关培训,渐渐地被吸引加入木雕课程的人数也在逐步增加。

3. 课程研发

学校邀请区 STEM 课程组专家和课程教学专家为木雕课程进行特别指导,对课程内容选择、单元目标设定、课时安排做专业性的把控。以建设课程群为主链,实现全学科参与、全范围覆盖,将学校的基础型课程和校本特色课程中融入到"木雕"项目化学习活动建设中来。通过挖掘本土教育优质资源,结合校园不同节日活动,健全课程评价体系,践行"木雕"与 STEM 理念、"有氧课程"教学理念的有机融合。

4. 文化宣传

"艺韵木雕"有一定的文化底蕴。木雕不仅是一门手艺的传承,同时也是一种文化的传承。木雕工作坊已经建设完成,室内的装修明亮现代,工具齐全而且功能多样。但是,它还需要一味调和剂,来拉近学生与工作坊之间的距离。为学生打造我就是主人翁的态度,为工作坊谋划策,制定规章制度、实行轮岗值班、竞技升级大师兄等,或者跟着师傅出门"光宗耀祖"。木雕课程开设以来,学生也曾多次走进社区,参加公益活动,宣传木雕文化。

三、实行机制

在本项目研发过程中,我们始终以学校课题"有氧课程"为引领,秉承"让教育充满氧气,让生命自由呼吸"的课程理念。挖掘各方资源,充分整合,通过多主题创作作品,完成劳动教育和美育教育,扩大木雕课程的影响力,使其渗透到学校的每个细节。

1. 研发相关新课程

学校配置精密小型木工加工机床、智能机械手臂、激光雕刻机、3D 打印机等众多现代技术设备。那么如何用好这些设备呢?为使学生能正确、规范、合理使用各类数字制造工具,培养学生掌握未来社会发展所需具备的数字制造能力,学校将开发并实施相关新课程,如"3D 打印""信息化编程"等。

"精雕传经典 细琢大课程"项目不仅仅局限于原有的木雕,不仅要让学生传承雕刻技艺,还要培养"严谨认真、精益求精、追求完美、勇于创新"的工匠精神,因此学校也将围绕"木与雕",结合学校实际,顺应学生兴趣,增设相关课程,如"木工坊""食品雕刻""石膏雕刻""刻纸"等课程。

2. 多学科有机融合

"精雕传经典　细琢大课程"项目化学习中,皆以主题为载体,在围绕主题制作作品的过程中,要主动与劳技、美术、书法、生命科学、信息技术等多学科整合。如制作"梅花木质书签",就需要识梅(生命科学)、画梅(美术)、赞梅(语文)、写梅(书法)、刻梅(木雕),整个过程就是多学科融合。

3. 为其他课程添彩

精心打造"艺韵木雕"课程品牌,充分发挥它的核心作用,为其他课程添彩。如:①围绕区特色课程"走进古诗文"制作木质书签、古诗雕刻作品、制作雕刻笔筒;②围绕区特色课程"乒乓"雕刻乒乓健儿,利用学生作品装扮乒乓室;③围绕"开心菜园"设计制作菜园班牌(指示牌)、设计制作移动菜园;④围绕"中华鼓"鼓架制作、鼓的雕品装饰、鼓棒的雕刻;⑤围绕"梅花朵朵开"刻梅、制作梅花相框等。

4. 助校园文化建设

课程旨在利用"精雕传经典　细琢大课程"项目化学习助推校园文化建设,用学生雕刻作品装扮校园,布置校园环境,如参与墙面文化建设、班级评星角雕刻框的制作等,学校的每个角落都有"精雕"元素。

"精雕传经典　细琢大课程"项目学习还可与学校活动向结合,如学校节庆活动纪念章雕刻、运动会会标设计雕刻等。

5. 借力周边的资源

外聘优质师资,聘请上海奉城木雕非遗传承人徐华兵老师教授专业木雕技术;参观周边非遗工作室,进行艺术熏陶;通过各类活动烘托校园内传统文化氛围,建立相关实践基地。

四、创新之处

在"艺韵木雕"课程的建设中,可以领悟到:木雕是一种技艺,但是技艺背后包含的是深厚的文化底蕴与精神品质。学生能否制作出精美的木雕作品并不重要,重要的是让学生在这个过程中感受木匠们孜孜不倦地雕刻时专注、细致、坚持等众多优秀品质,这才是木雕课真正重要的培养目标。

1. 课程形式及时转型

该校是奉贤区九年制义务教育学校中第一所将上海非遗"奉城木雕"引入课堂教

学的学校。当发现"艺韵木雕"所能实现的教育教学意义后,团队教师决定将木雕课由活动课转变为课程,进入六年级进行普及化教学,让更多的学生参与到项目的学习中,充分挖掘本土资源,让木雕课程成为每位学生的必学课程,扩大普及面。通过成功申报奉贤区"星光灿烂计划",木雕工作坊现已打造完成,给该校学子们提供了充分的硬件设施,创造了一个浓厚的学习氛围。

2. 课程内涵时时深化

随着新技术的不断引入,"艺韵木雕"逐步需要其他课程的支撑,如"3D打印""信息化编程""木工制作"等,因此学校应以点带面,促进木雕与多学科、多活动积极交叉,构建以"艺韵木雕"为核心的学校综合创新课程群,学校在课程开发与实施中也应践行"精雕"精神。

3. 课程评价即时调整

以木雕工作坊建成为分界线,之前活动关注的是作品的呈现和展示,从作品的完整、美观、创意等方面进行评价;而现在,对学生在课程中表现出来的行为习惯、合作精神、集体荣誉感和不断主动学习的态度进行评价。同时,也更注重课程中学生一些过程性资料的积累,比如学生设计图、行为习惯记录表和自评互评表等。从关注最后的作品评价转变为关注课程实施的过程评价。

四、案例反思

"艺韵木雕"课程在该校实施并开展近四年,从原本的兴趣课转为进入日常课堂教学,从一个多功能教室变成专业化的木雕工作坊,离不开各级领导的支持。通过专家的把脉,对课程进行不断的修正,渐渐地将木雕课程的目标变得清晰,不止止于制作木雕作品,更多的是培养学生的劳动精神、美育情怀,并将学科知识进行延伸,提高学生的综合素养。在今后的研发和实施过程中,学校将从以下几个方面进行思考:

1. 营造校园文化氛围

木雕课程在发展过程中需要学校其他课程进行辅助,同时也可以为其他课程提供服务,比如,为烘焙课制作月饼模具,为少年中华鼓的鼓手雕刻鼓棒,为乒乓健儿制作纪念牌等;木雕课程可以与团队活动结合,比如教室门口的争星活动版面用木质作品,为学校的艺术节、科技节和运动会等设计纪念章、奖牌等;还可以结合区信息化STEM项目制作大型的木雕作品展示等。通过大大小小的各种物件,渗透木雕课程的课程文化。

2. 撰写木雕课程教材

教材可以反映一门课程的内涵与深度。2020年8月,学校完成艺韵木雕校课程教材第一次印刷,其中包括走进木雕、了解木雕、学做木雕、传颂木雕和课程评价五块内容,带领初学者认识木雕,知道基本的技法。针对课程,需要更系统地去规划课程需要的内容、技能和情感态度,融合当下的学生核心素养,邀请区探究型、拓展型专家为学校调整木雕课程的单元内容模块、单位目标设定和单元评价等内容,出版教师用书和学生用书,形成一套完整的课程资源。

3. 创建基地服务社会

木雕课程的主题可以来源于学校,也可以来源于生活和社区。当学校的木雕课程打造得相对成熟之后,可以辐射当地其他学校,带领大家领略本土文明,带领大家了解故乡的美好、纯真和坚毅。

"艺韵木雕"校本课程,引领学生走进木雕、学做木雕、传承木雕,培育中华"工匠精神"。2018年依托区星光灿烂项目,添置了德国先进机床,普松德科小型机床、激光雕刻机、3D打印机等现代技术设备,又开发了"3D打印""信息化编程"等辅助课程。未来将以木雕为中心,结合区信息化项目"基于STEM的人工智能主题式探究",融雕刻技术与劳技、美术、书法、生命科学、信息技术、节庆活动等多学科、多活动交叉融合,构建以"木雕课程"为核心的学校综合创新课程群,奏响学校STEM课程的未来。

三、 校外资源的匮乏

本土化的综合实践活动的实践需要更多校外资源的开发与利用,我们也认识到在课程实践的过程中,教育的时空、教育的资源是无限的,特别是校外资源在学生课程实践中的地位也越来越受到关注。从校园教育走向社会教育也是当前教育改革中的一个内容,传统的校园边界被穿越,教育资源随着时代的改进而无所不在,我们在课程实践的过程中,也在积极地关注这些变化。其中校外资源的开发、管理和利用尤其重要。

处于南上海的奉贤有着丰富的校外资源,如人造景观"上海之鱼""东方美谷",前者是具有地标性的人造生态景观,后者又是奉贤区极力打造的高科技园区;也有人文景观,如"华亭海塘""柘林盐场"都处于上海的南端,面向杭州湾,都有旧址可寻、历史可探;当然自然景观也不缺少,处于江南水乡的奉贤本身就有"桥乡"之称,几乎所有的乡镇名字都带有"桥"。尽管面对这么多的本土化资源,我们在跨学科课程活动的过程中还是遇到了很多的挑战。

从教师们基于自身在课程实践过程中所提到的一些问题,我们可以清晰地发现教师对于校外资源的积极关注,并在课程实施中去加以利用,同时合理地开发。2017年2月教育部颁发的《义务教育科学课程标准》中指出"教学过程中合理使用课程资源,将会很大程度上提高学生学习科学的兴趣和质量,也会提高教学活动水平。教师应根据本标准,有意识、有目的地开发和合理利用各种小学科学课程资源"。在不同的新课程标准中都提到了课程资源的利用与开发,特别是对广泛的大自然资源与社会资源等的利用。

问题一 校外空间利用不够(详见"案例6")

随着社会对教育的重视,社会在校外所建立的教育场馆也越来越多,因地、因时、因人而设定的科学教育基地遍及学校周边,且这些场馆也非常欢迎教师们带着孩子进入场馆进行参观、学习。走进这些科普场馆,孩子们也可以借助一些设施、设备进行研究与实践。我们奉贤的好多学校也积极地利用了这些教育场馆,如奉贤新建的博物馆、企业建设的菌菇馆、社会群体支持的盐博物馆等。另外周边的一些高校、高院,有着一些专业的实验室、活动室、陈列馆等。教师们在开展活动时,可以带领学生参观与学习。

问题二 校外素材运用不畅(详见"案例8")

校外资源是对校内课程资源的补充,校外资源中的一些素材是校园环境很难拥有的,它们可以作为独立的学生学习资源被利用,因为它们更具有生态性、自然性,是在较大自然环境下的资源利用。这里的校外素材涉及生态环境与资源两个内容,生态环境是以某种生物为中心,把生态资源作为课程资源来进行研究,强调了保护生态环境的重要性,可以培养学生对作为社会人的价值的认可;而资源既可以是生命体生物资源,也可以是非生命体的物质资源,也可以是这些资源本身的结构研究以及与环境的生态链关系等。因此,在STEM活动中,很多活动所涉及的素材是有生命的,而仅仅靠实验室、校园专用室小小的空间,还是满足不了相应的学习素材生活的空间,且在相对狭小的空间中生长的生命缺少了野外的灵性,也不利于学生的探索活动。

问题三　校外技术应用不多(详见"案例7")

技术促进了传统课堂教学模式和学生学习方式的转变。随着大数据、AI 等技术越来越多地融入到学校教学中,在 STEM 视野下的综合实践活动中,我们也看到了相关技术的加持,从教学场景、教育手段到教学方式,伴随着大数据、人工智能技术的发展,校外企业得以灵活运用的一些硬件、甚至一些管理技术也在不断地进入到我们一些常态的教育教学中。

总之,在课程建设与实践的过程中,教师们基于校外资源的广泛性、真实性、自然性等寻求与自身课程的结合,并积极地进行课程资源的开发和利用,在已有的课程上,做好资源的拓展与整合。校外课程资源的应用比校内课程资源更加具有灵活性、丰富性,显示出了其自身的多样化特点。因此,合理地结合校外课程资源、具有本土化特色的资源进行课程实践的开发与实践,能够满足学生学习的具体需求,从而能弥补校内资源中存在的不足,对于学生的核心素养的提升与全面发展而言将起到积极的效果。

案 例 6

"奉城盐业"课程

"奉城盐业"课程源于学校自编读本《肇启奉城古城文化》第二章"滨海之境"第二节"盐、渔文化"。2017 年 11 月在专家们的指导下开始编撰读本《肇启奉城古城文化》,2019 年完成内容的删减完善,2020 年 3 月读本由中华地图学社出版。2020 年 6 月,奉城古城文化展示体验馆开馆。2019 年 5 月,金老师开设区级展示课"肇启奉城古城文化——滨海之城",获得上海市两类课程教研员和区学科教研员的一致好评。2020 年 6 月,"奉城盐业"获奉贤区中青年教师探究型课程教学评比一等奖,10 月,金老师代表奉贤区参加 2020 年上海市中青年教师教学评比,执教的"探究卤水的制作"获一等奖。2020 年,学校申报奉贤区学校特色发展"品牌"计划的实验校,在"奉城盐业"课程现有的基础上,不断完善课程,挖掘课程内涵,同时参照课程的建设开发同类课程"奉城古城电子地图制作"。

下面以"奉城盐业"课程建设为例,梳理过程、总结经验。

一、问题描述

"奉城盐业"课程融合跨学科理念,以独有的地域文化为背景,以主题探究活动的形式开展,让学生体会古代劳动人民为了生存不断探索、不断解决问题的顽强和智慧,培养学生不断发现问题、分析问题、解决问题的能力,培养学生团队合作学习的能力,同时提高学生对家乡滨海文化的认同与热爱。但是在实施过程中,还是发现了一些问题,如课程模块设置不合理、课程探究资源不充足、课程前期铺垫不充分,以及课程评价方式较单一,尤其是校外空间利用不够。

课程围绕奉城盐业的发展史展开,通过了解奉城盐业的历史,仿照先辈盐民为了解决特定问题而创造出的不同制盐方法,体会到盐民们的勤劳和智慧。初期设置了三个内容模块:海盐历史、体验制盐、成果总结。海盐历史中包括探究盐的来源、了解盐的作用,学生通过搜集资料等方式获得相关的信息。读本的内容非常丰富,但是其中关于奉城盐业的介绍只有两页半的篇幅,约一千三百多个字。这些资料是编撰的教师从《奉贤志》等一些比较稀少的史料中去摘录的。仅仅依靠这些资料无法建设一个完整的课程体系。此外,"制盐"的内容比较专业,教师缺乏相关的知识,课程初期设计的仿古制盐活动与真正的古代盐民制盐方法不同,在课堂中,学生还有自己的创新制盐方法。实质就是缺少学习的资源,师生没有真正体验到古代盐民的制盐智慧。随着课程内容的挖掘,奉城盐业经历了兴起、发展、消失三个阶段,每一个阶段都有当时特定的历史背景。脱离这一背景便无法体现"奉城盐业"这一课程本土化的特色。

二、实施策略

"奉城盐业"作为学校特色——奉城古城文化中形成的一个新课程,是由授课教师与校课程设计团队共同建设的,借助专家的力量,在区教研员的专业引领下,高屋建瓴地规划课程发展。针对上述问题,团队通过一段时间的实践,总结出以下四点:

1. 修改纲要,指导课程建设

课程的建设离不开学校课程纲要的指导,要改善课程的模块设置,必须从确定学校纲要做起。在教研员们的指导下,2020年6月至10月,先后修改《肇文学校探究型课程纲要》共计十三稿,最终确立了培养学生"协同发展意识、探究实践能力、自主创新精神"的课程目标。

在纲要的指导下,选择几个颇具特色的活动作深入探究,结合学生"打卡新馆-征集问题"活动后提出的问题,"奉城盐业"课程形成了三个阶段六大模块。

准备阶段:(1)为什么古代盐比金贵?——盐与人;

执行阶段:(2)盐是怎么制作出来的?——体验制盐活动;

(3)板晒制盐是怎么回事?——尝试板晒制盐;

(4)滤卤塔有什么用处?——探究卤水的制作;

(5)现代制盐有哪些改进?——古今制盐对比;

收尾阶段:(6)探究成果总结——制盐印象。

课程的框架变得清晰,前后联系密切,探究味道更浓。

2. 走访学习,充实课程资源

针对课程探究资源不充足的问题,课程设计团队反复阅读《肇启奉城古城文化》读本,深入了解奉城的地理位置特征及历史沿革,不断了解奉城这座古城盐业的发展历程。史料方面,除了编撰时使用的《奉贤志》外,教师又找到了《奉贤盐政史》《柘林镇冯桥村制盐史》上的相关资料给学生,指导学生采访编写《肇启奉城古城文化》读本的相关老师,采访盐民出生的校工顾师傅,使学生从多种渠道获得信息,了解和认识制盐的方方面面。此外团队成员们积极走访学习,不断充实课程资源,先后参观走访奉贤区博物馆、柘林盐文化展示馆、柘林图书馆、奉城万佛阁、奉城当地盐民及盐民的后代等,了解奉城盐业的历史与发展。尤其在柘林盐文化展示馆内,团队用了近半天的时间学习,从馆内人员对盐民的日常生活介绍、柘林镇摄制的专题录像到馆内陈列的晒盐工具、水车、晒板、滤卤塔等装置,都成为了课程建设的宝贵资源。随着资源的不断丰富,课程的主题设计更加生动,更接近历史,使课程更具实施价值。

3. 搭建支架,助推深层探究

课程的实施基于特定的历史背景,做好前期的铺垫对课程的有效实施有着至关重要的作用。以学校探究型课程纲要为依据,对中学跨学科课程进行全面的调整,在原有的探究型学习包主题活动基础上,增设"寻根古城贤韵"探究主题活动。六年级对"奉贤之源""古城之魅"两个主题进行探究,侧重于对文献研究、团队协作、信息获取等能力的培养。此外,强化落实六七年级的科学课内容,为七年级的"奉城盐业"探究课程实践做准备。针对课程前期铺垫不充分的问题,教师设计了一系列的探究支架引导学生自主探究,比如:针对学生不了解奉城古代盐民制盐的方法流程,设计了奉贤博物馆考察活动,通过看展品、看专题视频、听专题介绍,使学生耳闻目睹、直观感受;还比如设计问题反馈表,每次活动后要求学生记录:活动过程中发现了什么问题,我们是如何解决的,效果如何,我们又发现了什么新问题,学生主动反思探究过程生成新问题;又比如:指导学生依据史料制作晒板,启发学生按比例缩小、选择材料、想办法防漏等等,然后提供海水让学生亲身晒盐,感受制盐不易,进而主动探究怎样改进制盐方法,提高盐产量。在课程支架的基础上,课程推进变得更加扎实。

4. 石榴银行助力课程评价

2019 年学校凭借"石榴银行"项目被评为奉贤区学业评价创新校。以"石榴银行"的评价标准为主,围绕核心目标"协同发展意识、探究实践能力及自主创新精神",制定学校《奉城盐业主题探究活动评价表》充实课程评价内容。评价包含主题实施评价、教师评价、学生评价三个方面,使评价更加客观有效。

三、实施机制

课程的有序有效实施离不开机制的保障,学校着重完善管理机制,自上而下地开展课程实践。

1. 建立学校课程领导机制

校长室从理念上引领、指导课程的规划、教学与管理工作,及时指出改进方向,确定课程工作重点,并指导课程管理部开展工作。教导处具体负责学校课程方案制定、部署学校课程安排、落实课程的管理制度和教学常规工作。

2. 完善课程管理制度

教导处完善课程管理制度,暑假中指导和审核主题活动的设计,任课教师完成教学活动设计的撰写,并在学期第一周上交教导处。教导处对课程的实施、评价等方面予以指导,做好过程管理,总结和推广成功案例,推进课程的实施。

3. 整合课程资源

教师在做好教学常规的同时,全面参与课程建设与开发。整合多学科知识点,建立课程的知识网络。整合校内、校外资源,积极鼓励家长、社区参与课程的开发,丰富课程的内容。

四、创新之处

"奉城盐业"以探究课为课型而建,接下来要朝着中学跨学科课程建设方向改变。这不仅仅是中考跨学科案例分析的需要,更是落实国家、本市及区域弘扬传统文化,

建设文化品牌的需要,也是为践行贤文化,肇文学校做出的积极应答。课程的建设创新之处如下:

1. 探究型课程到跨学科的微转型

在新中考政策出台之前,学校已经关注到跨学科课程建设的重要性,耗时两年多编撰的校本读本《肇启奉城古城文化》内容丰富,涉及学科广泛。随着中考改革,学校在"奉城盐业"课程建设的经验上,不断挖掘,深入研究,逐步把这一课程转型成符合新中考要求的跨学科课程。

2. 源于展示馆,兴于多学科融合

奉城盐业课程主题活动的很多创意来自学生参观完体验馆之后所提出的问题,课程实施过程中学生的制盐装置、晒板等陈列在馆内,不仅能展现学生的学习成果,更能丰富馆藏。同时木雕工作室、刻纸工作室、钢笔画工作室等为课程的后续发展提供了无限可能,也为学生提供了充足的活动区域。

3. 仿古体验,传承中热爱

不同于其他 STEM 课程,基于一本读本、一座体验馆而建设的"奉城盐业",需要学生研究历史、还原历史,并体验古法制盐。这里的传承精神很重要。要求学生用严谨的精神去分析史料,还原制盐装置,体验制盐的环节,分析制盐的困难并共同解决。

4. 百花齐放,多学科教师参与

学校鼓励不同学科的教师参与到课程的建设中来,从不同的角度诠释奉城古城文化,为学生提供多样化的课程体验。通过跨学科的学习与活动,提升学生的跨学科综合实践能力。现有小学语文、中学综合、中学历史、中学数学等教师参与到课程的建设与实施中来,新的课程也在不断被开发。

五、案例反思

"奉城盐业"源于奉城古城文化的丰富素材,基于学校课程开发的基础,展现出无可限量的发展空间。

1. 打造一门"古城印象"课程

在"奉城盐业"课程基础上,丰富课程本身内容,发展同级课程,打造一批适合新中考的以跨学科案例分析为主要内容的课程。在此基础上,完善课程架构,共同完成"古城印象"系列课程,探索学生成长一体化,做到课程资源全覆盖。

2. 梳理完成拓展型课程纲要

由于课程的课型随着执教教师的内容选择变化而变化,现在仅有的配套探究型课程方案还不够,须基于读本的内容,梳理完成拓展型课程纲要,指导学校拓展型课程的开发与实施,规范课程的建设。

3. 形成跨学科课程的运行机制

通过分析反思课程实施中的问题,总结梳理后形成一套成熟的运行机制。从课程的内容和评价,到课程的实施与管理,都有机制保障,使之成为学校课程持续发展的原动力,也为辐射引领打好基础。

案 例 ⑦

酒文化课程

该校在奉贤的最东部,地处滨海。这里优越的气候和生态环境非常适宜酿酒原料及微生物的生长繁殖,而盐民、渔民爱喝酒,更为白酒的兴盛繁荣创造了条件。2011年11月,上海现存唯一的白酒酿造技艺"神仙酒传统酿造技艺",荣膺上海非物质文化遗产。"神仙酒传统酿酒技艺"起源于明末清初,至今已有400多年。课程围绕"神仙酒传统酿造技艺"这项非物质文化遗产,从历史文化、政治背景、人文环境、社会需求等多角度深入挖掘多学科知识,以"酒"为主题,从酒与文化、酒与酿造、酒与包装、酒与生活这四个版块出发构成课程的纵向内容,在分析学生认知水平、学习经验和社会需求的基础上开展横向的课题安排,融合多学科知识,提升学生融会贯通的能力。让学生体验神仙酒酿造的制作过程,培养学生的动手实践能力、探究能力和创新意识,让学生在掌握手工技艺的同时,体会古人的智慧,感受非遗技艺传承的不易与艰辛,加深学生对中国文化的喜爱和自豪。

一、问题描述

醇香少年,"醉"美四团,是以酒文化为核心的创新实践课程。在结合地方优质资源的基础上,学校针对本校学生的学情,组织教师团队对课程进行自主开发,在课程的开发中积极融入STEM教育理念。同时,为了更好地调动学生的学习积极性,学校教师团队积极探索日常课程教学模式,希望学生在整个课程实施的过程中,能够发挥他们的主观能动性,使他们的各方面能力得到充分的提升。但是在实施过程中,还是发现了一些问题,如课程配套资源不够完善、课堂学习资源不足,课程教学课时的合理分配等问题,尤其是本课程开展过程中所涉及校外技术应用不多。

酒文化课程从理论学习到实践操作再到最后的作品呈现这一过程。需要较多的配套资源,如酿酒专用设备、盛放酒的容器、酒的外观包装等,这些都是必不可少的。其次在酿酒过程中对于酿酒微生物的选择,不同微生物、酿造环境、温度等对酒品质口感的影响等,都有待进一步的探究与完善。尤其是酿酒环节,它的过程是漫长且繁复的,在如何提升酒品质,降低酿酒过程中的有害微生物含量等方面资料较少,而酿酒过程中间任何一环节出现问题都有可能导致本次活动功亏一篑,这对于授课老师来说是个非常大的考验,就目前来看,学校虽然具备了一些基础的设施,但在课程的实施过程中必然会存在许多的不确定性,因此对于这些配套资源还需进一步的完善。在实践课程方面,酿酒是一个比较漫长的过程,在酿酒过程中时常需要教师与学生进行实时监控,而且时间比较零碎,需要另作安排。因此,四团神仙酒厂这样的校外资源必须要用好,且能够较好地为本课程的发展服务。

二、实施策略

在本项目的开发过程中,学校秉承"以人为本,让每一位学生都能取得进步"的理念,充分利用地方资源,结合各学科教师优势,努力完善改进,打造一个全新的符合学生发展需求的课程。

1. 顶层设计

酒文化课程由学校管理层对课程进行整体规划,并组织教师进行课程内容开发与酿酒活动课堂实践。学校对教师团队提出的建议进行梳理整合,结合学校特色与地方资源对课程资源进行完善。在课程的实施过程中,理论课程采用轮番教学模式,实践课程则由具有酿酒经验的相关教师指导学生进行酿酒实操,结合STEM教育理念将理论与实践相结合,旨在培养学生的创新、合作、交流等能力。

2. 团队协作

课程的实施离不开教师团队,学校根据课程特点组织教师团队。为了保证课程有序地衔接与推进,团队成员以课程特点为依据,结合各自学科特色进行交流,并商讨各自分工。学校还根据教师团队提出的建议,对部分教师课务进行了合理地调整,确保课程可以高效地实施。此外,学校还邀请相关具有酿酒经验的师傅对实践课进行指导。

3. 课程研发

学校在组织教师团队的基础上还邀请了区 STEM 课程组专家,对课程的内容、单元目标的设计等进行指导。挖掘地域本土化资源,将"酒文化"课程与 STEM 教育理念有机结合,建立健全课程评价体系,完善课程实施文本。

4. 课堂实践

在课堂实践的过程中,教师通过创设情境,激发学生的学习兴趣,引导学生从问题出发,思考解决问题的方案,再将所学的知识应用到生活实际中,将理论与实践相结合。学生通过课堂知识的学习将知识运用到酿酒实践之中,实现理论与实践相结合,在实践中不断反思、不断总结。学校也利用自身所具有的资源条件,在活动中培养学生的创新意识和动手能力,根据学生的个体差异,因材施教,发挥其长处,弥补其不足,使每位学生得到全面的发展,提高学生的核心素养。

三、实行机制

在课程研发和实施的过程中结合学校学生的学情,发挥本土化资源优势,扩大非遗文化的传播,形成理论、实践、探究并行的跨学科综合课程,提高学生的核心素养。

1. 跨学科整合

酒文化校本课程作为跨学科综合课程,其研究的内容涉及不同学科领域,如历史学科对酒的起源的探究、语文学科对酒与人文的探究、生命科学学科对微生物与酿酒的探究等。学校结合课程特色将不同学科领域的教师组成团队,开展学科领衔的综合实践活动。

2. 轮番教学

根据学校班级情况及课程教师团队所涉及学科领域的不同,学校改变了传统的教学模式,采用轮番教学,既保证了课程的教学进度,同时也发挥了教师的各自专长。学生在学习的过程中不会感到乏味,每一节课都是涉及酒文化的不同学科的不同内容。在课堂中学习了理论知识后,转而进行实践,经历涉及酒文化内容的探究,如劳技学科中的酒瓶制作、美术学科中的外包装设计、生命科学学科中的酿酒技艺等。

3. 信息技术有机融合

运用信息技术丰富教学手段,激发学生学习兴趣。利用信息技术,学生将设计好的标签、图形、图像等通过媒体信息集合起来,不仅改变了传统的教学模式,更发挥了学生的创造力、空间想象能力,让学生能够更加积极地参与到课堂学习之中,而且制作出的作品也可以实现量产。在酿酒过程中运用信息技术对酿造出的不同酒的成分进行探究。

4. 全面发展的评价体系与机制

在课程实施的过程中,不仅关注学生的知识和技能的获得情况,更关注学生的学习过程、方法,以及相应的情感态度和价值观。收集和分析反映学生发展过程和结果的资料是评价学生的关键。这些资料包括学生的自我评价、教师和同学的评价、学生在活动过程中的感受以及活动结束后的成果与总结等丰富的内容。构建学生全面发展的评价体系与机制,关注每一位学生的发展。

四、创新之处

酒文化校课程,结合 STEM 教育理念,关注学生合作探究、创新精神、思维能力的培养。发挥地方优势,充分挖掘地域本土化资源,扩大非遗文化的传播。

1. 项目资源合理利用

酒文化课程结合了地方优势资源和学校教师资源,从理论到实践,在课程的实施过程中,采用轮番教学模式,保证每个年级每个班的课程内容在同一时间段都是不同的,充分利用资源,保证每一次的酿酒活动都能井然有序,对于学生来说是一次全新的体验。这样的安排和资源利用,能更好地确保在活动过程中,学生的创新意识、合作交流等各方面能力得到培养与开发。

2. 项目内容及时修缮

因为酒文化课程目前还在初步推进阶段,针对每个年级每个班学生学情的不同,教师在进行一轮教学过后会以团队的形式进行协商,对项目内容的一些优缺点进行整理,根据学生的情况对课程的内容进行及时修缮,确保在课程实施过程可以普及到全部学生。更关注的是课程内容在学生活动过程中是否符合学生的发展需求,能否充分调动学生的学习积极性,而不是任务驱使下的简单教学。

3. 项目评价多元整合

作为一门理论与实践相结合的课程,酒文化课程的项目评价不再只关注最终作品的呈现与展示以及外观、质地、创新等方面。项目秉承"以人为本,让每一位学生都能取得进步"为理念,在项目实施的过程中,对于项目的评价是多元的,关注的是学生能力的培养、过程性资料的积累，因此在学生的设计、讨论、制作等环节都设计相应的评价指标，做好及时有效的记录。确保学生能够有序高效地开展课程活动。

五、案例反思

酒文化项目被列入"品牌"课程发展之列，学校对于酒文化课程的发展也是寄予厚望，在课程的发展过程中充分利用地方、教师等资源，逐渐完善课程。同时还利用经费合理购置一些在教学过程中需要的材料，聘请专家对课程进行指导等。利用优质资源、结合 STEM 教育等理念，关注学生合作探究、创新精神、思维能力的培养。在今后的课程开发与实施过程中，将从以下几个方面进行思考和实施：

1. 营造校园文化氛围

借助酒文化课程实施的影响，从地方特色向学校文化发展，围绕"神仙酒传统酿造技艺"这项非物质文化遗产，从历史文化、政治背景、人文环境、社会需求等多角度深入挖掘多学科知识，以"酒"为主题，从酒与文化、酒与酿造、酒与包装、酒与生活这四个版块出发，展示酒文化的魅力，扩大非遗文化的传播。

2. 完善教师学生用书

酒文化的教师学生用书虽然已经撰写完成，但在实施过程中难免会出现一些不当之处，将结合教师在教学过程中反应的问题、学生学情以及各学科知识特点，邀请专家对课程内容设计、单元目标设定、课时安排等进行专业指导。对教师和学生用书进行不断地完善，设计配套的教学材料和课件等，形成一套完整可行的课程资源。

3. 改进课程活动设施

根据目前课程活动实施情况，教师反应在课程活动进行过程中部分设施有待改进。在酿酒活动中一些设备还需要完善，比如目前酿酒的容器较小，还不适合大批量酿造等，这些可能会影响酿酒进程以及酒的品质。无论是在理论还是实践过程中，为了确保学生能更好地进行实践探究，对于教师们提出的问题，积极改进不断修缮，做好保障工作。

4. 收集学生活动资料

在酒文化课程实施过程中，关注学生发展的同时，做好相应的资料收集。项目活动是多样的，及时地做好学生活动资料的收集，不仅可以及时记录学生在探究过程中的收获和心得，同时充足的过程性资料也可以帮助教师进行评价，取长补短，使每个孩子都能够取得进步。

　　课程包括了学校老师所教授的各门学科、有目的、有计划的教育活动和学生所应学习的学科总和及其进程与安排，是学生与教师共同成长的基石。四团中学酒文化STEM课程是以酒文化为核心的创新实践课程，它充分挖掘地域本土化资源，促进非遗文化的传播的同时，关注每一个孩子的发展。课程在实施过程中融入STEM教育理念，多学科有机结合，发挥资源优势，结合地方特色，给学校的课程创新起了带头示范作用。

案 例 8

"走进百草园"课程

　　"走进百草园"是该校的特色课程，开发始于2011年，学校引种了适合奉贤地区生长的60多种中草药，创建了"百草园基地"。2012年校课程教材《走进百草园》撰写完成。2013年学校又在实验楼三楼创建了"百味轩展厅"用以展示学生探究中草药的成果。依托"百草园基地"和"百味轩展厅"，秉承学校"让每一位学生收获成功"的办学理念，课程指导老师在六、七年级拓展课教学中不断实践再开发。通过对中草药的种植、养护、采摘、晾晒、科学实验探究等多样的方式，提升学生的科学素养，增强学生传承我国传统中医文化的意识。

　　在不断尝试和创新中，学校承办过大型特色项目现场会，课程指导教师参加了奉贤学节创新课堂教学展示活动，"小神农"特色社团开展了社区赠药、亲子义卖等大型活动。多家媒体如"动手做"报、"中国上海网"等对学校百草园特色项目均有专题报道。2016年"中草药科技项目活动方案"获上海市少年官科技创新活动最佳案例。在2017年6月课程参加了上海市教育博览会展示活动。2017年12月课程被评为奉贤区校本特色课程；2018年1月"小小'神农氏'探秘'百草园'"项目在上海市中华优秀传统文化暨非遗文化传承创新项目征集活动中荣获二等奖；2017年6月"弘扬传统文化　探究芬芳百草"项目荣获上海市"百校创意绿园"活动示范学校。2019年"小神农"中医药文化探究社被评为区二星级学生社团；2019年12月肖塘中学百草园科学探究小组学生在奉贤区中小学研究性成果评比中获二等奖。

一、问题描述

"走进百草园"课程，以原有的实践活动为出发点，积极引入 STEM 理念，以课程指导老师为主体进行课程内容的自主开发，并积极探索进入日常课堂教学的可行性模式，在整个实施的过程中，学生的动手能力、团结协作能力得到了大幅的提升。但是在实施的过程中，还是发现了一些问题，如课程学习资源的匮乏、课程实施教师对新课程资源的开发能力有限，以及部分课程内容一节课无法完成等，尤其是与本课程开发中的校外素材不能综合地利用。

"走进百草园"课程体系中有三部分内容，分别是"中草药的发展史""常见的中草药""中草药生长的探究活动"，与 STEM 教育能融合的主题有限。STEM 教育的关键是跨学科、课时灵活与深度学习，但是教学常态下学生拓展课学校的教学安排一周仅一节课时间，大部分内容一节课无法完成，基于课程本身所具有的特点，如何利用好一些案例，借助区域的一些素材为本课程服务，可能是需要去探寻的。

二、实施策略

为深化校课程"走进百草园"，持续开展中草药科学探究实践活动，秉承着"让每一位孩子都能成功"的教学理念，深入挖掘各方面资源，积极营造课程建设的良好氛围。

1. 顶层设计

学校管理层对课程进行整体规划，进行课程的内容开发与课堂实践。在课堂实施过程中，学校采取梯度推进的形式，搭建起有效的结合点，与日常教学融为一体。与拓展课设置相结合，依托拓展课开设了"走进百草园"融合 STEM 的课程。

2. 课程研发

学校先后安排了 3 名教师参加了 STEM 教育培训。3 名教师参加了跨学科案例培训，并邀请了区 STEM 专家为特别指导，对课程内容、单元目标设定等做专业把控。在校长的引领下，全学科参与，全范围覆盖，将学校原有的基础型课程、特色课程、德育课程等融入校课程"走进百草园"中。

3. 软硬件投入

学校充分利用校园广播、主题班队会、温馨教室创建、班级认养等方式来宣传中草药科普知识。在校园各处布置中草药文化宣传栏，将中医药文化渗透到学生的学习生活中。"百味轩"展厅主要有微型药局、古代中医药器具模型、中草药标本、学生中草药作品展等。

4. 课堂实践

STEM教育的特点就是以问题解决为导向的跨学科学习。学生以"如何制作中草药香囊""如何制作中草药香皂"等问题为思考点，形成"问题引入"——"背景经验活动"——"解决问题"的STEM任务驱动教学模式，不再是传统的"老师教，学生听"的教学模式，而是真正以学生为主体的探究式学习过程。

三、实施机制

在课程研发和实践过程中，学校意识到目前的课程内容难以突破现状研究，积极找寻课程发展的新方向，让课程在原有的中草药文化特色上，更能体现出综合性、教育性和真实性的特点。

1. 跨学科内容整合

该项目作为综合实践活动课程，其内容研究涵盖不同学科领域，如"制作中草药香囊"，涉及信息技术、劳技、科学、数学、工程等。利用信息技术调查中草药香囊佩戴的历史、文化、民俗、相关中草药的药用价值、药理及中草药香囊预防疾病的原理；根据布料特点，设计、剪裁简单的中草药香囊袋样式，适当使用劳技学科学到的缝纫技法缝制香囊袋；在制香过程中，根据药方配比能用数学知识计算出中草药正确的质量等。

2. 多维度评价机制

在实践课程的过程中，建立课程执行力自我评价与自我修正的指标，对学生、教师、课程内容实施效果进行评价，初步形成了三个层面的评价机制，以促进课程的健康发展。学生评价主要从课堂学习表现、活动参与程度、活动成果或作品方面评价；教师评价主要从教学方式、教学准备、教学内容安排方面评价；课程主要从教育性、实践性、系统性等方面评价。

3. 过程性资料保存

课程的实施方式主要采取以学生实践为主体，其中组织学生进行中草药植物种植和观察、中草药名片制作、自然笔记、香囊、药皂制作等实践体验活动。并引导学生设计活动方案，借助观察表、记录表将探究成果整理与展示出来。对于这些过程性资料，以电子照片、小视频、录播课等形式留存，并在学校网站上专门开辟了校课程资料库,避免纸质文稿遗失或损坏。

四、创新之处

"走进百草园"充分利用学校"百草园""百味轩"等教育资源,旨在将中医药文化融入教材、融入课堂,让学生在传统中医文化的氛围中,了解中草药的知识与应用,感知中医药传统文化的精髓。并把学生课外兴趣小组、学生社团等学习资源进行开发和整合,按照课程的规范和标准,形成有一定实施保障、实施程序的教学资源。丰富学生的实践体验和学习经历,增强学生传承中医药文化的意识,达成提高学生核心素养的目标。

1. 实施形式多样

①拓展课进行各类实践活动、探究活动。课堂上学生学习观察、测量、记录、数据分析等学习方法,并在实践中熟练运用这些方法,进行科学探究实验。六年级注重"识药草、辨药草、种药草"活动;七年级注重草药生长环境调查、草药标本制作、草药香囊药理学习与制作活动;八、九年级注重研究配置草药保健饮品活动。

②课外兴趣小组进行长周期小课题研究。以自愿原则,挑选出学有余力的学生组成"百草园"科学探究小组进行为期一个月以上的长周期小课题研究。学生主要探究主题是"光照"对中草药生长的影响;"溶液"对中草药生长的影响;土壤酸碱性对泥胡菜生长的影响等。

③"小神农"社团组建于2014年,主要由学校红领巾志愿服务队队员组成。队员在少先队辅导员带领下,定期到肖塘乐康苑小区为居民赠送中草药绿植及茶饮;端午节、重阳节手作香囊;看望慰问孤寡老人、退休教师;手作中草药香皂等参加百联亲子爱心义卖等活动。

④组织大型中草药相关系列活动。六年级承办了中医药文化故事比赛;八年级承办了中草药知识抢答赛;全校组织了中医药文化嘉年华活动。以活动为契机,以"传承创新"为主线,创设丰富多彩的中医药文化活动,展示学生人文素养。

2. 课程内涵提升

课程为学生提供了大量的体验活动,最初关注学生观察能力、动手能力、制作能力的提高。随着与STEM教育的融合,课程更多关注学生在问题情境中,采用STEM教育的研究方法和问题导向的学习方式,学生对研究问题充分思考和大胆假设、猜想,形成科学的思路和方法,再进行具体的操作。能将涉及的各学科相关概念在解决问题的过程中融合起来,不仅提高了解决问题的能力,最重要的是学生养成了更科学、更严谨的思维方式,学到了系统的研究方法,最终使学生的综合素养得以提高。

五、案例反思

自"走进百草园"在2017年被评为奉贤区特色课程以来,学校对课程发展给予了极大的投入。学校充分调动已有的资源,壮大课程建设教师队伍,利用上海市课程建设等项目经费建设了新的植物养护大棚,聘请了相关专家对课程进一步规划,并与奉贤区知联会卫健委分会召开了中草药文化课程建设研讨会、医生小课堂等,使课程更加"多元化",旨在培养学生的科学素养及自主探究、解决问题的能力。在今后的研发和实施中,学校将从以下几个方面进行思考和实践:

1. 持续营造校园中草药文化氛围

借助"走进百草园"课程实施已有的影响和辐射,从单一课程发展到校园文化建设发展。"百草园""百味轩"早已成为奉浦地区德育实践基地,争取向全区开放。

2. 对原有的教材进行改编

原有教材部分内容比较陈旧,可以根据教学实践经验将学生感兴趣的教学内容进行保留,并进行深度开发或延伸。学校可以组织骨干老师适当开发新的教学内容,更好地融合 STEM 教育。

3. 建立数据共享平台

目前学生学习课程的方式主要是拓展课形式,存在空间、时间上的局限。在整合信息化硬件设备的基础上,可以将课程相关资源,以数字化平台为助推,使更多的学生能随时学习。

课程是动态发展的,它有生命力,为了顺应课程改革的发展需要,为了全面推进素质教育,为了满足学生的兴趣爱好,促进学生的个性发展,学校借助"百草园""百味轩"硬件,结合"中草药香囊制作""中草药药皂制作"等,融入 STEM 教育,全面激活学生的深度学习。学校将继续探索课程建设的新方法、新途径,打造"让每一位孩子收获成功"的课程体系,让学校的课程与 STEM 教育融合共生,特色发展!

第二节　学校管理的策划

一、平台营建的搭建

在课程实施管理中,平台建设对于课程发展会起到相当大的影响。跨学科综合实践活动可以是一个几个人参与的活动,也可以是以班进行的课程活动,更可以是年级组、校级层面展开的课程活动,但无论哪个层面的跨学科课程活动它都涉及学科的课程管理,需要从校级层面去规划、去营建。我们的课程案例中就提到"课程的初期仅仅是建立在校长交给老师的一次任务",可能刚开始从教师、校长层面也不一定有很好的预期,抱着一种试试看的态度,但当真的去做的时候,又发现困难重重。但很多跨学科活动往往会有一个较长的周期,才能让学生深度学习,"部分课程内容一节课无法完成,缺乏连续性",我们老师也发现需要给予这样的课程一个连续活动的时间,甚至从学校整体去规划课程活动的时间,否则那真的会是一个挑战,但即使有了时间和空间的安排,对于我们参与跨学科实践的老师来说,普遍听到的一个词是"累",我们的老师感觉到"不仅要投入大量的精力去指导学生参与活动,还要对课程进行完善和研发,所以课程的实施进度缓慢,难以完成既定的课程目标",那对于课程的过程性管理同样提出了与学校基础性相比应具有的不一样的要求。

STEM 视野下的本土化综合实践活动是学校课程实施的一部分,应该是依据教育目标而进行设计与实施的,然而它又与传统的基础学科教育教学不同,需要学校对它有一个合理的定位并策划。然而我们的老师们在实施时还是觉得在管理平台方面存在着一些不合理的地方。

问题一　课程定位不够清晰(详见"案例 11")

对于学校课程来说,课程有着不同的类型,可以从不同的标准去区分,如从内容属性可以分为学科课程与活动课程,从实施要求可以分为必修课与选修课,从课程任务可以分为基础型、拓展型以及研究型课程,对于 STEM 视野下的本土化综合实践活动来说,学校应该有明确的指向,如果每一位课程执行者都比较清晰,那么至少课程的实施就会少走很多的弯路。

问题二　顶层设计目光不远（详见"案例9"）

有的课程是学校校长确定的,有的课程是教师基于自己的个人兴趣引发的,还有的课程是根据时事的新潮而跟着去做的,但无论是什么方式所确定的课程研究,都需要有一个不同层次的顶层设计。因为课程是一个系统,它不单单是一个简单的活动,还涉及教育的目标、教学的内容、教学的活动方式等,它至少应该是涉及了学校层面,甚至是区域层面的规划与影响。

问题三　课程实践管理缺失（详见"案例10"）

很多课程在刚刚开始之时,或多或少是自发形成的一些兴趣活动,是以兴趣活动等形式所做的一些活动,甚至是基于基础学科课堂教学而引发的一个问题的课后继续探讨,它只是提供给学生一次继续实践与研究的机会,但在参与区域的教研,以及接受培训后发现,这样的课程如果要做得更高位,还需要在学校层面有一个较好的管理平台,并真正地参与到课程的过程性管理,以便提高这些活动与课程的品质。

案 例 ⑨

"石榴校园规划之旅"课程

"石榴校园规划之旅"课程开设至今经历了起起伏伏的四年多时间。在过去的几年中,课程中小项目"校园植物手绘地图"获第二届全国中小学项目化学习案例评选二等奖,"牵牛花的各种形态"荣获上海市小学自然长周期探究活动三等奖以及中小学生研究性学习成果三等奖。

此课程的开始源于该校校长与课程开发教师的日常交流。因为教师本身就对植物比较有兴趣,从而进行了相关的研究,甚至带领着小朋友进行石榴观赏活动。随着该老师进入 STEM 活动的研究,逐渐也把此活动纳入到 STEM 活动行列中,并由活动走向课程。2020 年,学校在原有课程基础上融入跨学科、项目化学习等概念,进一步培养学生德智体美劳全面发展,提升学生综合素养。作为一所九年一贯制学校,活动也与初中新中考改革紧密衔接,帮助学生度过不一般的小初衔接阶段。

一、问题描述

"石榴校园规划之旅"课程,以原有的生态接触拓展型课程为出发点,积极融入项目化学习理念,以学校教师为主体进行课程内容的自主开发,并结合各学科教学内容思考跨学科学习探究的方式。在课程学习与探究的过程中,学生提升了对于学校的认同感,协同合作与自主学习能力得到提升。但同样的,在实施的过程中,同样也发现了一些问题,如顶层理念初期并不融入、校园资源开发尚未完善、课程师资力量有待整合,尤其是顶层设计目光不远。

课程的初期仅仅是建立在校长交给老师的一次任务之上。所以一开始的时候,学校顶层理念并没有与任课老师很好地联系,学校的课程纲要也并未与课程相互衔接。学校课程理念在一开始并没有融入其中,使得课程一开始处于孤立无援、脱离学校本土文化的境地。作为一所以石榴为文化标志的学校来说,石榴树的数量及布局还需要进一步优化。学校占地75亩,校园中处处有绿植,绿化面积达20 000平方米。然而那么多的绿植并没有通过一个很好的课程让学生感受校园的美丽。学生即便在校五年甚至更长时间,也没能亲身感受校园植物所带来的植物文化气息。在课程的开发中,教师视野比较狭小,学习的知识与理念并没有紧跟时代潮流,有些涉及的专业内容还需要其他学科的新鲜血液协同发展,以肇文仁爱协同的精神共同设计课程内容。在课程的实际活动中,对于学生的整体评价还未达成完全统一。

二、实施策略

在课程研发的过程中,学校依托"让每一颗石榴籽绽放成熟的美丽"的课程理念,挖掘校园内生态资源,整合各方力量,营造出顺应肇文学校特色的课程发展新氛围。

1. 顶层设计　奠定课程基本基调

学校依托"让每一颗石榴籽绽放成熟的美丽"的课程理念,从学校管理层对课程进行重新整体规划,进行课程内容的开发与实践工作。在课程实施的过程中,学校参考各学科课程标准及基本要求,做到有迹可循,有的放矢。平时与探究课程设置相结合,依托探究课、快乐活动日开设"石榴校园规划之旅"系列课程,保证学生活动时间。学校始终坚持贯彻五育并举,让每一位学生从活动中得到德智体美劳全面发展的机会。

2. 合理开发　校园资源有效整合

在学校课程理念融入课程中后,老师们进一步思考了课程内容与学校资源的有效整合。为了能更好地观察石榴,学校在每一个校园的驻足地都栽种了更多的石榴树,学校绿化面积也根据课程植物需求进一步增大。为了让校园植物能够更有实际意义,还与一年级家长开放日、学校越野跑等活动相结合,设计了一系列的校园植物手绘地图、校园植物展评、校园植物故事绘等小项目活动。

3. 扁平管理　助推教师施展才华

学校对于教师采取扁平化管理,采用个人＋团队的形式让老师能够充分展现自己的能力。为了保证课程的有效落实推进,学校从课程中寻找结合点为老师搭建施展才华的平台,组建一个综合团队,以双向选择的方式,让一些有兴趣、有能力的老师作为课程的专任教师,负责课程的具体实施和操作。比如课程中“校园植物手绘地图”就以自然老师主导,综合团队其余组员辅助的方式进行设计与实施。

4. 项目引领　提升学生学习能力

依托课程原型“生态初接触”中有关的 STEM 理念,利用校园真实的环境解决实际问题。在不断学习更新理念后,再次加入 PBL 项目化学习的思想,以真实问题出发,通过各项任务的学习和实践,最终得到实际的成果。从生活中来,往生活中去,最终形成“发现问题—讨论设计—合作完善—解决问题”的课堂教学研究方式,提升学生学习能力。

三、实行机制

在课程研发和实践的过程中,学校从外界不断获取信息和指导建议,在国家大力倡导“五育并举”,全面加强和改进新时代学校劳动教育、美育、体育工作的意见下,应该充分挖掘课程的五育内涵,让学生能够在“五育并举”的相融中提升自身素养。

1. 多学科教师齐上阵

在课程的重新开发过程中,学校有意识地将课程定位为跨学科综合实践活动。学校并不希望将某一主题活动作为某学科的主阵地,所以在开发的过程中,每一次都是多学科教师齐上阵,想到涉及哪个学科的知识技能,就会赶紧召唤该学科的优秀教师对课程标准、主题设计、难易程度等进行指导,确保设计的课程是符合学生知识阶梯要求的,不拔苗助长,也不抑制成长,充分关注学生综合能力的培养。不仅整体课程涉及多学科内容,细化到每个项目依旧是跨学科综合实践活动。

2. 多角度任务促成长

项目化学习是一个改变学习的生动实践。学习不再只是“把外部世界的知识装进我的脑袋里去”,而更应该是在持续地自我发现问题和自主解决问题中探索世界、认知自我、发展理性。当一年级发现校园植物种类好多,校园好大找不到路的时候,四五年级的学生想到可以做一个校园植物手绘地图来带领一年级的学生熟悉校园、认可校园、爱上校园,让他们对接下来五年甚至九年的校园生活充满期待。又比如在"校园植物手绘地图"中所涉及的石榴种子萌发活动,学生们会拍摄视频用在另外一个项目"校园植物创意展"中进行装扮教室的石榴活动,让活动的内容以另一种方式进行延续,增进同学之间的相互联系,提升项目的实际效益。

3. 多方位育人共参与

课程不仅体现教师的育人作用,更展现了生生之间的合作互助,学生们在团队中感受得失,体会团队的力量。学生在完成校园实地测量的时候,就出现了数学中学到的测量方式无法运用至校园实际的情况,在经过学生一再讨论后,在项目活动的过程中,运用了无人机将校园整体进行航拍,从顶部直接拍摄校园整体,然后进行图片复制,从而精准描绘出校园实际环境,为测量大大节约了时间成本。除此之外,有些活动也是亲子活动,家校协同的过程中为学生带来更优质的育人环境。比如五年级的学生就是因为想到自己即将毕业,都没带领爸爸妈妈好好参观校园,才在老师的帮助下完成了课程的一个项目。课程中"规划"两字的含义,就是要让学生成为校园的主人,让他们能够通过自己的努力,向学校展示自己的才能,帮助学校规划出更美好的校园,让自己在规划之旅中提升综合能力,感受成长带来的变化。

四、创新之处

"石榴校园规划之旅"课程,在项目化学习理念下让学生在协同合作与自主探究中感受石榴的魅力,肇文学子就如一颗颗富有生命力的石榴籽,展开是一朵花,凝聚是一枚果,在每个成长阶段都绽放自身成熟美丽的蜕变。

1. 依靠年轻教师成就课程

学校绝大多数都是35岁以下的中青年教师,拥有开拓的思维、创新的方法、实践的勇气。他们不畏惧失败,敢于面对挑战,课程常常推倒重来,反复修改,大家都为了同一个目标努力拼搏。正是有这样一群年轻教师才能成就学校现在这个课程。相信不久的将来,课程也将成就老师们的发展。

2. 依托校园资源拓宽实践

学校从历史与当代的结合、地域与国际的结合中确定了以"石榴"作为学校的文化标志,办学至今逐渐形成了处处种植石榴树,校园开满石榴花的美丽环境。从探究一棵石榴树到探索一座石榴园,多植物如今也成为了师生观察研究的对象,大家花了很长的时间去探索和实践,最终才初步形成体系。校园的资源让每一位学生都能直接接触自然,抬头就能观察,落笔即是思考。

3. 借助多方力量协同共育

一开始学校只关注到了后期的学生和老师之间的育人关系,认为校园中的课程应该止步于校园内。而在课程的实施中,借助了学生、家庭、社区等多方的力量,共同达成育人目的。在不同的活动中,加入了学生、家庭、社区参与的比重,增加他们评价的环节,从而形成良好的育人氛围,帮助学生对学习产生更多兴趣,引导家长对学校产生更多了解。

六、案例反思

辉煌"十三五"收官在即,壮阔"十四五"又将启航。"石榴校园规划之旅"课程将会在奉贤区"新成长教育"的引领下充分调动本校现有资源,聘请专家对课程进行下阶段规划,让学生在"新成长教育"下形成良好品行,提升综合素养,五育并举,成为新时代综合型人才。在今后的开发和实施中,将从以下几方面去改观:

1. 编写学生读本

现有的只是教师的教案,还没有一本包含整个主题所有活动的读本。学校将邀请区域专家作为特别指导,对课程教学内容、主题活动设计、活动时长等方面做专业性的指导和把关。对原有"生态初接触""石榴宝宝四季行""校园植物手绘地图"等小项目方案及内容进行有效整合,形成一套"石榴校园规划之旅"系列读本。

2. 搭建展示平台

在课程的实施过程中,课程在获奖方面有所收获,但还未有该课程活动教师课程展示。学校将有效结合区教学节活动、市区级各学科展示活动,争取在之后的几年中为老师和学生搭建一个展示的平台,帮助他们更快成长。

3. 形成有效衔接

学校是一所九年一贯制学校。如何做好幼小衔接、小初衔接,是学校一直考虑的问题。校方了解相关政策,为打造家门口的好学校而努力。

以活动为取向的课程,注意课程与社会生活的联系,强调学生在学习中的主动性。"石榴校园规划之旅"是肇文学校石榴课程建设的其中一环。以文化标志——石榴作为切入口,依托校园生态资源,融入项目化学习理念,协同共育石榴儿童,让学生在协同合作与自主探究中感受石榴的魅力,学子就如一颗颗富有生命力的石榴籽,展开是一朵花,凝聚是一枚果,在每个成长阶段都绽放自身成熟美丽的蜕变。

案例 10

"行知农坊"活动

"行知农坊"是该校正在实施的综合实践活动,该校是一所新学校,在学校开办之初,学校就以打造"菜园、果园、百草园、花园、学园、乐园"的"六园"目标对学校的多块田地进行改造升级,丰富校园绿化环境,加强学生劳动教育,体验传统农耕文化。2018年9月,五子园、行知果园、行知菜园等"行知农坊"劳动教育实践基地初具雏形,"行知农坊"综合实践活动逐步开始开发设计。两年多的时间里,"行知农坊"项目曾荣获2019年奉贤区中小学生研究性学习成果一等奖;2019年奉贤区未成年人暑期工作优秀活动项目;被评为奉贤区特色发展"品牌"计划项目特色实验项目。与此同时,"行知农坊"项目借助各级科创竞赛的契机,斩获不少生态环境类竞赛的佳绩,荣获2019年奉贤区生态环境类活动优秀组织奖。

一、问题描述

"行知农坊"综合实践活动建设之初,计划融合生命科学、化学、美术等多学科,以项目化探究学习为抓手,通过理论与实践的课堂,引导学生自主观察、思考、实践,进而解释现象、解决问题、创造作品,着力培养学生对不同学科领域知识的整体理解。然而要建设一门综合性课程,对于开办仅3年不到的学校而言,存在着一个个巨大的挑战,如教师队伍短缺,资源平台的不足,尤其是教师主导实施的过程中缺少管理意识。

教师是学校课程建设的主体,正确的课程意识是学校课程发展的重要前提,STEM教育近年来虽在国内外快速兴起,作为创新教育的有效形态,不少学校已有扎实基础。然而学校刚起步时,相应的教师团队短缺,大部分教师的专业背景与STEM教育相距甚远,与"行知农坊"所需的种植、养护技术更是南辕北辙。职初教师对于STEM教育理念、农业知识等概念都十分陌生,只是通过书籍上理论知识的学习无法深入认识真正的STEM教育,课程建设的进度条停滞不前。教师在培训学习过程中对资源理念的涉足不够,导致教师资源开发和利用的能力较弱。而专家学者开发的课程资源由于学生实际学情的特性和不同地域的差异性,可利用的较为单一。基于新时代教育的大背景下,新课程观认为课程不仅是知识,也是经验与活动;是教师与学生共同探求新知识的过程,学生获取知识的过程是自我建构的过程。这给教师的课堂实施加大了难度,学校实施初期,由于担心学生对活动的把控、管理能力有偏差,教师在课堂中仍占据主导,通常以教师说,学生做为多,例如:植物该剪枝施肥,学生便按部就班,课堂缺乏对学生学习经验的关注,缺少对学生内驱力的激发,课堂实施"授人以鱼"而非"授人以渔"。"行知农坊"综合实践活动评价的内容、手段、形式、主体都相对单一,仅注重学生静态性的结果性评价,忽视动态性的发展性评价和过程性评价,评价指标体系粗浅,缺乏过程性、层级性、整体性的设计。

二、实施策略

要解决上述问题,一方面要追根溯源,全面创思"行知农坊"综合实践活动的高位发展,保障师资,规划目标;另一方面要躬行实践,提高课程的实施质量,提高课堂质效。

1. 协调教学,积淀力量:加强师资培养

师资力量是推动课程发展的重要组成,学校借助市级、区级培训平台着力培养STEM课程专业教师,前后有5位教师参加跨学科培训班、STEM案例撰写提高班等培训班,教师课程案例的撰写能力得到锻炼与提升,同时加强技术培训,指导教师互补重组,生命科学、化学、信息技术等学科教师根据自己的特长及项目特点两两组合,做到每月一学、每周一练。

2. 创设情境,聚合路径:开发课程案例

课程开发团队致力于引导学生尝试到真实情境中解决问题,梳理了现有学习资源,从种、护、收、品、学等方面制定实际可行的课程案例,并按照学生的学习层次进行分段教学,见表4-1。

表4-1 "行知农坊"综合实践活动内容

主题	年级	课程案例
播种育苗 整畦搭棚 灌溉施肥	六年级	《耙耕行知——农具设计》 《露润行知——喷淋装置》 《肥养行知——环保堆肥》

主题	年级	课程案例
气候土壤 疏果虫治 营养烹饪	七年级	《研助行知——科学调查》 《药护行知——天然农药》 《食酵行知——泡菜制作》
观察识记 艺术手作 特色文创	八年级	《绘识行知——自然笔记》 《艺炫行知——烂漫压花》 《光影行知——植物日历》

3. 教师引导，学生主导：焕发课堂活力

"行知农坊"综合实践活动引导学生聚焦到真实问题的学习后，学生面对的是一个开放的问题情境、开放的学习内容、开放的学习方式。而运用学校的"小先生制"能够有效调动学生的学习兴趣，给予学生充分的自主讨论时间。例如"喷淋装置"一课，教师引导学生发现现存喷淋装置存在的问题，各小组在小先生的带领下，进行分工合作，通过研讨、设计、展示等形式完成课程目标，促进学生创新精神和实践能力的发展。

4. 多元评价，有效指导：优化课程评价

课程的评价以促进学生发展为根本目的，学校充分发挥评价对于学生学习行为具有激励和导向作用，通过及时当堂评价全面地反馈学生的学习状况。教师评价关注小组对教师要求的达成度；小先生评价组员的参与度、讨论的相关度等。同时，注重过程评价与成果评价相结合，引导学生主体意识的发展，培养学生积极参与评价的意识和能力。

三、实行机制

学校秉承伟大的人民教育家陶行知先生的"生活教育理论"，意在引导学生从生活中来，到生活中去，故名为"行知农坊"。在课程开发和实践的过程中，关注知行合一，五育并举，寻找课程发展的新方向。

1. 完善组织架构

① 整合资源，形成一体化建设合力

以"自教育"的办学理念为引领，以"行知农坊"综合实践项目建设为抓手，以案例教学为核心，在校长室的统筹下，整合教导处、政教处，形成跨部门、跨学段、综合实践的一体化项目建设机制，深化理论学习与管理培训，建立完善的学校综合实践体系。

② 明确定位,挖掘多元化实施途径

为了使"行知农坊"综合实践活动的教育目标有序渐进、教育内容贴近学生生活实际,学校持续开发系列化的教师指导手册,利用探究课和社团课实施,并在专题教育、学校"行知"少年宫活动中落实课外活动,打造"学校的味道我们知道"的特色活动品牌。

2. 注重客观评价

① 合理调整,进行广泛性征集调查

以问卷形式对前期"行知农坊"综合实践活动实施适切性和有效性情况的调查,调查对象为学生、教师、家长,同时向家长征集关于"行知农坊"和劳动教育的相关活动建议,便于及时改善调整课程研究方向,提升课程品质。

② 及时反馈,注重质效性总结提升

学校定期开展"行知农坊"综合实践活动研讨会。在每学期,授课教师开设公开课,学校了解课程开展状况、课堂表现情况后,对"行知农坊"综合实践活动开发实施相关内容进行考核评价,及时反馈一线教师,有针对性地进行指导。

3. 强化设备保障

① 优化空间,配备齐全的器材设备

建立 STEM 空间是课程实施的基础,学校重视对课程相关硬件设备的资金投入,农耕器具、农药化肥、喷淋装置等一应俱全,能保障课程顺利开展。

② 专家引领,构建环境支持的体系

STEM 教育在课程中的开展需要一定的环境支持,学校邀请中国科协"做中学"科学教育改革实验项目教学中心(东南大学)副主任叶兆宁副教授进行课程指导。校长的领导力和专家的引领力综合构建起一种支持性的氛围,能够提高教师的效能感,进而对学生产生积极影响。

四、创新之处

"行知农坊"综合实践活动在关注学生发现问题、解决问题能力的同时,也带有浓厚的金水苑中学色彩,仔细推敲,也能发现不少亮点与特色。

1. 小先生制,转变教学形式

在学校课题"品质教育背景下运用'小先生制'创新初中课堂教学方式的实践研究"的引领下,"行知农坊"综合实践活动积极响应。教师在课堂上运用"小先生制"教育理念和策略,使学生课前自主导学、课中共同探讨、课后互帮互学。擅长绘画的学生可以当"设计小先生",擅长演讲的学生可以当"展示小先生",学生合作学习,取长补短,共同获得集体智慧,改变传统的接受型学习方式。

2. 分层设计,编制指导手册

根据课程内容的分层设计,"行知农坊"综合实践教师团队根据专业背景两两组合完成相应指导手册的编制,如:生命科学与化学学科教师编制《药护行知——天然农药》,美术与劳技教师编制《艺炫行知——烂漫压花》,物理与探究教师编制《露润行知——喷淋装置》等。教师专业知识指向性明确,编写困难大大降低。

3. 校企合作,提升视野广度

STEM课程实施需要利用各种学习环境持续的信息传达、指导与资源供给,支持学生进行学习。学校充分借助共建共享资源,以研学形式参观考察上海雪榕生物有限公司、上海新季农业科技有限公司等社会实践基地,拓宽学生知识面。学校积极打通与社会、企业间的通道,找到内容的关联点,跨界聚合资源和环境。

五、案例反思

"行知农坊"综合实践活动自2018年一路走来,经历初步设想、实践基地建设、教学初步实施、案例撰写等过程,虽然课程发展还尚未成熟,但总体而言也是稳中求进。学校结合STEM教育理念,采用项目式学习,注重开放与实际,着重培养学生面向未来的能力,期冀他们传承中华优秀传统文化的同时,具备现代科学的基础素养与能力,成为知行合一、五育齐发展的贤少年。

当然在课程发展中,对未来有部分展望和进步的空间。

1. 改善大班化课堂

在中长期的课程中,学生有时对不同器材的需求不同,一名授课教师对班级的课堂管理以及项目的进度掌握面临较大的困难,教师没有精力兼顾到每一个小组的方方面面,而有的小先生由于管控能力有所欠缺,也无法规范所有学生,因此有部分小组学习效率低下。在今后的研发和实施中,思考是否可以开展"走班制"授课,由学生自主选择"行知农坊"综合实践中感兴趣的课程,每个课程限定小组数量,优化授课环境与资源,让每一位学生都能激发自己的学习热情。

2. 加强成果的积累

在中考改革的背景下,综合的实践课程愈发成为各个学校的重点和热点,而从实际出发,学生的综合素质评价体系也需要这样的研究性课程,今后,授课教师将及时记录学生学习研究过程中的收获和心得,及时将学生的研究性成果整理、汇编,以成果集的形式记录,并做好过程性资料的积累。

"行知农坊"综合实践活动,是弘扬劳动教育,培育青少年劳动情怀和劳动素养的课程,是满足学生成长需求,使学生真正受益的课程。尽管在推动过程中遇到诸多问题和困难,但也出现了很多新的可能。学校将继续努力,积淀力量,脚踏实地,让"行知农坊"综合实践活动激发每一位学生的学习潜能,使每一位学生的个性特长得到发展,在课堂中力争知行合一,促进其智慧生长。

案例 11

"小水钟"活动

"小水钟"活动原为科教版自然教材三年级第二学期自由探究单元的内容。本探究活动材料要求简单并且易得,只要简单的塑料瓶子即可。同时,不同的瓶子和不同的小水钟类型也让学生有可以发挥个性的余地。

该活动深受学生喜爱,在区级教研层面,也作为公开课进行了展示和研讨,为各校教师提供了一个可以参考的活动再造方向。同时,做个"小水钟"(第二课时:交流探究进展)教学设计获得了 2016 年上海市小学科学教师优秀教学设计评比三等奖的荣誉。

但在活动开展初期,它仅仅作为教材中的一个自由探究环节,存在感和参与度很低,学生常常进入到一个为了制作而制作的局面,制作的作品没有目的性也缺少科学性。经历了对于活动的剖解以及与 STEM 理念的融合,让学生在活动中更具有解决问题的目的性,同时为了考虑实用性也会更加地注意产品的科学性。再造后的整体活动能够以问题解决为活动中心,而不仅仅是书本上独立的一个单元活动而已。

一、问题描述

本活动属于教材中自由探究的内容,探究活动就是确立以科学探究为核心的理念,改进学生的学习方式,使亲身经历探究活动成为小学生学习科学的主要途径,把课堂学习和课外学习紧密结合起来,给学生创造充分的自主探究的时间和空间。通过此次活动过程,学生可以提高探究能力,并懂得水钟计时的原理以及探究出影响水钟准确度的因素。但是在实施过程中,还是发现了一些问题,如活动目的不明确、学生活动的参与度不高,活动的环节分割不清,以及作品欠缺科学性,尤其是课程定位不够清晰的问题。

在具体实施这个自由探究的内容时,发现学生常常把这个活动仅仅当作了一个动手做的小实验,没有相对的目的性。这样的话让学生在后期的美化中,也常常过于迷茫,不知道该从哪个正确的方面下手,使得最后的成品和功能性关联不大,活动变成了为了做一个水钟而做了一个水钟。探究活动和平时自然课堂的实验一样都是以小组为单位的,但是由于探究活动的环节更多更复杂,所以组内强势的学生很容易压过普通学生的学习热情,造成一些学生没有活动的安全感与归属感,从而无法投入活动甚至不愿参与。探究活动并不是一个课时就能解决的项目,需要将了解、讨论、交流、制作、完善、展示、新设想等环节层层递进与相扣,学生所提高的能力和所获取的科学知识也是在这个过程中所得到的,所以其实是一个过程性很强的活动。但是一节自然课只有35分钟的课时时间,许多环节常常因为课时时长而被打断,学生的活动进度在下一次的课堂时常常不能很好地与上一次的活动进行衔接,严重打击学生们探究的热情。本次活动本是对于小水钟这个利用水来计时的应用产品的研究,所以其实本应该是有比较强的科学性的。但是在活动最后,学生的作品却常常比较粗糙,每次滴漏的误差较大,达不到一个期望中的实用性,缺少产品的计时精确性。

二、实施策略

在本活动的开展中,秉持着"让每个孩子都成为一棵树"的学校发展理念,以学生为本,认真分析以往探究活动的不足之处。并且尝试融合 STEM 活动元素,针对性地对活动的不足进行完善,从不同层面将"小水钟"活动进行了再构。

1. 探究融合 STEM 再造

STEM 活动是以解决问题为目的,以工程制作为手段进行的活动。学生在活动过程中需要带有强烈的目的性,并且所制作的产品是生活化的,具有强烈的实用性的。那么学生在活动中的所有环节都会更加具有聚焦性,而不是什么都想达到,什么却都达不到。于是教师们就把这个长周期探究活动融合了以现实情景、工程类活动为导向的 STEM 元素,将其再构成为一个 STEM 活动。

2. 组内成员各司其职

作为一个项目活动,小组中的每一位成员的关系是独立而又相连的,需要一定的合作能力才能够完成本次探究活动。于是本次活动的组员职位设置得更加细致，例如倒水员、观察员、计时员、记录员等，使每一位学生都能够有浸润式的参与感，并且对所负责的环节有强烈的责任感。

3. 课时安排合理重组

活动主要需要学生了解水钟的原理和影响水钟准确度的因素，并能根据这些关系进行不断完善。如何让学生在探究活动的每个阶段都能互相关联、相互融合而不是相对独立呢？那就需要让学生把这个长周期的自由探究活动整体作为一个项目去做，而不是生硬地进行固定课时的切割。为了让学生有更加连贯的活动体验，学校将一周两节自然课进行组合，提供了一次活动时长为 60~90 分钟的探究实践。本 STEM 活动主要分为三个阶段共五课时的课堂内容，分别是：确定探究任务(任务一：了解、设计水钟;任务二：制作水钟)、交流探究进展(任务一：交流水钟多样性与探究影响水钟准确度的因素;任务二：改进小水钟)和总结探究成果。

4. 重视实验数据分析

此次探究活动在整个活动过程中都贯穿着对于实验数据的重视。如对于不同类型小组制作的水钟的观察与效果比较、对于相同与不同小组水滴多次滴落时间的测量、对于实验结果的分析与总结交流、对于新问题的假设和实验等，这样的贯穿使得作品的呈现更加具有科学性，也更加具有实用性。

三、实行机制

在活动的实践过程中，结合学校醇美课堂的标准以及区树立"五育并举"号召的当下，剖析了活动的实行机制，并总结出以下方面可供相关活动开展进行参考。

1. STEM 与长周期结合，提高活动科学性

本次 STEM 长周期自由探究活动无论是环节的整体设计还是教学方法的应用，无不贯穿着 STEM 教育与科学探究活动的指导精神，如学生的探究流程中运用的方法如测量、预测、归纳、推理等都是在科学探究过程中所需的方法。同样的，本节课的教师教学方法运用的问题探究法正是 STEM 教育策略中最主要的方法。在这样科学的指导方法下，活动的科学性也得到了很大的提高。

2. 分工独而不离，考验团队合作性

在传统的课堂实验中，除了组长和记录员的特殊身份，其他成员基本都是以实验者或者观察者自居。而这次的探究活动中，要求学生根据实验操作的需要，将每一个

需要注意的点细化到一位负责人身上，这样的话每一位同学都有着自己独立的责任与功能。但是只有一位同学又是无法完成这次实验的，不同同学之间需要一定的配合才能取得更准确的实验结果。所以，这种独而不离的分工，使得大家的团队合作能力也得到了考验。

3. 评价任务单贯穿，体现活动过程性

本次探究活动的学习任务单有三个，在本堂课中都出现并且分别在课堂的前、中、后起了不同的作用。第一张学习任务单是第一课时要对所制作的小水钟进行设计时给予的，主要作用是作为课前任务单进行上节课探究结果的呈现。第二张任务单是课堂实验时进行记录的，作为课中任务单，主要作用是帮助学生进行实验数据的归纳与分析。第三张任务单是在课的结尾作为课后任务单，主要作用是帮助学生进行改进的反思以及创新思路的开拓。课前、课中、课后三张任务单贯穿着三课时的探究内容，体现了探究活动是一个完整的过程，并不能进行强硬的分割。同时，对自己数据的记录与对别人作品的评估都渗透了评价的理念。

4. 数据分层分析，呈现结果严谨性

在实验结束，需要对实验数据进行分析时，教师并不是让大家进行盲目的分析，而是有层次性、有针对性的。首先分析自己小组的数据，发现自己的数据之间的联系，从而得出更深层次的科学原因。接着再放眼其他小组的数据，同样做一个实验，大家彼此之间为什么会有不同呢？除了数据，大家的不同还有什么呢？通过进一步的分析和思考就可以得出影响小水钟准确度的因素的判断。这样的循序渐进，分层分步，使推理过程逻辑更加清晰，也使得最后得出的结果更有严谨性。

四、创新之处

小水钟 STEM 活动，关注了学生探究能力与工程能力的培养，并且在德育方面也产生了共鸣。

1. STEM 理念的适时融合

在围绕本项目主题，针对性地找出原方案的短板，融入了 STEM 理念不同维度的元素后，各方面都得到了很好的改善。

走出原本为了制作而制作的活动目的，"小水钟"从一开始就是由真实驱动性的一个活动背景展开，在校园生活中，常常有大大小小的测验都规定了时间，但是教室前方并没有钟表，很多学生在做题目或者考试的时候都会因为不知道还剩余多少时间而心神不定。那能不能用身边最简单的材料做一个能计时的工具呢？在有了活动驱动性问题以及目标产品的使用场景之后，学生的活动更加具有针对性，对于最后产品的设计、制作、改善也更加有一系列的工程型思维。在面对产品需求进行设计前，学生能够自发地去学习相关的不同类型的计时工具及其原理，学习水钟的不同类型及工作方式。制作与改善的过程也是一个针对最后的产品功能进行不断调整的过程，过程中学生针对瓶盖漏水孔大小的处理及漏水量大小和时间刻度的划分也更加具有科学性，不再是单纯制作一个能漏水的装置而已。

融合 STEM 理念后，整体自由探究单元的活动不仅锻炼了学生的动手能力，更加提高了学生在真实情境中的问题解决能力、创新能力等综合素养的培养。

2. 活动中品味贤人精神

小水钟属于古代时间测量工具中的一种。时间测量工具由古至今经历了很多形式的变化，但它们的产生和当时时代的社会和文化都是有联系的，正是基于当时社会的科学技术催生了那般的生活工具。它们之间有着互动互因的关系。日晷、沙漏、水钟同样作为古代计时工具，但在使用便利及准确度上都有着一定的提升。这些都是我们古代贤人在不断地试错与总结中进行的经验提炼。学生在自己制作水钟的过程中，根据自己遇到的问题和想要达成的应用方向也做着改变。在此过程中，学生可以体会到科学、技术和社会是会不断发展和变化的，是一个动态的系统。在滴答的水中感受到我们奉贤的水文明，同时，也能够品味到，从古至今的贤文化的传承也是一个不断学习不断进步的过程。

五、案例反思

当探究活动借力 STEM 的理念后，活动的开展更加顺畅，也使学生参与活动得到的成长效果越来越理想。致力学生创意的表达以及围绕新成长教育下的活动开发的脚步不能停下。在今后的研发和实施中，学校将从以下几个方面进行思考和实践：

1. 整合项目化活动

项目化活动是学生在一个现实情境下，在一个驱动性问题的驱动下，自发地去解决、去探索一个问题，并且可以根据得出的结果去迁移到其他类似问题的解决上。整个学习过程以学生为中心，教师角色作为指导者。本次小水钟 STEM 活动正是可以很好地整合进项目化活动的框架中，特别是学生在怎样制作一个功能的水钟的驱动型入项问题上，也正与 STEM 的通过工程制作去解决以及形成创意的成果表达相符合。

2. 汇编过程性资料

小水钟 STEM 活动不仅只有最后一个成果呈现可以作为资料，其实每一个活动环节中的记录都是一个很好的资料。如前期对于水钟历史的学习、对于水钟原理的探索、测试中每一次实验数据的记录、学生对于数据分析后的总结，以及当产品遇到使用问题时的二次调整方案等，这些都是学生活动中的宝贵财富，也正是学生在交流、讨论、设计、实践等环节的评价印证。之后可以统一不同活动记录单的格式，并且最后装订成册，使小水钟活动成为学生成长足迹中美好而珍贵的回忆。

3. 丰富成果性展示

经过组员头脑风暴后的小水钟是凝结着大家的智慧和心血的结晶，所以一定要增强最后的成果性展示。除了传统的设计单与实物介绍外，还可以举办小小博览会，每组学生代表在自己的摊位前，尽情地介绍自己的产品以招揽肯定的目光，其他学生参观彼此的作品并进行投票。在这个过程中不同小组之间也能够得到学习与借鉴，并且激发新的想法。甚至还可以举办小小投标会，将产品的成本和售价因素加进去，使活动更加生活化，也使学生可以模拟生活中的场景，更综合地去进行一些其他方面的考量。

4. 延伸校园滴灌

小水钟是通过滴漏进行计时的工具，那么将小水钟的形式进行延伸，它也可以成为一个植物自动浇水器。结合学校的文游小园丁项目，校园滴灌设施的确有存在的必要，而且这样一个源于身边的问题，给了学生很大的问题解决的探索欲望。如何从小水钟的制作中进行迁移即是学校新的活动思考，也是小水钟活动的生命力延续。

小水钟 STEM 活动确立以科学探究为核心的理念，改进了学生的学习方式，使亲身经历探究活动成为学习科学的主要途径，把课堂学习和课外学习紧密结合起来，为学生创造充分的自主探究的时间和空间，并且还能够紧扣节约点滴、见贤思齐等树人教育理念，是一个成功的、有生命力的结合了小学自然自由探究单元的 STEM 再造活动！

二、 评价促进的改进

综合实践活动建设有着鲜明的生命活力,但依然存在着应付、表面、肤浅的迹象,如果在实施的过程中,所有的教师与学生都能积极地参与,并进行及时的反思,不断地调整和完善综合实践活动体系,真正地促进活动的生长,那么评价也是一个值得考虑的问题,当然它也是一个难题,在本土化综合实践活动开展的过程中,行之有效的评价方式显得尤为重要。

评价采用拿来主义是否合适,我们老师提出这样的困惑,如基于学校初中部已经有了成熟的评价体系——"石榴银行",小学部对于这个课程评价的运用还需要进一步有效整合,以他人的较为成熟的课程引入,同样需要关注二次开发中的评价,如有老师就提到"在实施过程中为了更好满足学校、学生的需要,就必须倡导课程的'二次开发',但学校课程开发中会受到……评价体系等多因素制约",如何评,如何设计,从哪些角度去研究,我们的老师写道"'行知农坊'综合实践活动评价的内容、手段、形式、主体都相对单一,仅注重学生静态性的结果性评价,忽视动态性的发展性评价和过程性评价,评价指标体系粗浅,缺乏过程性、层级性、整体性的设计""课程成果的呈现方式是剧本表演,这也是我们课程开展初期最重要的评价内容。但是在整理课程资料的时候发现,对学生学习过程中的评价非常少",显然案例中所提出的这些评价的问题也困扰着跨学科课程的发展,但即使知道怎么做,我们的老师们还是觉得"STEM项目的评价设计一直困扰着我们"。

多元评价不仅关注活动本身最终的质效,更应关注在综合实践活动中教师与学生的成长,还应该激发教师活动设计与发展的潜能,同时多元化评价的合理运用能使师生自信并健康地成长。

问题一 评价绩效只重结果(详见"案例12")

STEM视野下的综合实践活动很重视现实问题的解决,并用结构性的成果来呈现最终的结果,以此我们往往用最终的成果来评价此课程中学生们学习参与的优劣,对于这样的一个课程来讲,结果很重要,但过程更为重要,学生在过程中所表现出的大量的信息也是学生们综合素养提高的一个佐证,但从评价的手段看也确实存在着一些遗憾。

问题二 评价管理不够顺畅(详见"案例13")

STEM活动的评价是开放的、友好的,学生的作品可以进行多次的实践、修改和完善,STEM项目的开展周期性问题等都对项目的评价量规制定提出了要求。这就引发了我们对整个活动的管理需求,并期待管理能够真正地穿插在整个活动的过程中,并保证其顺畅性。

问题三 评价形式单一存在

众多学科的活动参与也决定了活动形式的多样性,在强调将跨学科的知识运用到解决真实问题的场景中,学习者在真实生活情境中进行探究、发现、合作、创新、分享,从而在认知、能力、情感态度,甚至社会化能力上也获得了很大的提高,而这些对评价的单一方式提出了严峻的挑战。

案 例 12

"海塘制盐"STEM课程

该校的海塘制盐STEM课程是"海塘文化"校课程下一子课程,开设至今已有三年时间。在过去的两年多里,"海塘制盐"课程依托学校"海塘文化"课程的推进,逐步完善自身课程结构和实施方法。于2020年4月获第35届上海市青少年科技创新大赛科教方案类-科技教育活动类二等奖。2018年,以奉贤海塘历史为教材对新时代学生进行教学成为了学校的主要项目。该校在四年级开设了海塘制盐课程,利用每周一节的大拓展课开展以海塘制盐为主的文化学习。2019学年,"基于'海塘文化'特色项目的学校课程建构"成功申报区支点计划,2019年5月16日奉贤博物馆正式对公众开放,其中"海塘文化厅"将奉贤海塘的历史价值和意义置于中国海塘历史整体的发展中讲述,此内容也是该校周边学生非常熟悉的环境资源。2020年,学校成功申报了"海塘文化"综合实践活动课程,并入围特色品牌校的培育计划内。

一、问题描述

学校引入STEM理念,以学校教师为主体对"海塘制盐"进行课程内容的开发并积极实践。在整个实施的过程中,学生的科学思维能力得到了大幅提升,对家乡古法制盐有了更深入的了解。但在实施过程中,还是发现了一些问题,如盐文化研究氛围缺乏、课程实施教师短缺、课程架构不清晰等问题,尤其是评价绩效的一些问题。

柘林自秦汉时期已有盐业生产,具有丰富的制盐经历,但1984年起,盐业退出历史舞台,昔日盐村变成工业、对虾养殖业的基地。现存条件下,无法复制当年盐田相望的景象,不再制盐的柘林年轻人也缺乏对制盐的了解。盐文化失去了研究氛围,这对于课程学习造成了一定困难——既无法进行实地考察,又缺乏相关古法制盐的经验。仅能从《柘林志》中搜寻到一些简短的文字资料以及网络查找到制盐方法的大致内容。学校为积极落实课程,从初中部和小学部各抽调了一名教师参与课程的建设,后因客观原因只有一位教师仍坚持参与,导致课程实施任务重,整个课程研究的进度缓慢,难以完成既定的课程目标。由于学习资料的缺乏、课程研究教师人单力薄,课程内容欠缺,单独的教师也不具备系统性整合课程的能力,导致课程架构单一,课程内容单薄。虽然每次的学习活动都给予了学生任务单等形式进行记录,这些记录也一定程度上体现了课堂中学生的学习成果。但现实操作中,学生记录的多是结果,缺乏过程性的记录,还有一些数据不能够及时完整地留存。这导致了对于学生的评价很多都是对最终制盐成果的判定,缺少了过程性的评价及学生的自我评价。

二、实施策略

在本项目研发中,结合"毅·和"的学校文化和办学特色,挖掘各方面资源,逐渐营造出课程实施的新篇章。

1. 挖掘资源

为挖掘更多的课程资源,学校采用了多方途径,如采访一些当时参与盐业的晒盐人;组织参观奉贤博物馆制盐馆;参观柘林镇板晒制盐博物馆;参观冯桥村新落成的晒盐陈列馆;通过走访、参观、借阅各方书籍及笔记,对资料进行学习整理。目前,"海塘制盐"课程已经形成了系列资料。

2. 团队打造

课程实施不是一位教师的孤军奋战,需要教师团队的合作。整体规划后,学校于2020年3月计划全力打造项目团队。为了保证课程有效地落实推进,学校组建课程建设队伍时深思熟虑,挑选了参与过区STEM课程培训、有意向参与的教师作为课程的专任教师。在征求教师意见的基础上,于2020年5月成立"海塘制盐"教师团队,并及时调整教师课务,合理调整课程设置,由团队负责课程的设计与实施。又根据课程特点和学生学习特点,选定在三、四年级开设课程,确保课程有序、有效地实施。

3. 课程研发

学校邀请了 STEM 课程组专家为特别指导,对课程内容设计、单元目标设定、课时安排做专业性的把控。2019 学年第二学期期末开始,在专家的指导下,以"海塘制盐"为主题从四个方面——"海盐寻源""海盐制取""海盐用途""盐场变迁"进行深度梳理与整合。

通过项目组领衔的方式,挖掘"盐文化"教育优质资源,践行"海塘制盐"课程与 STEM 理念的有机融合,形成了一定的课程实施文本。

4. 优化评价

评价涉及自我评价、小组评价、教师评价。针对每次课程活动内容,教师或学生设计评价单。评价单基于自我评价、小组评价。自我评价具有自我诊断以实现自我调节的作用,小组评价具有客观诊断和对自我评价认定的作用,教师评价具有校正自我评价与小组评价的作用。

三、实行机制

在课程研发和实践的过程中,对教师的知识水平、教学技能和理念提出了新的更高、更深层次的要求,因此需要探寻课程发展的新方向。

1. 建立管理机制,保障课程实施

为了更好地开展课程开发和实施活动,学校健全了课程管理机制,组建了由校长带头的管理网络,下分各个实施层次并且明确各层级职能,使课程开发与实施真正落到实处。

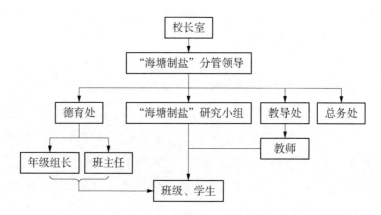

2. 梳理乡土资源，提炼育人价值

海塘盐文化历史悠久，具有深厚的地域文化底蕴和丰富的乡土历史人文资源。学校梳理出有关"海塘制盐"的优质学习资源，并根据小学生的认知和心理发展特征，围绕课程总目标，根据四位团队教师的特点，制定"海盐寻源""海盐制取""海盐用途"和"盐场变迁"这四个适宜三四年级学生的板块内容，每个板块下又分别梳理了三个单元四个课时的课程内容。如此，不同的年级目标、主题活动目标和课时活动目标，使其在内容和深度上呈现螺旋上升的体系。

3. 探索实施策略，提升核心素养

秉持着"快乐生活，和谐发展"的办学理念，通过跨学科、跨时空、跨课程的有效整合，架构海塘文化特色课程模型。在每周五的"海塘制盐"系列课程实施过程中，学生在教师的指导下，通过资料搜集与整合、实地考察、绘制图纸、合作实践、实验记录等策略进行"海塘制盐"的课程学习。这种探究、实践的过程帮助了学生整体认识并体验了自我、社会和自然之间的内在联系。

四、创新之处

1. 挖掘非遗，传承文化

柘林乡新建于 1984 年 2 月，由原奉贤盐场和新寺乡南部组成。奉贤盐场历史悠久，其制盐方法——"柘林板晒制盐"被列为奉贤区非物质文化遗产。学校为使这种代代相传的非物质文化遗产得到传承和发展，项目团队基于本土历史资源，架构"海塘制盐"特色课程，开展符合学生年龄特点的系列课程活动，以发扬柘林先祖留下的技艺及艰苦奋斗的精神。

2. 立足乡土，厚德养人

党的十八大以来，习近平总书记反复强调"文化自信，是更基础、更广泛、更深厚的自信"。又指出"乡风文明，是乡村振兴的紧迫任务"，"我们要深入挖掘、继承、创新优秀传统乡土文化"。

该校以此为契机，充分挖掘柘林乡土资源，结合"毅·和"校训，确立了"海塘制盐"课程，组建由校长领衔、专家引领、骨干教师参与的项目研究团队，对项目进行顶层设计和具体的操作实践。通过实践探究家乡古法制盐，来锻炼学生的动手、动脑能力和团队协作精神。该课程让学生通过调查了解柘林盐文化，知道柘林盐业的辉煌及在时代浪潮中的发展，培养学生对家乡的认同感、自豪感、使命感。

3. 体验制盐,提升素养

中国学生发展核心素养以培养"全面发展的人"为核心,分为文化基础、自主发展、社会参与三个方面,综合表现为人文底蕴、科学精神、学会学习、健康生活、责任担当、实践创新六大素养。

"海塘制盐"紧紧抓住课程特色,着力培养学生核心素养。通过对历史资料的检索与学习、设计取水装置并实地取水、探究制盐技艺、对海盐用途的思考与实践等方面,不仅充分调动学生的学习主观能动性,而且作为 STEM 课程,充分挖掘学生灵活运用多学科能力、科学地探究实践、积极思考社会发展的能力。

五、案例反思

该校"海塘文化"综合实践活动课程成功被列入"品牌"课程发展之列,"海塘制盐"作为其中的一个子课程得到学校的大力支撑,学校充分调动本校已有资源,扩编课程建设师资队伍,利用品牌经费购置必需的工具、材料,聘请专家对课程进一步规划。同时学校和柘林盐业展馆所属村委会达成合作,向古法制盐的专家学习,共同开展海塘制盐的课程研发。

以发展学生核心素养统领架构"海塘制盐"课程的各个要素,观察、分析、研究柘林盐场发展历史、制盐方法等作为以史鉴今、立德树人的科学方法和思想武器,形成教师主导、学生主体的教育互助模式,让先民古朴的技艺及精神在新时代焕发新光彩,让学生在模仿思考传统的技艺中探索创造出新的篇章,让乡土文化联结古老的技艺成为发展学生核心素养的坚固基石。

在今后的研发和实施中,将从以下几个方面进行思考和实践:

1. 搭建项目平台

学校组织关于海塘文化跨学科教研组"沙龙"活动,将各项活动择优纳入"林曦"校刊内的"海塘文化"专刊;每年修改、完善课程,增加课程所需资源,组织老师积极参加各部门组织的各类课题、案例征集与评选活动并获奖。

2. 撰写教师学生用书

校本教材可以很好地体现学校课程的构想与内容。学校将邀请区 STEM 课程组专家为特别指导,对课程内容设计、单元目标设定、课时安排做专业性的把控。团队教师通过多途径收集更丰富的资料,充实教材内容,同时广泛征求参与课程的学生意见,对教材内容进行调整完善。

3. 汇编学生成果资料

品牌课程的建设离不开资料的积累。学生活动的多样化,体现在以资料查阅、实地考察、设计制作、实验探究、报告等形式展开对"海塘制盐"的研究。应及时记录学生学习研究过程中的收获和心得,将学生的研究性成果整理、汇编,以成果集的形式记录,做好过程性资料的积累。

课程是学生成长的基石,基于乡土优秀传统文化创设的课程不仅有助于切实提高乡风文明,更有利于增强民族文化自信,提升民族自豪感、责任感、使命感。

依托于学校"海塘文化"校本课程的建设,子课程"海塘制盐"以传承和发展盐文化为目标,以 STEM 教育理念为引领,以培养学生核心素养为架构,以探究制盐为主体过程,开展丰富多样的综合实践活动,做好学校品牌项目,力求将柘林学子培养成适应新时期社会主义发展的人才,成为"全面发展的人"。

案 例 13

"博韵电视台" STEM 课程

该校于 2013 年成立博韵电视台,同时开设博韵电视台校园影视创作课程。2019年博韵电视台被评为奉贤区二星级学生社团,2018 年获区中小幼校本特色课程科目设计三等奖。课题"基于校园电视台建设渗透美育的社团校课程的开发与实践"被立项为区级一般课题。学生创作的影视作品多次获全国、市级等第奖,开展的区级校园电视台交流展示活动深受好评。

2013 初,博韵电视台创立伊始,在校内招募对影视创作有兴趣的学生,在仅仅只有一台家用 DV 的基础上开始了课程的探索和实施。虽然硬件很落后,但学生的热情很高涨,他们不满足于仅仅在校内拍摄,将目光锁定在了家乡的变化上,拍摄制作了关于庄行菜花节的专题片《庄行"采金"》,这一作品通过区内推荐,获得了全国中小学校园影视评比铜奖、上海市中小学校园影视评比三等奖。立足家乡,发现身边的人和事,发现家乡的美也成为博韵电视台拍摄的重要主题。

2017 年,学校顺利完成数字化演播室建设,博韵电视台硬件设备一跃成为区内领先水平,并在区内开展校园电视台的交流展示活动。同年社团指导老师参加了区内 STEM 培训,开始思考将 STEM 的理念及内涵融入博韵电视台的课程实施中。博韵电视台中的"博"字,希望学生通过校园电视台的学习开拓视野,获得广博的知识;"韵"字体现的是一种抽象的美好,希望体会主题之美、创作之美、镜头之美,这两个希望的达成都离不开"做中学"。因此项目活动的课程学习在博韵电视台开展起来,社团展示作品创作、校园影视 EFP 创作实践、模型节摄像创作实践等,让课程实施更顺利,学生学习更高效。

2018 年基于奉贤区提出的"奉贤美、奉贤强"的战略目标,以及学校提出的"博雅"课程建设,博韵电视台作为区级特色校课程,申请区级课题"基于校园电视台建设渗透美育的社团校课程的开发与实践"并成功立项。研究目的为寻找美育渗透到校园电视台建设中的途径和方法,立足家乡去发现奉贤的美,记录奉贤的美。在课题研究过程中,带领学生进行"发现奉贤之美"小课题的研究,学生从选题、资料查询、撰稿、拍摄、采访、后期制作等多方位了解影视创作整理流程,同时也发现了奉贤之美,并将奉贤之美以自己的方式呈现给他人。

二、问题描述

博韵电视台 STEM 课程,以培养学生自主探究能力为目标,引入 STEM 课程理念,积极探索理论体系与实践能力相结合的课程教学模式,尝试指导学生小课题研究,在课程进行过程中让学生"做中学",让学生团队协作、影视创作、总结归纳等能力得到提升。但是在实施过程中,还是发现了一些问题,如软硬件的管理维护、教材的开发更新、教师的队伍建设问题,尤其是评价管理不够顺畅的问题。

博韵电视台成立至今,学校给予了大力的支持,不仅建立了数字化演播室,还配置了多台高清 DV 及手机稳定器,购买了"会声会影"非编软件等。数字化演播室设备专业性较强,使用过程中如果未按步骤完成操作则容易导致程序不能打开等问题,如出现故障必须通过厂家维修,导致演播室不能定期正常使用。校课程教材的开发都由指导教师一人完成,但是随着时代的发展,科技的进步,自媒体时代的来临,短视频的流行,影视创作的方式也发生着日新月异的变化,如何让课程教材赶上时代的步伐也成了课程实施的当务之急。博韵电视台作为学生社团,针对高一和高二学生开展课程的实施,高一安排在每周的拓展课时间,高二则利用学生课余时间开展活动。高一的拓展课时间从原本的每周 2 课时调整为现在的每周 1 课时,让对于注重实践的影视创作课程实施时间严重不足。

三、实施策略

基于学校博雅课程理念,致力于培养博学雅行的现代学生,博韵电视台在实施课程过程中,充分调动学校的软硬件资源,激发学生的学习热情,利用课余及节假日,立足家乡,让课程延伸到课堂之外,形成课程实施新气象。

1. 健全规章制度

博韵电视台建有较为健全的规章制度,包括考勤制度、考核制度、纳新制度和活动制度等。在组织架构上,制度对博韵电视台各成员进行了分配和设置。一位指导教师负责博韵电视台影视创作课程的教授及学生影视作品创作的指导,一名台长主要负责电视台活动的统筹,一名副台长协助台长工作并对各项活动作记录,若干组长负责各小组活动的开展,协调组内各成员在小课题的研究工作分配。

2. 理论结合实践

针对高一学生,学校固定每周1课时作为拓展课上课时间。课堂上先结合课件、实例、设备演示等进行学习,再根据学习内容,学生自主进行分组,在校园内进行实践操作,完成相关拍摄任务。

拓展课是学生学习教材内容最集中的时间,他们通过系统的学习、小组的实践操作,基本能够掌握摄像基础及影视制作的基本技能,并在实践过程中加以运用,为实现自主完成校园新闻的采编播、校园专题片的创作打下了坚实的基础。

3. 社团活动提高技能

高二的学生通过一年的学习,已具备一定的影视作品创作能力,让他们以社团活动形式参与到学校各级各类活动中,在承担学校活动摄影、摄像工作的同时,他们的影视创作专业技能也能得到很大的提高。从博韵电视台成长起来的一批小主持人们还能在学校各类活动中崭露头角,担任了校运动会、艺术节和社团展演的主持人。

每次拍摄任务完成,该校会安排一次反思总结会,对画面、拍摄技巧、后期剪辑等进行点评和反思,更有助于学生摄像及影视制作水平的提高。

4. 多层面学习探索

要让学生有开阔的眼界,以更高的视角观察社会现象,聚焦社会动态,就不能将学生局限在校园内,要让他们走出校门,融入社会。电视台成立伊始,该校就鼓励学生去发现家乡的美。古华公园的悠久历史、庄行菜花节的乡村气息、贤园内洋溢的"贤"文化、新农村的变化,无不感染着这群朝气蓬勃的学子们。他们在走进美丽家乡的过程中,发现奉贤之美,创作出了《古华风情》《庄行采金》《贤园——人文之美》《骑着单车探吴房》等专题片。

在走出去的同时,学校还将区内在校园电视台教学方面经验丰富的专家、老师请进来,为学生开设数字演播室直播培训指导,观摩学生摄录播的过程,从中找不足、提建议,形成多层面学习和探索的模式,学生不仅开阔了眼界,还有了更多学习、交流和展示的平台。

四、实行机制

在博韵电视台的课程开发和实施过程中,该校从无到有,不断探索,克服困难,总结经验,在融入 STEM 理念的基础上,寻找课程顺利实施的新方法。

1. 多元化学习

博韵电视台课程的学习内容包括了摄像基础、校园新闻专题、分镜头稿本、会声会影、影视作品创作等。涉及的知识丰富多元,需要学生尝试跨学科、多元化的学习。摄像基础需要学生掌握一定的审美能力和美术鉴赏基础;新闻稿的撰写需要学生有较强的文学创作功底;会声会影视频剪辑需要学生掌握相应软件的基本操作;影视作品创作中需要学生想象力和创作力的激发;采访的过程考验学生的沟通能力等。

2. 多层面展示

博韵电视台成为学校特色课程离不开多层面的展示和肯定。在学校层面,在学校大屏幕、班级班会、学校宣传栏、学校网络资源平台等对博韵电视台的影视作品等进行展示;在区级层面,学生积极参加各类微视频的创作展示活动,组织开展校园电视台交流展示活动;在市级层面,参加模型节摄像类实践活动、校园影视 EFP 创作实践活动。在多层面的展示和交流中,学生在满满的成就感中不断成长。

3. 多维度评价

该课程的实施过程中,建立了较完善的多维度评价机制。学校层面进行学校特色社团的展示和评比,同时评选优秀社团团长等。在课堂上从参与活动的态度、知识技能的掌握、团队协作能力、创作能力和创新意识等方面评价学生,在社团活动中通过创作的影视作品等来评价学生。

五、创新之处

博韵电视台课程建设,立足家乡,让学生发现身边的美,发现奉贤之美,注重学生美育,激发学生创新意识和能力,注重学生自主探究能力的培养。七年的课程实施,也逐渐形成自己的特色。

1. 由老生带新生

博韵电视台成立初期,社团成员包括了高一和高二的学生,高二学生经过一年的学习已掌握了一定的知识及操作技能。他们主动参与到对高一学生理论及操作的教学中,按分组手把手教授新生,这种老带新的教学方式一直传承至今。

2. 由课堂到校外

影视创作的过程需要走出课堂,走出校园,我们立足家乡,发现更多的人和事,对其进行影视创作。从拍摄校园的各类学生社团到发现奉贤之美;从掌握各类设备的操作到尝试不同拍摄技巧的使用;从小组讨论到与采访对象的沟通。这不仅是拍摄对象的从课堂到校外,更是学生学习地点从课堂延伸到校外,也让学生学到了在课堂上学不到的知识和技能。

3. 由线下到线上

博韵电视台的课程实施需要学生日常的不断练习,从课程开展初期,建立了QQ群,鼓励学生利用周末发现身边的美,将随手拍的图片或短视频分享到群里,指导教师能够及时了解学生的情况并就构图、拍摄角度技巧等作出评价,这种将课堂从线下延伸到线上的方式,不仅让学生将课堂所学理论与创作实践相结合,同时也激发了学生的创作热情。QQ群的成员包括参加过博韵电视台的历届学生,有时新生在群内分享课程学习过程中参与的活动照片或视频时,老生也会参与讨论和点评,QQ群成了课程实施的"新大陆"。指导教师通过QQ群也会发布各类学习资料、最新活动、优秀作品赏析等。在疫情期间,利用线上影视教育资源,博韵电视台课程也实现了"停课不停学",每周安排线上课,从线下到线上,让课程实施不再受到时间和空间的限制,让学习渗入学生的日常生活。

4. 由教学到科研

随着博韵电视台课程实施的不断深入,实施过程中逐渐形成的经验需要及时的总结,课程的实施不应停留于课程的开发和教学实施,更应注重理论和实践经验的总结。2018年,基于博韵电视台校课程的实施,该校申请了区级课题"基于校园电视台建设渗透美育的社团校课程的开发与实践"并成功立项。此课题研究立足家乡,发现奉贤之美,指导学生小课题的研究;注重美育渗透为基础,在小课题研究中激发学生"五育并举",创作表现奉贤之美的专题片。以科研促课程实施,大大提高了学生的学习效率,让课程的实施有了新突破。

六、案例反思

博韵电视台在成为区级校本特色课程的过程中,充分利用学校资源,结合学校"博雅"课程理念,发挥教师的课程引导力;激发学生的审美力、实践力和创造力,形成了教师引导、学生主体的教学模式。基于课程的实施现状,为了让课程的发展更上一个台阶,将在以下方面进行思考和实践:

1. 校课程新教材的编撰

随着新技术的不断引入、自媒体时代的到来,急需对课程的内容、学习目标、实施方案等作出调整,校课程教材也在最初的《博韵电视台——影视教学基础》的基础上进行重新整合,分成了基础部分的:摄像基础、拍摄技巧、校园新闻、分镜头稿本撰写、会声会影实践等部分,随着课题的研究,该校正在将课程内容与小课题相结合,进行新的校课程教材的编撰。

2. 完善学生作品展示平台

博韵电视台课程实施至今,创作的各类学生作品近 40 多部,作品包括校园专题片、人物专题片、访谈作品、微电影等。除了将学生作品在校内大屏幕和各类学校活动进行展示以外,该校还在学校视频点播平台 http://10.159.128.227/kesumssr/,开设了博韵电视台栏目,将作品上传到平台,实现校内外点播观看功能,大大拓宽了作品展示的平台。

3. 组建课程实施教师团队

要保持博韵电视台的成长与发展,急需一支对课程建设有热情、有思想的教师队伍,选择校内对影视教育有兴趣的青年教师加入到课程的实施中,必定能减轻单一教师的工作负担,在满足学生个性化学习的需求的同时,提高课程教学的效率,让课程实施充满活力。

经过 7 年的探索,博韵电视台课程的开发和实施紧紧围绕学校的"博雅"课程理念,成为区级特色课程的同时促进了学校特色的形成。教师在课程实施中提高了课程开发和实践的能力,促进了专业发展。博韵电视台以培养学生自主探究能力为宗旨,在课程实施过程中,让学生的个性得到发展。博韵电视台课程的开发和实施,融入了 STEM 教育理念,发挥"做中学"的特点;在教学与科研相促进的基础上,立足家乡,发现奉贤之美的小课题研究,让博韵电视台校课程更具特色。

三、 研究氛围的形成

以研促教、提质增效是教育教学工作的得力抓手,同样这也是综合实践活动提升质效的一个重要手段。为提升活动的学术价值、提高活动的品位,也为了形成精品化的特色活动,需要就活动的研究氛围进行深入探讨。每个课程的本土化开发都需要众多参与者的合力,每一个课程的执行者在该课程中的生态可能是不一样的。

或许不同的区域有着不同区域的一些特色,当学校把它作为跨学科课程的资源去营建的时候,又不一定能找到合适的资源,如"盐文化失去了研究氛围,这对于课程学习造成了一定困难——既无法进行实地考察,又缺乏相关古法制盐的经验。仅能从《柘林志》中搜寻到一些简短的文字资料以及网络查找到制盐方法的大致内容",这对于课程的研究来说,确实存在着很大的挑战,但即使是我们日常熟悉的素材,也同样会有较大的挑战,如"小课桌管理"项目组,其成员包含了校长等一批不同学科的老师,便"在项目实施撰写过程中,对项目的深层解读还不够深入,对教研员的指导意图理解不够彻底,虽然能够对课程编撰任务基本完成,但对后续发展稍感后劲不足",跨学科课程的研究中缺少了主心骨,呈现了人多但真正的研究氛围不能建立的挑战;还有的课程案例中老师感叹"课程作为一门快乐星期五课程,仅有授课教师一人负责该课程,缺少团队间的合作交流""成立至今,一直只有一位指导教师,承担了课程的开发和实施……负担较重",单人去营建一个课程可能并不是个例,单人做一个跨学科课程不是不可以,但形成多人参与的跨学科研究团队,对于一门跨学科课程的研究来说,其品质提升会更快。

STEM视野下的综合实践活动还在不断地演绎,结合乡土气息所进行的课程打造需要更多教师、群体的参与,但在教师们看来,当前的研究及研究氛围还是遇到了一些瓶颈。

问题一 课程研究参与者少(详见"案例14")

虽然STEM近几年来是全国教育界的一个热门词语,也引发了众多教师热衷于此,但从一线教育教学的情况来看,老师由于原有的工作压力较大,时空上也不允许其分身进行相关的研究,最多是利用课余时间,甚至双休日进行相关内容的充电,因此真正的参与者不多,从教师个人切身体会来说,研究过程还是比较辛苦的。

问题二　课程实践群体单薄(详见"案例15")

STEM 的综合性也期待参与者有着不同的兴趣爱好、不同的专业知识、不同的行业背景……每一位参与者带着自己的认知,在这个群体中基于相关主题进行头脑风暴,脑力的充分碰撞,期望课程会越做越好。但事实上,对于实践与研究团体,不同学校的重视程度不一,也造成了参与者的很多困惑。

问题三　课程参与者变化大

自 2014 年进入这个 STEM 课程研究后,区域的 STEM 研究者和参与者变化较大,部分项目本来发展较好,但由于一位老师的工作调整,使得学校的课程被耽搁了,后续的老师没有实力接手,也有的项目因为老师的身体原因不在原有的 STEM 项目上发展。要保持好一个好项目,就要有一个较为稳定的团队与稳定的研究氛围,这样才能使课程发展走得更远。

案 例 14

"种子萌发器"课程

自然科教版第三册教材中有"种子萌发"这一内容,结合学校的学四史,传扬四史精神,做附小"把接头"(奉贤话:勤劳的人)主题教育活动,组织学生开展 STEM 项目"种子萌发器"的研究。

种子萌发是被子植物生命周期的开始,种子的萌发有其自身条件也有环境条件。适宜的温度、一定的水分和充足新鲜的空气是种子萌发所必须的基本条件。现在的学生往往从电视、报刊或课本等途径了解植物生长和发育情况,但真正亲手实验或亲眼观察植物种子萌发的不多。学生对于制作种子萌发器的兴趣很是浓厚,也很乐意尝试,组织几个学生一起亲手设计实验并寻找种子萌发的条件,既培养了学生科学探索的兴趣,也让他们在探索中找到种子萌发需要哪些必要的外界条件,初步学会如何利用实验进行科学总结。制作"种子萌发器"可以激发分析、创造等学生的高阶思维,促进学生坚持不懈地对事物进行观察和记录,从而树立起耐心、细致的学习态度。

二、问题描述

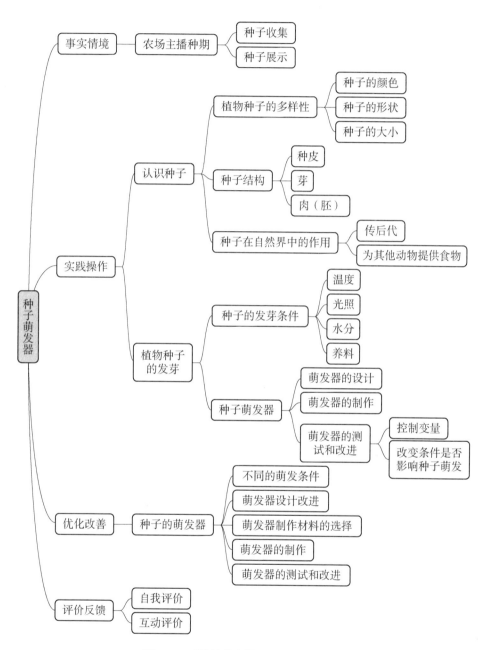

图 4-1 "种子萌发器"STEM 项目课程

"种子萌发器"课程,以原有的教材内容为出发点,积极引入项目化活动理念,运用 STEM 元素,以解决实际问题为抓手,在整个实施过程中培养学生的动手操作能力、团结协作能力,让学生成为课程实施的主体,学生能力得到了很大的提升,但在实施过程中也发现了一些问题,如实施课程的师资短缺、支持课程的资源不够、过程性资源保存缺失等问题,尤其是课程研究参与者少的问题。

　　课程是从学科教学中衍生出来的,因此在项目开展和实施过程中的资源比较匮乏,奉贤是鱼米之乡,周边有许多的大农户,虽然有着丰富的农业经验,但要将资源搬进课堂难度太大,而进行实地的考察更是困难重重,从而让课程在实施过程中有些效果达不到理想的状态。课程在实施过程中会有许多的过程性资料产生,这些文字、照片、视频等资料能完整地记录学生的学习研究过程,但在课程实施过程中一些数据和记录不能及时地保留,往往造成过程性资料的缺失,课程的实施方式进行的是教师走班,学生坐班,虽然教师认真地投入到了课程的实施中,但教师为课程的实施投入大量的时间和精力,面对学生的问题,课程的研发,教师常感到有心无力。

　　三、实施策略

　　在课程实施过程中,围绕校主题课程"穿越四史　争做把接头"的工作目标,挖掘教材资源,课内萌思,课外萌芽,营造课程建设发展的内容。

　　1. 顶层规划围绕校主题课程"穿越四史　争做把接头"的工作目标,从学校管理层对课程进行整体规划,进行课程内容的制定与设计,在课程实施过程中,学校创设合理的支架,结合日常教学,多学科课程设置,依托周五拓展课开设"种子萌发器"课程,保证上课时间和上课地点,努力体现 STEM 课程真实性、工程性、综合性的特点。

　　2. 团队建设课程实施虽然主体是学生,但教师也是必不可少的一部分,教师团队的建设是课程能顺利实施的基础。在确立了主题后,学校根据年级组特色和教师专业特色,合理安排各学科教师相互协同,围绕主题课程开设相应的课程教学,负责课程的具体操作与指导,基本确保了课程顺利有效的实施。

　　3. 课堂实践 STEM 课程的关键在于真实问题的解决,生活中的真实问题导入是学生进行学习的起点,学生从自然课堂中"一颗种子的萌发"的问题为基点,形成了多学科"情景导入—问题分析—工程设计—工程制作—成果展示"的课堂实践教学。在利用"晓黑板"信息化平台支持,利用线上线下平台随时教学,促进学生的新学习方式,满足学生的个性化学习需求,提升学生的各项能力。

4. 课程中所涉及的问题虽然只有一个,但涉及的学科却是多样的,因此在校领导的协调组织下,多学科融合,进行整合性设计。对于课程内容、课程目标、课时安排进行了合理的整合与调控,形成多学科的特色主题课程。

四、实行机制

在"五育并举"的大背景下,在课程实施过程中,努力寻求适应课程发展的目标,体现课程的真实性、工程性与综合性特点。

1. 多学科整合教学

在课程实施过程中,从自然学科教学内容衍生出来的"种子萌发器"课程,涵盖了多学科领域,如探究学科中植物的生长因素探究、数学学科中数据的收集与分析、美术学科对于萌发器的设计美化、语文学科中的文字描述等,学校将不同学科的内容整合,不同学科的教师组合成项目实施团队,开展主题课程实施团队。

2. 评价体系的完善

在课程实施过程中,学校运用"附小评价 APP"软件、课堂评价学习单、课堂教学评价单、家委会检查评价表等评价形式,对学生的学习过程性成果和教师的课程实施效果分别进行多维度的评价。

3. 信息化平台加持

课程在实施过程中需要更大的空间和时间的支持,利用信息化平台如"晓黑板"、微信、QQ 等,扩大师生交流空间,提高了师生互动的及时性,提升了学生的参与性与互动性。不同的平台也可以留存不同的资料,如"晓黑板"可以留存时间较长和内存较大的视频资料。

4. 教学设计层次化

"种子萌发器"是一个真实的问题,基于这一真实情景的工程性实践问题,学生需要了解种子的生长,认识萌发器基本结构,在此过程中,学生需要对种子萌发的意义、萌发器制作所需要的材料、结构、意义等做深入的研究,使"种子萌发器"课程的实施能真正为社会服务,为提升学生的能力而服务。

五、创新之处

现代的城市儿童对于农业生产的了解已经是"熟悉的陌生事物","种子萌发器"课程的建设,旨在通过真实的问题,关注学生的观察能力和创新能力的培养,关注学生现实情境下工程实践的设计与建设,是对植物生命开始的探索、对提升种子萌发率的社会价值的思考。

1. 项目贴近生活

"种子萌发器"从生活中的种子发芽实例出发，贴近学生的认知，又是在校主题背景下开始实施的，让学生在生活场景中进行一步步的实践与探索，充分利用校园资源和学生的生活资源，将课程融入生活，将生活植入课程。

2. 项目激发思维

从课堂中的一个问题到为了解决这一问题而产生和进行的一系列探索，学生从初显的简单思维到进行复杂工程设计的创新思维，学生在课程中不断进行着思维的碰撞，激发着思维的火花。

3. 项目提升能力

从最初的想让种子发芽，到让更多的种子发芽；从一个简单的简易装置，到能自动控制的萌发器；在课程的不断推进中，学生的观察能力、发现问题能力、记录分析能力、团队协作能力和创新设计能力等在不断地提升，真正向实现提升学生综合能力目标而努力。

六、案例反思

"种子萌发器"项目只是校本课程中的一个，学校对于校课程的发展非常重视，本项目是从基础课程中衍生出来的贴近学生实际的内容，学校在经过一段时间的实践后，希望将此项目做成课程，进一步提升课程研发能力，形成师生互导互动的新型教学模式。在今后的课程实施中，有以下几点思考与展望：

1. 共建家校合作基地

借助南北两校区各有的"一米菜园"资源，从单年级的课程努力向全校年级覆盖式开展，从学校的基地向学生生活中的"阳台养殖""花盆养殖"发展，利用家校资源，融合家校互动合作模式，让学生在更广阔的基地中进行探索与研究，形成校内校外的无缝课程模式。

2. 编写校本教材学本

合适的教学设计和活动内容是开展课程的基础，因此后续的课程内容设计、目标设定、课时安排等，将在校领导的支持下邀请区 STEM 课程组专家团队进行专业指导，真正做到精准把控、精准设定，对原有的项目内容进行全面的修改，撰写教师校本教材、学生实施学本以及与之相配套的活动设计和课程资源，形成有完整体系、可全方位实施的 STEM 课程。

3. 积累学生成果资料

课程的最终成功与否在于资料的积累是否全面完整。在项目的实施过程中,学生的很多过程性资料不能及时保留,在今后的课程实施过程中,将更关注积累学生的成果资料,利用信息化平台,如"晓黑板"、微信等建立资料上传保管库,从而确保学生过程性资料的完整保存,做好资料的积累与留存。

STEM 课程是一个系统的课程,"种子萌发器"作为一个项目,想将之发展成一个有系统体系的校课程,还需要更多的支持和努力。结合学校的主题化项目式实践,将"种子萌发器"项目作为一个支点、一个探索的敲门砖,以此来开启新课程的创设之门。

案 例 15

"小课桌管理"课程

"小课桌管理创课项目"开设至今已有四年时间。其在开展过程中被评为上海市教研室创客项目第一批试点校;"测量课桌"这堂课受到市教研员的积极评价。"小课桌课堂中创新思维的设计"在"上海市中小学创课程 2018 年项目总结研讨会"中获得市级交流;同时撰写的课程案例《以"梦想改造家"主题之测量课桌尺寸》出版发表于《创课程——上海市中小学跨领域实践创新课程的研究》;2018 年学校完成校本课程设计《梦想改造家》装修课程校级刊物的出版。

"创"课程是由上海市教委教研室自主开创的具有上海地域特色的中小学应用型创新实践课程,是中小学传统学科课程的有益补充。"创课程"围绕生活情境,以任务为单位,引领学生围绕真实问题需求,通过研究、设计、制作、体验等实践过程,培养学生利用跨学科知识解决实际问题的能力和团队协作能力。"创课程"具体内容可选用经教育行政部门核准的课程内容,亦可结合社会发展需求、学校资源和学生兴趣特点等,并根据本课程指导纲要的要求自行开发适合校本校情的 STEM 综合实践活动。该校自 2017 年初和上海市教委教研室签订创课程一期(梦想改造家项目)试点校,并由四团小学校长室进行统筹安排,对学校现有的课程资源进行框架罗列分析,规划校务资源、课程时间、师资人员等安排。发展校本课程,以项目式学习研究为主,结合各学科主要特色和相关元素进行 STEM 创新课程的实践与体验,在多方位多角度进行深入研究。"梦想改造家""小课桌的测量和管理"的实验成果得到了市教研室领导的高度好评。

2017 年起,学校在五年级开设"创课程——梦想改造家"项目化综合实践学习,利用"330 课程""快乐星期五"活动落实校本课程,以"小课桌管理和改造"课程作为引入点开展一系列以课桌为特色的课程,例如小课桌的摆放、小课桌的收纳功能、小课桌收纳盒的设计、智能小课桌、搭建小课桌模型。课程不仅与相关学科知识相联系,同时也与学生的学习生活息息相关,通过小课桌管理课程将学生的学习习惯紧密连接起来。

一、问题描述

小课桌管理综合实践活动积极响应市教委教研室的"梦想改造家之装修课程"实践推进,同时致力于主题的融合与创新,把与农村孩子接触比较远的高大上的家居装修课程,逐步转变为农村孩子每天接触的小课桌管理与改造主题,两者具有异曲同工之妙,同时其他装修课程项目保留为学校可持续发展项目,小课桌管理课程以项目驱动开展学生综合实践类课堂体验活动,在整体实施过程中学生的综合运用与问题解决能力得到了有效提升,培养了学生的工匠精神与团队协作能力,但是在实施过程中,还是发现了一些问题,如师资问题、课程管理、评价等问题,尤其是课程实践群体的单薄问题还是依然存在。

该校位于临港产业区辐射区域,毗邻上海浦东新区,周边项目资源丰富,但同时缺乏相对专业的技术、工具支持。"小课桌管理"项目不仅需要课程的设置和规划,而且需要实物材料、工具材料、工程技术支持,为顺利推进"创课程"项目,"小课桌管理"项目组团队由校长领衔,副校长统筹,但参与的教师来自各个学科,如自然学科、数学学科和探究学科、劳技学科等都有老师进入校本课程的建设。在项目实施撰写过程中,不同学科教师对项目的深层解读还不够深入,对前期来自专家的一些指导,团队感觉还不能有清晰的领悟,可能团队中的老师们还是站位于自己原有学科,没有对综合实践活动有更深的领悟。虽然课程编撰任务基本完成,但对后续发展稍感后劲不足。

二、实施策略

"创课程"提倡五种学习路径,即研究一个规律、设计一个方案、制作一个产品、体验一种规则、思辨一个问题。其中,无论哪种路径都是问题指向的,并通过"项目—任务—环节—活动"的实施链层层推进,将学习的整个过程,用"问题解决"串联起来,这是"创课程"的特色所在。

1. 加强装修课程的校本化落实进度

学校自 2017 年承担了我爱我家装修课程创客试点教学任务以来,积极拓展装修课程的校本化研发,在测量课桌的基础上,探索了收纳盒、铺设地板、墙面的粉刷等课程框架撰写,初步完成了第一稿雏形的设计。由于农村学校设施材料暂时缺乏和无法连续性跟进,学校决定结合农村小学的实际特点和学生的现实状况以及测量课桌模板课的案例研究,先开发微小课程课桌的管理和改造,既结合了学生的兴趣特点和现实特征,又解决了学校材料设施缺乏的情况。同时把课桌的管理和改造与市创客课程我爱我家梦想改造家有机地联系起来。虽然形式上有所变化,但课程内容和本质的特征没有发生变化。

2. 加强课程体系建设与学科融合

小课桌管理包括了小课桌的测量、小课桌的摆放、小课桌的收纳功能、小课桌收纳盒的设计、智能小课桌模型搭建五个单元的课程。它融合了数学、自然、劳技、信息、语文等多门学科的知识。加强课程教研能力建设是小课桌课程发展的重要支撑,为此学校成立了小课桌课程教研组,每周三都会进行研讨,促进小课桌课程能够得到有效的落实。

3. 加强课程保障体系建设,保证可持续发展

课程的建设必须得到设备、场地、材料资源的保障,否则一切都是空谈。学校在 2019 年新建了创新实验室为小课桌课程的顺利开展提供了场地支持。2018 年学校引进的木工材料,给予了课程材料资源,2019 年引进的比特实验室器材设备,给予了智能小课桌模型单元的材料和信息技术支持。2018 年自然教研组进行了市教研室小课桌测量试点教学,同时教学案例被收录到市教委相关书籍,给予小课桌课程成熟的教学资源。在各种硬性资源和软性资源的配合下,小课桌管理课程能很好地可持续发展。

4. 考核与激励机制

为了保证小课桌管理课程持续健康地发展,同时为了调动教师的教学兴趣,学校通过社团课时系数增加的形式,给予老师实质的奖励。对于优秀的成果或者案例编

撰,学校都计入年终奖金考核当中。对于小课桌课程学习优秀的学生,学校也会给予表彰,利用网络专栏,开展线上和线下学习成果展评。对于平时学习活动参与积极的学生给予社团之星称号。

三、实行机制

1. 课程内容安排

小课桌管理包括了小课桌的测量、小课桌的摆放、小课桌的收纳功能、小课桌收纳盒的设计、智能小课桌模型搭建五个单元的课程。它融合了数学、自然、劳技、信息、语文等多门学科的知识。

2. 课程实施时间安排

三年级组,侧重利用探究课和兴趣课的时间,每周安排 1~2 课时社团活动;四、五年级组,每月安排 2~4 课时,主要集中在劳技课、探究课和兴趣课上,侧重开展设计、制作、小课题研究等。

3. 课程的管理和实施

小课桌课程建立以校长为组长的课程实施小组,负责统筹整个课程。教导处负责人为课程实施小组副组长,负责协调各学科知识点融合和学科老师之间的配合。科技辅导员为副组长,负责材料的调配、课程框架的设置和课程内容的重组和协调。探究老师、劳技老师、信息老师和自然老师作为组员,负责相关对应单元课时内容的撰写。

4. 课程的教材的编撰

课程教材的编写,初步由相关科目老师设计相关的教案和学生活动。一个学期实施下来,进行教案的整合与调整,再结合学生的学情和学习成果进行反复修订,最终形成小课桌管理校本教材。

5. 课程成果的生成和评价

小课桌课程关键着眼于学生动手能力和创造能力的发展,关注学生创新思维和综合素养的提高。学习成果和评价集中在两个方面,第一个方面是学习过程中团队合作专注的程度,小组团队合作能力的展现,主要集中在创作、推销和展示作品的能力;第二个方面是项目产品的生成和介绍,小课桌管理项目产品的生成主要包括问题解决的目标是否达成,小作品或者小创造是否呈现以及其完美程度,课程结束时根据考量标准进行打分,并给予优秀者成长币和奖状的奖励。

四、创新之处

本课程活动是从学生的真实生活和发展需要出发,从"装修项目设计"大主题下的生活情境中发现问题,转化为学生校园活动小主题,"小课桌的管理"是以项目驱动形式,通过探究、服务、制作、体验等方式,培养学生综合素质的跨学科实践性课程。具体内容以项目组开发为主,在一至五年级逐步推开相关活动课程。该课程具有以下特点:

1. 课程理念的创新

自 2017 年参加市教研员的家居装修课程的试点教学以来,学校计划落实以装修课程为抓点提高学生动手创新能力,先后设置课桌的测量、收纳盒合理使用、合理铺设地板、合理铺设电线、粉刷墙面等一系列装修课程。但由于设施材料的暂时缺位,以及农村学生的学情分析,把大切口的课程转变成目前小切口的课程——小课桌的管理。虽然切口变小了,但与学生实际联系得更紧密了,其育人价值和教学目标与装修课程保持了一致。

2. 课程架构创新

以市创客装修课程为起点,开展小课桌测量到小课桌的摆放等课程,体现不同的教学模式。课桌的摆放,转变了学生学习模式。研讨小课桌的收纳功能,让学生形成良好的学习习惯和高效的学习方法。小课桌收纳盒的设计和制作,体现 STEM 教学模式的渗透和落实。智能小课桌模型的设计,很好地将小课桌项目与比特实验室电子信息技术相融合。整个课程内容架构,逐步推进,与时俱进。

3. 教学模式创新

小课桌管理课程,引入了 PBL 教学模式,以问题的解决为主要任务。整个活动分为情境导入、任务布置、分析任务、角色分工、展示成果、开展教学活动等阶段,通过教学模式和教案设计的创新提高学生综合素质和创新能力。

五、案例反思

依托上海市教委教研室"创课程"项目,撰写的课程案例《以"梦想改造家"主题之测量课桌尺寸》出版发表于《创课程——上海市中小学跨领域实践创新课程的研究》,对此,学校领导高度重视,在项目运行的过程中,对学校现有的课程资源进行框架搭建,规划好校务资源、课程时间、师资人员等安排,并有效地使本校的特色显现并迈上正轨。学校在完成基础教育建设的基础上,致力于学科的融合与创新。

1. 促进学生动手能力的发展

小课桌管理项目充分调动学生动手能力的发展。第一单元测量小课桌,需要学生动手测量,汇总数据。第二单元摆放小课桌需要学生计算空间大小,排放小课桌的位置。第三单元巧用小课桌收纳功能,需要学生对小课桌的收纳空间进行改造,整合利用和扩大小课桌的收纳储藏空间。第四单元设计小课桌收纳盒,需要学生利用废弃材料动手设计和制作收纳盒。第五单元搭建智能小课桌模型,利用比特实验室材料和电子元件搭配智能小课桌模型。这五个单元都充分融入学生的实践操作,提高了学生动手实践的能力。

2. 促进学生问题解决的发展

小课桌管理项目,以学校真实的课桌作为课程对象,学生平时上课接触时间最长的物品就是课桌,学生对于课桌的熟悉程度很强,怎么样使课桌更加有利于学生的学习活动,优化学生的学习效率和学习习惯是摆放在师生面前真实情境下的真实问题,教师有责任和义务进行本课程的教学,学生也非常有兴趣改造自己的学习载体和工具。

3. 促进学生创新思维的发展

学生的思维是在不断地实践过程中变化发展的,设计小课桌课程本质上就是提高学生创新思维品质的发展。创新是一个民族进步的灵魂,对于学生来说,创新思维的培养必定是在创新课堂中锻炼和塑造的。以第一单元的测量小课桌为例,测量小课桌不仅仅是为了测量而测量,而是在测量的过程中插入一些创造性的活动,让学生通过解决一些真实的问题,提高学生创新能力的培养。

4. 引导学生主动项目式学习探究能力

学生对于项目化学习是比较陌生的,通过小课桌课程学习,让学生把项目化学习变成每天接触最多的学习对象。学生的学习热情会得到提高,主动项目化学习的探究兴趣也会加强。项目化学习是实实在在的课程学习,不是简简单单的束之高阁、理论性的学习。

5. 对良好学习习惯的有效培养和渗透衍生

小课桌的管理是鼓励学生对自己的课桌进行创造性的改造和实现收纳功能的增大,这必然会带来学生整理、分类、创造能力的提高,同时优化了学生上课学习的效率,增强了学生以轻松、舒适的学习状态迎接学习挑战的信心。

6. 促进学生综合素质的培养

小课桌的管理课程,是一门综合实践活动,它涉及数学、自然、电子信息、劳技、语文等各科知识。学生们在小课桌项目化学习中提高自己的综合素养,在小课桌项目化学习中知道了角色担当,在小课桌项目化学习中体验了合作共赢。小课桌的整个学习课程必然会提高学生综合素质和创新能力。

第三节　教师行动的落实

一、 活动意图的理解

本土化的综合实践活动自有其独到的魅力,都有其活动的指向,作为综合实践活动的实施一定是指向学生核心素养的培养的,都应承载着基本的一些技能。反思综合实践活动,教师应对活动的意图有一个审视的过程,应立足课标,厘清意图,纠正偏差,透过现象直抵本质。

在不同的案例中写道"教师不具备系统性整合课程的能力""木雕传承人……不是教师身份,缺乏课堂教学能力和课程钻研能力",明显担任跨学科课程的老师可能只是做这件事而已,而没有跨学科教师所应有的课程观念;"通常以教师说、学生做为多"、"对于 STEM 教育的理解也就较为片面"从这些表现上,也可以发现教师们由于对跨学科课程所应具备的"综合素养培育"指向缺失而呈现的一些现象;"在教学中却忽略了素养培养,还都是以知识教学为核心""每周活动一次……下一次活动再复习,难免影响到学生的学习兴趣",从这些表现中也可以发现我们参与跨学科教学的老师仍然把它仅仅当作知识学习的又一途径而经营,显然这些案例中所表现出的行为也集中反映了一些问题。

自 2014 年来,不同的学科老师与我们一起进入到了这个领域的研究,他们带着原有的不同学科认知来研究 STEM,在这个过程中,他们发现 STEM 课程意图不同,这给他们带来了困惑。不难发现,我们的老师们在实施相关的 STEM 课程时,是非常努力的,但同时在课程实施的过程中就课程意图也表现出了明显的不一致。

问题一　核心素养追求的弱化（详见"案例17"）

STEM视野下的综合实践活动与传统课程相比，更期待着学生整体素养的提高，活动只是一个载体、一个平台，在这个平台上充分挖掘学生的潜力，并激发学生的学习兴趣。真实的问题情景需要运用多学科的认知去综合解决问题，不同的学科实践者的认知是不一样的，也是造成问题的原因之一。

问题二　课程目标理解的差异（详见"案例18"）

每个课程都有课程目标，且一般通过规划课程方案，有着明确的文字说明，但想把这些文字变为课程实施行为，教师的思想意识上要清晰目标，并把目标分解在课程教学的过程中，然而这样的要求对于教师或课程执行者来说，可能存在难度。

问题三　课程观念认知的不同（详见"案例16"）

课程都需经历脱胎换骨的变化，这对于课程教师来说，是一件非常痛苦的事，因为STEM视野下的综合实践活动本身就是一个基于问题解决、基于学生操作与实践的课程，并不是仅仅学习知识，而是需要学生去学知识的同时，更注重知识的运用，且是不同学科知识的综合运用的课程。然而传统学科教学带给教师的观念还停留在知识学习的层面，所以也造成了很多的困惑。

案　例　16

基于"小制作"的跨学科项目化学习

为培养学生的科学思维能力，该校在物理小制作拓展课基础上尝试开发实施STEM综合实践活动，开展基于"小制作"的跨学科项目化学习。课程从学生生活的真实情景出发，通过"提出问题；建立联系；多元表达"的方式帮助学生不仅能够"知晓什么"，还解决在现实的问题情境中"能做什么"的问题，从而提升学生的科学思维能力。

面对学生普遍存在的就算会做题，也不愿或者不善于运用物理知识和原理解决实际问题这一窘境，该校尝试运用项目化学习方式，从拓展课到学科微项目化学习，让师生一起经历不一样的教育学，创新解决问题的方式，进一步激发学生学习的兴趣，提高运用知识解决实际问题的能力和意识。

一、问题描述

STEM 跨学科项目是在物理小制作拓展课的基础上，融入 STEM 项目化学习因素，经历一段时间的实践，该校有了自己的教研团队，形成了丰富的案例，成效显著，学生利用知识解决问题的能力和意识日益加强，教师的专业日益发展，学校的特色日趋彰显。但是在实施过程中，还是发现了一些问题，如师资问题、课程管理、评价等问题，尤其是课程观念认知不同的问题。

校 STEM 拓展课是由学校教师为主体进行课程内容的自主开发或引用当前为数不多的项目，为了更适合师生的实际情况，教师积极探索适合的项目内容，但迫于教学任务，很多老师都没有精力完成额外的课程开发以及管理，课程建设一直进展缓慢。课堂管理是以参与度的提升和保证课堂秩序为基础的，在基于项目的 STEM 学习中的课堂管理实际上包含两个突出的问题，第一个问题是如何设计基于项目的学习活动，从而把学生的学习和积极行为的表现最大化；第二个问题涉及学生分工活动时的课堂管理。教师希望学生的注意力集中于任务，谈话的内容局限于计划、探究问题解决和沟通结果，学生以小组形式学习也能进行自我学习，学生能遵守课堂程序和常规模式，当教师和学生都对合作性学习环境的动力感到舒适自然时，项目实施的效果会更好。而目前情况是教师精心设计的项目内容未能有效促进学生的学习，学生的动力和参与效果不佳。

二、实施策略

一直以来在校"多元文化、润育潜质、卓越发展"的办学理念引领下，以 STEM 项目为载体，利用已有师资条件，为学生注入成长活力，落实学生跨学科素养发展，效果明显。

STEM 项目化学习的应用探索（如图 4-2）聚焦课程，主张"团队"推进；聚焦"有效"，解决现实问题；聚焦"发展"，持续改进。从实施策略来讲有以下建议。

1. 触动意识，让教师乐于接受

推进项目化学习的初期，教师们肯定有困惑、疑虑，用课例对比、案例解读以及成效证明这些事实，打破教师的"接受"障碍。

2. 行为跟进，让教师加深理解

从学科教学中教师的已有经验出发，运用头脑风暴，梳理影响学生利用知识解决实际问题的能力和意识的因素；课程实施过程中按照为什么教、教什么、怎么教、如何

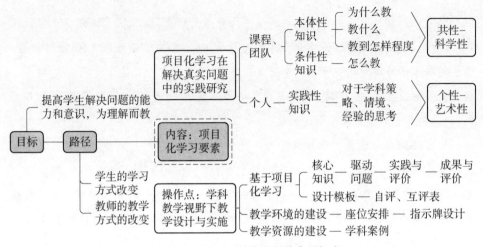

图 4-2　STEM 项目化学习的应用探索

评价四个方面和环节进行分层推进;首先单学科推进项目化学习主题、对策与建议,提升学生解决实际问题的能力和意识,再考虑不同学科项目化学习推进的不同策略。

3. 持续推动,让教师形成习惯

教师的行为有时存在着"钟摆"现象,为了避免教师的实践探索成为"一次偶然事件",需要提供持续的关注和推动,促进其变成一种行为习惯,成为一个过程性事件。

三、实行机制

中共中央国务院印发《关于深化教育教学改革全面提高义务教育质量的意见》,文件中强调,要强化课堂主阵地作用,切实提高课堂教学质量,优化教学方式,重视情境教学,探索基于学科的课程综合化教学,开展研究型、项目化合作式学习。《教育部关于加强初中学业水平考试命题工作的意见》中提出,试题命制既要注重考查基础知识、基本技能,还要注重考察思维过程、创新意识和分析问题、解决问题的能力。同时,学习态度量表测试结果显示,该校学生在学习兴趣以及解决复杂问题的自信心方面,确实存在很大的提升空间,开展了项目化学习在物理学科中的应用探索,通过强化课堂主战场的功能,实现教育学的改变。

实行模式为五步走(如图 4-3),第一步,学校教学管理会议调研,发现困难。第二步,教研组内商讨解决策略。第三步,组内老师认领课题进行备课。第四步,课堂实施教学。第五步,迁移辐射。

图 4 - 3　五步走

图 4 - 4　五环节

　　具体课堂实施时可采用五环节(如图 4 - 4),①分组分工,教师按照组间同质组内异质,四至五人一组,男女生间隔而座,整体布局为 U 型,学生完成组名的设计和职责的分配。②设计指示牌、评价量表,教师组织学生讨论商定指示牌样式和评价量表的内容,学生完成指示牌的设计和制作,明确评价的内容。③小组长特训,教师针对讨论的聚焦性和调动组员积极性、展示的艺术性进行特训,明确避免学生讨论的表面热闹、个人游离在外、个人独演等情况的发生。④微项目化学习的开展,分成入项—设计方案—实施方案—展示、交流—评价环节,教师设计驱动性问题,根据提示牌给予小组及时合理的指导,促使小组顺利完成项目。学生明确任务,进行讨论,制定和实施方案,注意指示牌的合理运用,根据评价量表的导向功能,合理管理自己的学习。⑤应用与迁移,教师创设新情境,举办科创节或参加竞赛,学生在新的情境中解决新的问题。

四、创新之处

提升解题能力,最有效的方法可能是让学生多做题,然后梳理归类,提炼方法,变式训练。而STEM项目化学习针对解决的是以下问题:学生即使会做题,也不一定能解决生活中的实际问题,或解释生活中相关的现象。

1. 学习方式的转变

生活中的真实问题,不是考试,因此学生没有动力去推理分析,自信心也不足。分析学生不愿说、不敢说、不知从何说起背后的原因,我们不难发现,是平时教学过程的学习方式单一、教学组织形式单一造成的。我们师生都需要改变。STEM项目式学习是一种动态的学习方法,通常是在一个学习小组中进行,学生们在这个小组中有各自的角色,在真实情境下通过对话引导,明白他们已经知道的以及他们需要知道的,去哪里以及如何获得新的有助于解决问题的信息,让学生不仅运用目光,而且运用思维"抓住"生活现象,通过多种表达方式让他们的思维可视化,最后解决问题。为此我们开展了STEM项目化学习的应用探索,通过强化课堂主战场的功能,实现教育学的改变。

2. 学习时空的拓展

上海将创新能力的培养直接提早到中小学阶段,从政策层面让"开启科技创新的探索之路"铺设到人才培养的前期。"全能脑力王"通过电视大赛的形式,强化学生动手、动脑等参与学习的过程以及让学生获得将知识进行情境化应用的能力。为了进一步延伸课堂教学的有效性,学校创设条件挑选合适的学生参加市级"全能脑力王比赛",经历现场制作和海报演讲环节,丰富学生的学习方式和拓展学习时空。学生的参赛图片(如图4-5)所示。通过现场的比赛表现可以直观地感受学生对物理概念和规律的理解和运用越来越得心应手,解决问题的能力得到了很大的提升,小组间的合作越发默契,每个同学的能力都得到了不同程度的发展。

3. 学习评价的优化

STEM项目学习的起始阶段,学生经常会因为分数低丧失信心,因此,教师首先要在开始时就设置一个讨论的平台,讨论评价量规怎样使用,确保学生明确评价量规的设计是用来帮助学生识别出自己需要进一步提高的方面,而不是用来评价学生学习的成败。如小组成员互评表,课后完成自评和互评,评价主要聚焦考查学生以下几个方面:最终成果是否回答了驱动性问题? 在最终成果中是否产生了对概念的深度

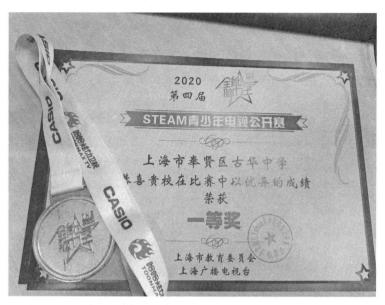

图 4 - 5　学生的参赛图

理解和掌握了相关知识技能？学习实践的质量如何？在过程性的成果中是否证明了
相应的学习实践的产生？在类似的情境中是否产生了迁移？

五、案例反思

　　"梦想家园"跨学科项目入选"实验校"发展之列,在新的发展时期,学校智慧融合增活力，"五育并举"促成长，在今后的研发和实施中，将从以下几个方面进行思考和实践。

1. 撰写教师指导手册

根据课程标准以及学情来进行选择项目内容，要来源于生活，能够让学生从身边的器材进行体验活动，关注学生的参与意愿以及完成项目的可能性；由于现实条件下，学生课时紧张且学习任务重，开展项目学习需要占用额外的课时，可以考虑增加学科拓展课或探究课时；学生差异度大，合作学习以及探究性学习对学生的要求较高，部分同学需要教师的额外指导才能完成项目任务。因此，需要通过撰写教师指导手册来促进师资队伍的进一步壮大。

2. 研发课堂评价量规

课堂评价贯穿课堂教学始终，既是促进学生学习的重要教学手段，又是诊断、调控、引导课堂教学的重要工具。课堂评价中常出现有评无效，评价不具针对性；有评不判，评价不具诊断性；有评无价，评价不具指导性；有评无人，评价不具促进性。课堂层面良好的教学实践很大程度上取决于课堂层面的评价实践。

3. 实践课堂管理策略

创新是目的，实践是手段，在思维中留"缺口"、应用中安"接口"、拓展中开"窗口"，通过有效的课堂管理让学生注意力集中于任务，谈话的内容局限于计划、探究问题解决和沟通结果，学生以小组形式学习也能进行自我学习，学生能遵守课堂程序和常规模式，激发其创造性，让学生以有意义的方式展示他们所学的内容，并在学习能力方面得到提升。

面对学生普遍存在不愿或者不善于运用知识和原理解决实际问题这一窘境，尝试运用 STEM 项目化学习方式，让师生一起经历不一样的教与学，小步尝试，稳妥为上，走出去引进来，学校特色将日趋彰显，学校课程将日趋完善，学校师生成果将日趋丰厚。

案 例 17

"法布尔生态实验室"课程

该校有一个创新实验室——法布尔生态实验室，该实验室由原来校内的三片小树林发展而来。2015年8月,在课程即发展的思路引领下,学校开始了课程的研讨和开发,2015年12月,主题为"给科学的梦想插上绿色的翅膀"的区级自然学科展示活动开展,"让孩子萌生科学的梦想"的法布尔课程的理念就此提出,让学生走进自然、热爱自然,在实践探索中学习,提升科学素养。这样的设想,是基于育人目标的要求、学校发展的诉求和学生成长的需求。2017年,学校被区教育学院认定为区STEM活动开展基地学校。

围绕"法布尔生态实验室"这一校本课程资源,学校设计开发了丰富学生体验的综合活动课程,历时三年。"法布尔的水处理"隶属于"法布尔综合实践活动"子课程"法布尔的发现",是其中的一个STEM主题活动。"法布尔水处理"是基于学校法布尔生态实验室中的实际问题开发的实践课程,也是自然学科中"水的净化"内容的拓展。学校的"法布尔生态实验室",成立于2013年,经过两次改建和升级,现在拥有8个活动区域,成为区域内具有一定影响力的校本课程资源和综合实践活动基地。实验室建设的前期,该校经过调研发现,随着小城镇的发展,农村学生正在失去亲近大自然的机会,学生对自然的认知基本停留在书本表面,同时他们缺少大量成长中必需的体验。

"法布尔的水处理"活动内容主要引导学生就法布尔河道中的环境问题开展自主探究,思考和设计解决问题的方案,并付诸行动。在活动方案设计中,课程教师意识到,综合考虑这个课程的探究任务——"水处理",可以开发一个有趣的基于法布尔实验室真实情境的STEM活动。从发现问题、分析问题,到思考解决的方案,然后进行动手实践,最后进行改进和完善,"法布尔的水处理"综合活动就有了比较清晰的活动脉络。

通过梳理,该校呈现了法布尔课程的框架结构并认为,法布尔的自然资源、活动场所、课程建设是有机结合的。自然资源是法布尔的核心价值所在,活动场所是对自然资源的规划和分配,而课程是对自然资源的开发和利用。所有开展的课程都是建立在自然资源和活动场所之上的,这使得课程的开发是有根基的、有依托的,这也让学习成为一种有源的学习。

本案例通过阐述活动开展的历程以及活动的成效与思考,为我区中小学开展校园综合实践活动提供借鉴。

一、问题描述

"法布尔的水处理"课程从活动方案到STEM课程的演变中,遇到了一系列问题,但这些问题也成为了课程发展的阶段标识。当回过头来剖析课程发展之路时,发现正是这些问题像信号灯一样指引我们前行,如课程价值的挖掘、课程的有效设计、课程的活动连贯、课程的评价等问题,尤其是教师课程核心素养追求弱化的问题。

STEM活动往往缘起于一个有价值的问题。但一开始,课程老师一直在考虑的是:我们做什么呢?我们要不要买一些所谓的STEM活动成套器材呢?网上搜索到的STEM活动方案是不是适用于我们的孩子呢?直到课程老师把目光真正放到孩子身上,倾听他们的想法的时候,一些基于真实情境的有趣问题就浮现了出来,并慢慢形成可以让学生进行尝试解决的方案,最终形成有价值的活动。活动设计是课程教师的难点。学生的有趣问题如何转化为一个具有挑战性的STEM问题,然后又如何把核心问题解析为多个基于问题解决的支架性问题,这对课程教师提出了很高的要求。首先应该是对STEM理念的理解,其次是对STEM活动流程的熟悉,还有就是对学生探究能力的认知。前期活动实施中,教师的专业能力受到了一定挑战。STEM活动中,学生思维活跃,有的问题往往让教师猝不及防;一些生成性的问题也成为课堂中引导的难点。所以,STEM活动开展对课程教师的要求是比较高的,需要教师有对课程相关知识的储备,并且能在课堂中根据实际探究进程进行灵活地应对、巧妙地引导、专业地指导。在国外,开设项目化课程的往往是专业型人才,学校在小学阶段开设STEM课程,在课程教师的选派方面遇到了真正的难题。

二、实施策略

1. 基于学生真实问题淘选活动内容

"法布尔生态实验室"丰富资源,捡拾而起的就是学生感兴趣的问题。当课程老师认识到这些看似幼稚的问题里,就蕴含着STEM活动开展的核心问题时,就开始了问题的收集和梳理。学生由实际观察和实践而产生的问题,是贴近学生认知的,也是大部分学生所感兴趣的。半年的时间,收集了近百个问题,并整理成册。这些问题成为了STEM活动开发的资源,并且随着学生活动的深入不断被丰富。"法布尔的水处理"就是源于学生对于法布尔的浮萍泛滥问题的担忧而形成的探究课程。基于"法布尔的发现"所收集的大量学生问题成为STEM活动开发的宝库。

2. 围绕STEM项目核心要素开展活动设计

课程教师要对STEM项目的核心要素有清晰的认识。在有了可操作性强的真实问题后,课程教师就要把其升格为一个具有挑战性的问题,引导学生持续探究:学生要分析问题、剖析问题,寻找解决的思路,自主设计方案并实践,最终获得核心知识、技能和成功素养。在这过程中,学生有发言权和选择权,有修改和完善的机会,有作品展示和分享交流的环节,也有自我评价和互评的要求。

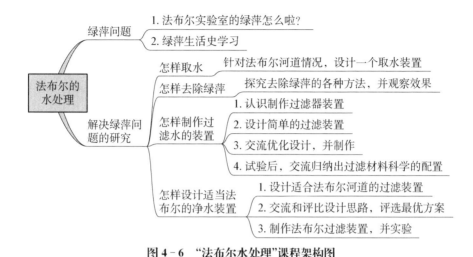

图 4-6 "法布尔水处理"课程架构图

由上图,可以看到课程教师的活动支架设计以及 STEM 活动的清晰脉络。

3. 创设多元修炼平台提升教师素养

专业的课程教师是多数学校开设 STEM 课程的短板,这个问题甚至成为了难以逾越的鸿沟。但本校基于"法布尔课程"的 STEM 项目开展得比较活跃,那么秘诀是什么呢? 答案就是——给予教师多元修炼的平台。

学校每学期邀请专家来校讲座,组织教师外出观摩。课程教师从接触理念到接受理念到融汇理念,在课程领域形成价值认同,即教师创设课程,课程成就教师。外界的课程发展情况,极大地丰富了教师的课程视野,使其开始思考属于自身的课程发展定位,形成主动发展的意识。学校课程的多轮演变,让一批教师紧跟课程发展,成为了课程变革的受益者,也成为了主动发展的学习者。

学校法布尔工作室则给教师创设了课程设计的平台。工作室会对教师的教学行为进行指导和监测,对于问题设计和活动设计会在前期组织针对性研讨,而对于课程推进中的问题也能通过课堂反馈进行优化指导。在这过程中,教师的自主钻研和工作室加持使得教师的学科素养不断提升,逐步形成专业自信,对充满教学"风险"的

STEM课堂驾驭有道。

学校为课程教师提供展示平台,促进教师专业发展。在学校的课程变革的每个阶段都会开展区级或以上的展示活动。这是对课程的检阅,也有助于课程教师实现专业梦想。区STEM课程培训的展示、区级层面的探究案例评选、澳洲校长团的来访、希望工程全国教师培训班来校观摩,"法布尔的水处理"课程都进行了全面展示。"法布尔的水处理"的课程设计者在2018年成为了奉贤区的"名教师",成为区特色课程教师。

4. 设计指向解决问题的实践体验和能力表现的评价

STEM活动就是基于真实问题的解决方案的实践。所以该校在评价设计方面的策略就是围绕问题解决,看学生实践体验和能力表现,以此制定三个阶梯的评价量规。

"法布尔的水处理"中,对于学生水处理装置的评价,就是设计方案在实验室改造工程是否中标。"中标"有三个等级,合格的作品、入围的作品和中标的作品。这个结果就包含了对学生多种能力及表现的评价,评价的指标都指向了问题的解决。

作品等级	合格作品	入围作品	中标作品
评价标准	完成了设计,设计具有过滤器的特征	完成了设计,设计针对法布尔水道的特点和问题而开展	完成了设计,设计解决了法布尔水道的问题,设计获得了评价部门的认同

三、实行机制

始于2015年的"法布尔课程"在学生小课题研究和长周期探究方面,积累了丰富的经验。基于身边问题的研究一直是近两年在课程中所倡导的。2017年接触STEM理念后,课程团队认为这是优化学校探究课程,改变教与学传统模式,提升课程品质化的一个契机。所以,为了保证STEM活动的开发和推进,学校实施了以下的课程运行机制:

1. 队伍建设机制

教师是课程设计和推进的关键。学校在校本课程推进的过程中,对于教师的课程领导力一直非常重视。学校先后有5位教师参加了区级的STEM项目培训,近阶段又安排了两位教师参加了 PBL 的培训。

学校以课程设计教师为主持人,成立法布尔工作室。工作室三个基本任务:①培养和锻炼"法布尔"项目化活动指导教师。②开发和设计校本特色的 STEM 项目。③成为学校 STEM 项目推进的引擎。近四年,在 STEM 项目的推进中,学校收获了一定数量的具有课程设计力的教师。

学校也会邀请区域 STEM 方面的专家,定期来校开展项目推进的阶段性研讨。以往的课程经验告诉我们,专家资源对课程品质有高位引领作用,因为专家在政策解读上的逻辑性、在信息研判上的前沿性,以及在课程方向上的前瞻性,可以让课程实践少走弯路,不仅节省人力物力,更是节省了摸索的时间,让学生尽早受益、更多获益。所以,把专家研讨列入课程推进计划,可以针对课程发展不同阶段出现的问题和困惑,挂不同的"专家门诊"。

2. 目标导向机制

以课程的逻辑认识和育人价值为目标导向,遴选法布尔 STEM 活动的内容。通过对原有课程的"法布尔"活动方案进行梳理,形成贴近 STEM 理念的活动方案集,在此基础上进行符合 STEM 理念的内容修改和完善,同时,继续收集学生感兴趣的问题并将其转化为学生活动方案,丰富课程内容。在这过程中,成功打造了"法布尔的水处理""鸟巢总动员""黄瓜藤架秘密""自动浇花器""昆虫 STEM"等十多个 STEM 小课程和项目。同时,工作室也围绕着 STEM 项目的核心要素开展项目研究:①如何对学校的活动课程进行 STEM 理念指引下的改造。②如何在活动项目中培育学生的创造性思维。③STEM 项目如何从活动项目向学科延伸。④如何在小学高年级开展跨学科研究小课题的尝试。

3. 实际运行机制

① 学校 STEM 项目利用每周快乐星期五时间开展。

② 学校开放法布尔生态实验室作为法布尔 STEM 活动的开展区域。

③ 学校行政对活动开展情况进行检测,有教案检查、学案检查以及过程巡视。

④ 学校对 STEM 项目的活动成果有定期展示的要求。

⑤ 学校给予学生自主选择课程的权利。

4. 评价考核机制

学校对课程有整套的评价考核机制。评价面向学生、面向教师、面向课程。

评价与考核成为学校课程发展的导向。学生层面,评价关注学生参与度、协作精神和创新思维;教师层面,评价立足教师专业素养、课程价值认同;课程层面,评价关注学生实践体验和能力培养的达成。

学校对课程的考核一学期一次,不合格的课程教师会进行转岗。考核结果在学期末绩效中体现。

四、创新之处

1. 做带有"泥土味"的课程

农村远郊的孩子也需要优质的课程,为他们的发展提供更多的可能,这是开发法布尔课程的初衷。但学校的经费投入有限,课程教师只能通过挖掘校本资源,做接地气的课程。所以学校的 STEM 课程没有高大上的器材,更没有相关技术公司的支持,而是发掘身边的问题,利用身边可用的器材,打造具有"泥土味"的综合活动课程,STEM 项目也在其中。"法布尔的水处理"以法布尔湿地中的浮萍泛滥问题为引子,引导学生利用身边的废旧物品制作取水器和过滤器,"黄瓜藤架的秘密""自动浇花器"等课程也是这样。课程教师通过精心的设计,用任务驱动,让课程变得有趣好玩,既贴近生活又启发学生思维,并能收获成功体验。

2. 做"人人可玩"的课程

2019 年,学校成为了上海市"小主综"课程第二批试点校,法布尔课程作为学校"小蜜蜂综合活动课程"的支柱课程,覆盖面由兴趣组扩大到全校学生。STEM 课程在这一轮课程演变中,也进行了相应的调整。课程教师们进行了适合广泛开展的内容调整和任务设计,使 STEM 项目成为了"人人可玩"的课程。在法布尔一到五年级的综合活动课程中,都能找到 STEM 活动的影子,契合在活动的主题序列中,成为引发学生深层次探究和提升学生动手实践能力的载体。"法布尔水处理"课程被植入"法布尔综合活动课程"四年级第一学期"非常水密码"主题中,成为一个每位学生都要经历的探究任务。

3. 做"技术加持"的课程

学校综合活动课程的摩天轮评价线上平台,已经运行两年,基本实现了对学生综合实践能力的客观评价,在学期结束的时候,会形成一生一报告。学生的综合素养情况会在报告中呈现。可以看到,STEM 核心素养是评价量规中的重要指标。课程团队要求教师在设计活动环节时,强化问题引导,实施任务驱动,关注学生体验,训练学生表达,鼓励学生分享。线上评价的加持,可以让学生、教师和家长通过数据更直观地了解学生的核心素养发展情况。STEM课程的理念也会随着多方的参与,更加深入人心,引导学习的创新。

五、案例反思

通过"法布尔的水处理"的综合性实践活动,参与的学生经历了调查、设计、表达、交流、制作、测试和评价等丰富的学习过程,在锻炼探究能力和操作能力的同时,收获了知识和快乐,树立了生态环保的理念。当然,纵观整个活动也有值得思考的问题。

1. 如何让课程教师不畏困难

STEM项目是一种创新的学习方式,这会对传统的教学方式带来挑战。学校的部分教师在课程变革中因循守旧,甚至有畏难的情绪,觉得多一事不如少一事。虽然影响不了整体发展趋势,但不和谐的声音总还是有的。这就需要学校研究相应的策略,让教师以课程为荣,积极主动地参与到课程建设当中。

2. 如何让课程教师甘于寂寞

做课程是需要花费大量时间和精力的,这就需要课程教师耐得住寂寞。如STEM这样的课程,在研发的过程中,需要教师全身心投入研究,用"慢"工出细活的态度,才能呈现课程的精彩。学校要鼓励教师参与这样的项目,不仅要在绩效方面给予奖励,也要允许教师在研究过程中犯错。给教师一个轻松且不受世俗叨扰的环境,让他们潜心研究,这是今后要思索的。

3. 如何让家庭社会理解支持

STEM课程开展至今,其实有一个问题一直困扰着,那就是学生家长对于孩子参加活动的支持力度。在孩子学习方面最焦虑的其实是家长,于是就会有部分家长认为STEM课程分散了学生的学习精力,而要求学生主动放弃。该校发现STEM理念中定义的"玩"和家长口中的"玩"是有分歧的,前者是"体验式学习",而后者是"浪费时间精力"。2014年,国家提出了学生"核心素养"的概念,六年来,依然有部分家长顽固坚持分数论英雄。所以,在取得家庭和社会支持方面该校还有很长的路要走。

只有解决上述问题,才能把更多优秀的STEM活动方案融合转化为校本课程、进一步深入推进学校项目化活动的开展,让活动惠及所有学生,让学习真正发生。

案例 18

"笔架" STEM课程

该校是上海市书法实验学校,拥有自己的书法专用室及成立了书法社团。在STEM教育理念的引导下,学校针对书法活动中的使用品笔架进行课程开发,逐渐把"笔架"作为学校的STEM课程内容。

该校"笔架"特色课程开展自2015年开始开发,学校积极研究课程,组织学生在参与、体验中获得认知。在此过程中,不仅获得了结果性知识,还学习到了在项目问题解决过程中的过程性知识。在2017年11月,"笔架"课程设计方案入选上海市小学自然学科主题教研活动"立足校本特色 推进课程建设";2019年4月,校本课程"笔架"获区评选二等奖,并入选"校本特色 区域推进"。

一、问题描述

笔架STEM课程,以为毛笔找个"座"为活动主题出发,积极引入STEM课程的教育理念。在教育实践的过程中,学生的人文情怀、动手能力、团队合作能力得到了大幅的提升。但作为一门新课程,且以学生动手操作为主,在实施过程中,还是存在了许多不足之处,如缺乏了实施课程的师资、忽略了素养培养的条件、短缺了实施操作的资源等,尤其值得关注的是课程目标理解的差异问题。

STEM教育作为新型的教学方式和理念,教师在理解上有着不同的差异,所以在教学中的落实也就出现了歧义。现在受到传统应试教育的影响仍然较大,在教学方式和方法上也都是以灌输为主。因此,对于STEM教育的理解也就较为片面,即使有了正确的认识,在教学中的落实也较为单一,没有形成统一的形式。虽在课程实施过程中,有多名教师参与并组建了课程团队,但在实际操作时,老师们还是感觉力不从心,除去完成自身教学任务外,还需投入大量精力去参与实施创建本课程,加上一些客观原因,能坚持一如既往探究本课程的少之又少,因此经常对既定的目标一拖再拖,使之没有得到有效的落实。目前,"笔架"项目在课堂中的实施和开发学习的资源较为匮乏,从古至今也没有大量明确记载有关笔架的传记,师生们只能通过网络大致了解,再者通过古时文人书法作画的习性,来钻研不同时期笔架的意义和结构。因此对于授课老师而言,亦是在与学生共同感悟人文素养。

二、实施策略

在本课程的研发中,学校坚持以"崇德思能、砺金汇贤"的发展理念,在提升师生人文素养及动手操作方面,不断挖掘整合资源,努力改善教学配置,营造课程建设的良好氛围。

1. 构建支架

坚持从基础抓起,坚持以提升二十一世纪学生人文素养为目标,坚持学校"崇德思能、砺金汇贤"的发展理念,由上级整体规划,以低成本、低技术配置,进行跨学科整合,融合常规课堂学习模式,配合主题教学策略,有意识地突出 STEM 元素,进行生活关注、科学探究、知识运用、创意想象、协作学习和多元的表达。

2. 配备师资

本课程按照小学生的特点和学校现有的师资力量分为三个层次:基础课、探究课、拓展课,将分别重点培养学生动手实践的能力、设计应用的能力与发明创造的能力。同时以梯度推进的形式,搭建有效的结合点,融合日常教学。在充分征求和调节的情况下,安排曾参与区级 STEM 课程培训的老师为专任教师,负责科目的具体实施和推进,安排富有创新意识的青年教师为储备力量,以低年级为实施起始段,使课程能有序、阶梯式地发展。

3. 建设课程

鉴于新课程新理念,学校邀请了专家对"笔架"这一课程的目标制定、内容设计、课时安排做了方向性的指导;同时考虑 STEM 课程的全科性,邀请全学科老师参与,并结合学校书法特色课程、美术劳技基础课,融入笔架课程的活动建设中来。在体现科学人文素养时,尝试与学校市级课题项目化贴合,逐渐形成富有 STEM 特殊理念的课程内容。

4. 实施项目

课程层面的 STEM,既指科学、技术、工程、数学四门学科,也指跨学科课程。从跨学科角度来说,STEM 教育代表了课程组织方式的重大变革。因此打破原有传统的教学理念,满足学生个性化需求,以创造技能、STEM 素养、兴趣项目研究性学习为主线,进行系统化培养,实现内容系列化、规范化、多样化、多元化、主题化,体现切合学校实际、实效性强的教育品质。

三、实行机制

在笔架课程的研发和实施过程中，既要努力做到夯实基础，也要培养学生的创新精神，从而全面体现 STEM 教育的特点——综合性、开放性、动态性、回归性、实践性、多样性。

1. 传承人文内涵

本课程在文房四宝的人文情怀下，体现中国学生发展核心素养之文化基础，通过线上线下融合式教学，通过设计与操作的体验，发展学生对笔架艺术的学习兴趣，培养学生对祖国经典文化的认同感和热爱。

2. 整合实施课程

在当前深化课程改革中，在教育目标规划时，整体教育目标与学科课程目标之间往往需要衔接，学科课程目标之间也要存在关联性。引入 STEM 理念的课程教育为整合几门学科课程目标提供了思路，可以从 STEM 素养的视角来进行顶层设计。

3. 培养创新意识

创新精神应该在课程实施的过程中积淀而成。新课程倡导的研究性学习正是让学生在提出问题、研究问题、解决问题的过程中，体验探索、体验创新。同时在学习过程中，要为学生创设一个宽松和谐的学习氛围，使学生生动活泼地学习、成长。特别要保护学生质疑的积极性，使其有探索的"安全感"，进而学会质疑、敢于质疑。在学习过程中，要赏识学生的好奇心，让学生在学习与各种社会实践活动中逐渐形成创新精神。

4. 完善评价制度

本课程评价主要包括对课程内容的评价、对教师的评价和对学生的评价。对课程实施质量建立自评与互评、定量与定性、过程与结果、管理性与激励性、发展性相结合的有利于发展的综合评价体系。倡导发展性评价，实现评价功能的转变；倡导过程性评价，实现评价重心的转移；倡导综合素质评价，实现评价指标的多样化；倡导教师学生家长共同参与评价，实现评价主体的多元化。

四、创新之处

笔架课程的建设之初，旨在培养新时代学生的人文底蕴和科学素养，开发学生的无限潜能，锻炼学生的思维能力、创新能力、实践能力，进一步提升师生、生生之间的团结协作能力。

1. 优化课程内容

STEM 课程强调的是科学、技术、工程、数学四门学科的交叉与融合。生活中发生的大多数问题也需要应用多种学科知识来解决,而许多教师是在学科专业领域分界明显的传统教育下培养出来的,这种培养模式的弊端是过分关注学科的知识教学,缺乏适应学生未来发展、体现核心素养要求的"全人"教育。为克服这一弊端,采取"1＋N"项目研发模式,让教师跨学科研究课题、开发校本课程,丰富 STEM 课程内容。具体来说,"1"是指科学组核心成员,"N"是指其他学科组,包括语文、数学、体育等学科教师,不同学科教师联合研究课题、共同开发 STEM 校本课程。

2. 丰富课程评价体系

笔架课程创新的评价方式,不仅让学生的创意梦想变成作品,还积极与学校活动例如爱心义卖相结合,将优秀作品转化成"商品",更大程度地激活学生的创造力。同时在校内外开展作品欣赏,丰富评价内容,肯定学生成果,激活学生的创造力。

3. 营造课程文化氛围

本课程整合校内外优质资源,结合家长专长,采取"家长进课堂"的方式,邀请家长给学生开展知识讲座,从立体角度丰富了校内 STEM 课程内容,巧妙地激发了学生的内驱力,在开拓学生视野等方面也有着积极作用。在创新教育课程中,营造STEM 课程文化氛围,从而形成立体的创新育人文化场所。

五、案例反思

"笔架"项目作为学校推进发展的新课程,置办了课程实践所需的不同材料,调动现有师资,挖掘现有资源,使本课程向着更好的未来不断推进。为了在今后的实践中有更好的发展,该校将从以下几个方面进行思考:

1. 学科知识整合

基于笔架制作的创新性,结合学生现有数学、美术、劳技等基础课程知识,使学科知识达到课程所需融合的交叉点与整合点,这既是吸引学生学习与探究的触发器,也促进了学生在解决问题时对所学知识的理解与建构,从而习得隐含于问题背后的学科知识,形成 STEM 相关技能。

2. 信息技术纳入

目前学校仍以传统工艺制作为主要手段,在当今信息技术不断发展的情况下,在经费充足的情况下应充分挖掘更有创造力的技术手段,例如 3D 打印技术,为课程实践添加新鲜血液,同时解决一个或多个问题,让学生获得知识和技能,让创作更有实践意义。

3. 创作成果陈列

笔架项目课程,在感悟中创作,在实践中成长,在体验中收获。然而因为校舍老旧及教室不足的客观局限性,影响了学生作品的陈列展示,学校里给予学生的评价还不够完善。因此希望今后在此方面能更进一步,建立作品陈列室,让学生的创造成果得到进一步宣传,让学生拥有获得成果的归属感和成就感。

STEM 课程的创立,让学生习得了以生活经验与社会实践性的项目为核心的情境化应用的能力,辨识了不同情境的知识表现。"笔架"STEM 课程作为学校课程建设的新项目之一,有机结合了学校原有的书法特色品牌,汇入 STEM 课程的教育理念,从输入学习到输出学习,转变学生学习方式,不断创新课程发展,努力创建"笔架"课程特色项目,打造学校 STEM 课程 3.0 版本!

二、 课程专业的素养

综合实践活动实施质量的高低,是由教育教学过程和课程管理过程的质量决定的。有了好的课程文本,不代表就有了好的课程质量。教师课程素养,特别是课程的专业素养的高低直接影响着课程实践的质量,课程过程是否科学、合理、有效,直接体现在教师课程实施行为中与学生发展的质量上。

在课程执行的过程中,我们的老师写道"大部分教师的专业背景与 STEM 教育相距甚远""课程实施教师对新课程资源的开发能力有限",这显示出教师们对于跨学科教学实施过程中所需求的专业背景的缺失,我们也发现有的老师写道"这个引入的 STEM 内容设计不符合我校的实际情况,还需要根据我们的校情进行重新建构""食盐虽然有很多点可以探究,但是与课程的背景相去甚远,侧重于现代化的工艺,无法突出奉城古城文化",这其实表现出的是我们教师不能灵活地驾驭课程的能力,从而影响课程的进一步发展,有的也写道"多数学生描绘的设计图与教师示范的设计图相似度很高""面对课程实施任务重,整个课程新资源的开发进度缓慢,难以完成既定的课程目标",这也是因为教师们由于相关的跨学科专业素养不够厚实而引发的课程执行过程中的灵活变化而导致的。

综合实践活动课程的管理本身就是一个系统工程,管理所涉及的课程问题错综复杂,作为课程执行者的教师,其驾驭课程的整体能力尤为重要。从以上案例中,我们不难发现,很多老师对进入 STEM 课程的研究与实践还是有点担忧的,担忧的其中一个原因可能是 STEM 课程对教师的专业素养的高要求,显然,在对 STEM 课程摸索的过程中,确实发现了一些值得探索的问题。

问题一　教师专业知识的陌生(详见"案例 19")

基于 STEM 教育理念,STEM 课程所涉及的不同学科知识,教师都应该熟练驾驭,但对于我们的老师来说,有些并不是自己的专业所长,特别是现在教育机制下的专任学科与教育,STEM 视野下的几乎每个综合实践活动课程都是综合的,老师们需要一边做课程,一边学课程,一边教课程,而在这个过程中每个课程的概念认知或许会不断地变化,到课程的成熟总会经历比较长的时间。

问题二　教师课程开发的不力(详见"案例 20")

教师要想上好 STEM 课程,无论是在知识层面上,还是在方法层面上,都得在实践中探索,开发好一门优秀的 STEM 视野下的综合实践活动并不简单。这需要老师对周边的环境、所具有的资源进行一个综合考量,只通过书籍上理论知识的学习无法深入认识真正的 STEM 教育,而这也会导致课程建设的进度停滞不前。

问题三　教师活动方案的"悬空"

在 STEM 课程开发与实施的过程中,教师们经常需要设计活动,但往往我们的教师所设计的活动只是停留在"动"的层面,而没有真正地引领学生带着"问题"去思考。在高效地完成相关具体的任务时,也要同时高效地达成课程意图,从而提升学生的核心素养。

案　例　19

"昆虫"STEM 课程

法布尔实验室位于该校校园内——一块 L 型的自主开发的生态种植园地。其沿着一条河道,周边自然生长着许多植物,有多种多样的多肉植物、蔬菜、果树、中草药,也有数不胜数的小动物以及潜伏在内的昆虫,它是孩子们探索自然的乐园。通过在法布尔内的实践活动,置身大自然,孩子们不仅可以亲密接触各种植物,还能发现各种小动物,尤其是能发现各种小昆虫,从而在感受自然美好和神奇的同时,接受一次次的自然探索的小挑战,每一次活动都能成为孩子们与法布尔的一次美好邂逅。"昆虫"项目在过去的三年多里,荣获第一届全国中小学 STEM 案例评选三等奖、区中小学研究性学习成果二等奖、区教学节特色项目二等奖,并受上海市教委推荐,在澳大利亚校长团的交流学习、上海市自然学科主题教研活动暨小学 STEM 专场活动中交流展示,深受好评。

一、问题描述

昆虫 STEM 课程,结合自然学科的原有知识,积极引入 STEM 理念,在整个实施过程中,注重学生多学科的运用,发展学生的操作能力、团结合作的能力。但是在实施过程中,依然存在一些问题,如昆虫资源季节性短缺、教师概念认同度不足、学生需求兴趣度不同等问题,尤其是教师在课程活动中的课程观念认知不同的问题。

课程的设计思路是以法布尔的观察昆虫活动开始的,但是由于季节性交替,第一学期 9 月份的学生能够在法布尔课程中看到较多的昆虫,十月份之后昆虫就开始减少,学生观察的对象就转变为昆虫的卵;第二学期 2 月份开始的时候成虫都还没有出现,此时学生关注的是昆虫的幼虫,到四五月份才开始观察成虫。面对这样的问题,教师在开展的时候就需要改变活动,对于教师的应变能力要求较高。其次,本课程在原来的兴趣课落实中,只有一人承担该课程的教学,结合学校的综合实践活动之后,现有四位老师担任教学。但是由于昆虫知识的涉及范围广,教师在实施过程中会遇到同一个问题:这是什么昆虫? 教师对于昆虫科学性知识的缺乏导致了学生探究进度停滞不前,难以完成既定的课程目标。

二、实施策略

昆虫模型 STEM 课程的理念是引导学生善于依据特定情境和具体条件,选择制定合理的解决方案去观察并认识昆虫,在实践制作中探索昆虫的外形特征。

1. 聚焦问题,自主探究

本次活动是基于问题的项目化学习,该探究问题是学生在法布尔实验室活动时由对昆虫的好奇而产生的,整个主题探究活动是在学生们随着调查研究的深入展开逐步形成的,因此学生的探究欲望非常强。同时,学生在一系列感兴趣问题的驱动下,通过科学观察、资料查找、对比实验、设计制作等探究方法,经历了不断发现、分析和解决问题的自主探究过程,既探究了昆虫的自然奥秘,又提升了自主探究能力和综合实践能力。

2. 开放观察,持续探究

该课程是一项长周期的观察活动,每一个活动的开展都以观察记录为依托。因此,在人人参与的观察活动中要营造自主、开放的空间,可让学生根据不同的探究内容自主选择不同的观察方法和观察时间,以解决相应问题,提高探究活动的有效性。

3. 合作互动,深入探究

本主题探究的学习是围绕学生的问题展开的一系列活动,在探究过程中生成性的疑惑和困难较多,需要团队的力量去解决,在这其中就会产生多种合作方式。①生生互动。指的是学生间的交流互动,探究中大部分的活动都是生生互动。②师生互动。指的是老师和学生之间的互动,探究中的许多活动都是师生互动。③馆校合作。指的是昆虫博物馆和学校间的合作,为学生带来了其他的资源,有利于课程的开展。④指的是家长、老师、同学、博物馆以及其他成员的合作互动,为课程的开展提供了便利。

三、实施机制

本项目以"问题探究"课堂教学模式展开教学,经历不断发现问题、分析问题、解决问题的自主探究的过程。在开展过程中,该校发现有一些可以借鉴的模式:

1. 以探究式学习引领学生

本项目的每一次活动都有情境创设,在情景中产生问题并寻找解决的方案。在活动中,问题由学生发现和提出,学生是本次活动的主导者,按照"问题呈现—思考分析—操作实践—拓展延伸"为基本教学流程展开,以探究式学习带动学生的自主学习。

2. 多学科内容整合

STEM教育中最核心的要素就是在真实情景中解决问题,在本项目中,学生在发现问题引发兴趣后,都会有一个小组合作讨论的过程,学生不是被动地学习,他们是积极主动地思考:昆虫是什么样的? 怎么更好地观察昆虫? 怎么饲养昆虫? 怎么设计实验? 学生在团队合作、互动交流中认真分析问题,全面考虑问题,对昆虫的外形特征、结构特点、生活史等知识进行全面的了解。

3. 蜂蜜罐评价机制

在课程实施的过程中,关注学生在活动过程中的表现。根据学校的综合实践活动和本主题探究活动目标,从懂规则、善学习、乐探究、会合作、负责任等方面进行设计,彰显学校"小蜜蜂精神"蕴含的育人文化。将评价贴纸设计成小蜜蜂的蜂蜜罐,把评价贯穿在整个活动的过程中,关注学生在活动过程中的态度、情感、行为等各方面的表现,重视学生在活动中的努力程度,积极参与小组合作的意愿,主动思考、解决问题等能力的评价。

4. 拓展延伸延续活动

在整个项目活动过程中会生成许多新问题,每个活动结束后还会延伸新的活动,因此学生会继续围绕感兴趣的问题开展探究学习。由老师带领部分感兴趣的学生在拓展课程中开展小课题探究活动,对各阶段的昆虫生活情况进行全面的观察、比较、分析。利用学生课余的时间,带领部分感兴趣的学生进一步探秘昆虫,实现课内课外的有机结合。

四、创新之处

通过昆虫模型 STEM 课程的探究学习,孩子们在活动中能够认识到昆虫的外形特征,并且对于进一步的探究学习更加积极。通过教师的辅导,孩子们会在昆虫模型 STEM 课程的探究学习中学会完成一个课题,并激发以后探究学习的兴趣,在自主的学习过程中亲近自然、热爱自然。

1. 课程模式的转变

从原来的"昆虫 STEM 课程"兴趣课,再到"昆虫大解密"课程,到现在的"昆虫智趣屋"综合实践活动课程。从一开始的活动到现在的课程转变,不仅仅是课程模式的转变,更是参与对象的转变,昆虫课程不仅可以普及到一个年级,甚至在以后可以普及到全校,普及面将不断扩大。

2. 课程内涵的转变

从最初的关注学生的操作能力的培养,到现在的探究昆虫作为生态中的一部分,探究其价值意义,增强学生保护生态的意识。课程在研发过程中更加关注的是学生在"法布尔"的真实情境中,解决问题、团队协作、创新思维的能力,最终使学生的科学素养得到提升。

3. 课程团队的转变

从原本一个人的单打独斗,到现在课程开发团队的协调合作,学校邀请了区专家为课程做特别指导,也邀请了昆虫博物馆的专家莅临学校,指导课程的研发,确保了课程有效、有序地实施。

4. 课程评价的转变

从原本的线下评价,到现在线下线上评价相结合,学校为每一个学生建立了独立的成长档案数据库,保证每一个周任务的学习都能通过学生手册和配套信息化工具进行双记录,保证每一次线上学习、每一次线下实践都能做到数据有留存、数据有追踪,在活动完成后,大数据分析系统将自动生成学生综合素养报告。

五、案例反思

昆虫项目在得到了学校和区里的一致重视后,经过调整和改善,充分调动学校的校本资源,基于学生的问题,引导学生完成探究任务。在课程研发有困难的时候,聘请了各方专家做进一步的指导,旨在帮助教师提高科研能力,完善昆虫课程的设计,提高学生探究和解决问题的能力。在今后的研发和实施中,将从以下几个方面进行思考和实践:

1. 以生为本的探究活动

"法布尔"是学校的特色资源,课程在开发之初的核心就是法布尔,因此要立足法布尔中的资源探索,带领学生在法布尔中有序地探究。以学生的学为主,设计教学中的支架,包括学习任务单、评价单以及完成的任务描述书。在教学中,这些支架可以有效帮助学生自主完成探究任务,将教学的模式从教师的教转变成教师的引,使整个探究的活动以生为主,让学生真正参与到活动中。在活动过程中,及时记录学生的学习研究性资料,包括发现和心得,并提出相应的问题,做好问题的收集记录,为之后的探索活动做好准备工作。

2. 基于学生的问题包设计

原有的昆虫教案是基于学生在法布尔中对昆虫的浅显的问题而设计的,是一个统筹认识昆虫的过程,在之后教案的设计中将结合该校"十万个为什么"活动,收集学生在法布尔中发现的感兴趣的昆虫的深层问题和存有的疑惑,选取其中的问题整理成问题包。以此问题包为基础,设计学生感兴趣的探究活动,基于学生的真实问题来设计教学活动,激发学生的探究欲望,延续学生的探究热情。

3. 成立馆校合作长期机制

在活动中会遇到很多问题,这些问题有的教师可以解决,但也有一些科学问题教师无法给出正确的答案。因此,学校将和昆虫博物馆确立长期的合作机制,邀请专家给授课的教师进行一个系统的科普讲授,让授课的教师更有底气;同时也会请昆虫博物馆的专家为学生带来讲座和科普活动,让孩子们对于昆虫的认识更有科学性;也会邀请博物馆给学生带来各种昆虫的标本展览,以昆虫博物馆的资源带动学生的学习积极性。

4. 完善学生综合素养报告

学校为每一个学生建立了独立的成长档案数据库,在每次活动完成后,大数据分析系统将自动生成学生的综合素养报告。教师可以通过查看学生的综合素养报告,了解学生的学习情况,有效提升学校的教育教学品质。

昆虫 STEM 课程是洪庙小学法布尔生态课程中的一部分,是依托法布尔的真实情境而创设的自然课程。在课程中,结合法布尔的自然资源,利用这些资源进行昆虫模型的制作,在这样的活动中,课堂是完全开放的,孩子们在法布尔实验室可以用所有的感官去实践去体验,而在课程学习中,运用了多学科的知识以及技能去解决问题,特别是用工程实践去获得最满意的结果,教师在活动中,既是课程的设计者也是执行者,希望孩子们在这样的课程中能够学到更多并更加热爱自然!

案 例 20

"基于 Arduino 的创意设计"课程

该校 STEM 课程"基于 Arduino 的创意设计"开设至今已经三年。课程秉承 STEM 教育用科学、数学知识和先进技术,以工程思维解决现实世界的问题的理念,以风靡全球的 Arduino 控制板以及外围设备作为硬件,以 Arudino C 代码作为软件,来制作各种创意作品。在这个过程中,学生不仅学习到软硬件的相关知识,而且学到了如何把想法变成现实,即发现问题—设计解决方法—利用科学、技术、数学知识实施解决方法。同时,通过课程我们还选拔出优秀的学生去参加各类科技类比赛,取得了丰硕的成果。2017 年,组建的机器人战队在 FRC 深圳站比赛中荣获冠军,四月赴美国休斯顿参加 FRC 世界锦标赛。八月参加郑州 CRC 机器人大赛,再次荣获冠军。2018 年,两位同学参加京津沪渝四直辖市高中生科技挑战营,在"智"项目比赛中荣获一等奖。

课程在最初阶段只是简单地模仿网上的案例,到现在已经形成一套拥有鲜明特色的校本教程,包括成熟的教学内容、完善的教学方法和丰富的教学资源,同时拥有自己的专用教室和配套器材。

一、问题描述

"基于 Arduino 的创意设计"课程从最初为准备比赛而开设的培训,到如今面向全体学生进行的专项课程,从课程内容到教学形式,都进行了大幅度的改进。在STEM教育理念的指导下,该校将课程内容以一个个项目的形式呈现,学生通过做项目来学习 Science(科学)、Technology(技术)、Engineering(工程)、Maths(数学)的知识,提升解决问题的能力。

但是在课程实施过程中,还是发现了一些问题,如课程定位不够清晰、课程内容不够贴近学生实际、课堂组织教学的方法还有待改进等问题,尤其是教师在执行课程的过程中教师课程开发不力的问题。

Arduino 软硬件在很多方面都有应用,作为 STEM 课程,由于不是考试科目,没有明确的课程标准和考纲,因此在确定教学内容和教学目标时往往容易天马行空,漫无目的。通过网络搜索可以找到大量的案例,有的是非常专业且难度较大的。但是,这些案例并非都适合本校学生。在课程讲授过程中,经常会碰到专业性很强的问题。譬如和 Arduino 控制板硬件相关的如驱动电机时电流问题、串口通信、IIC 通讯和ISCP 通讯的数据传输问题;和 Arduino C 语言相关的库文件修改和编写,程序算法等问题。同时,在课程教学过程中,还会涉及 3D 建模、3D 打印、激光雕刻等专业性很强的操作,这些对于没有计算机专业背景的老师来说是巨大的挑战。面对问题,老师迫切需要相关的培训和专业指导。

二、实施策略

1. 将 STEM 课程和其他课程整合起来,充分体现其"跨学科"的基因优势。STEM 课程从内容上可以和很多学科进行整合,尤其是劳技学科和信息技术学科。正是基于这点,学校把 STEM 课程和高二的劳技课程进行整合,推出了"专项课"。在前面提到课程由于缺乏课程标准导致定位不清,和劳技课程整合之后,参考了《普通高中〈通用技术〉课程标准(2017 年版)》制定了 STEM 课程的课程大纲,以"技术意识、工程思维、创新设计、图样表达和物化能力"作为课程的核心素养。通过课程的学习,学生能获得未来发展、终身学习的能力,成为有理念、会设计、能动手、善创造的社会主义建设者和接班人,从根本上解决了课程的定位以及课程目标。

2. 通过组建社团来拓展学习深度和广度。面向普通学生的 STEM 课程属于通识性课程,比较基础,难度低,强调普及性。而社团课程作为 STEM 课程的补充,可以满足对课程有极大兴趣且学有余力的同学的学习要求。社团课程是 STEM 课程的延伸和深入,对于参加社团的学生还可以作为参加科技类比赛的选手进行培养。

3. 通过和高校结盟来提升课程支撑。在学校的大力支持下,该校和上海理工大学、上海应用技术大学建立了联盟关系。通过观摩学习,教师们不仅能学到专业的知识,还可以了解到完整的专业课程体系。在平时的专项课和社团课程的教学过程中,老师在遇到棘手的问题时也可以寻求专业老师的指导和帮助。

4. 借鉴 PBL 学习模式,促进学生的自主学习、自我评价。PBL(Project-Based Learning)即项目化学习。PBL 让学生成为个人学习的主角,允许他们直面挑战、解决问题,在一种自治而有组织的氛围中与同伴合作,教师团队则为他们充当顾问,并全程进行评估。PBL 通过源于真实情景的驱动性问题来开展项目,学生通过团队协作的形式自发地研究问题,提出问题解决方案并实施方案和改进方案,最后进行成果展示。PBL 让学生成为学习的主人,可以最大程度激发学生学习的积极性,自主地去学习相关知识以及对方案进行反思和评价。而教师的主要工作是提供足够的资源,协助学生完成项目。

三、实行机制

在学校创建上海市特色学校的背景下,特色课程建设是学校当前的一个重点工作。学校从红色精神与社会人文、科学创新、艺术审美、身心健康、生活技能五个领域来开发特色课程。课程指向的是红色精神与科学创新以及红色精神与生活技能。

1. 跨学科融合,凸显解决问题的综合能力。课程作为 STEM 课程,先天具有跨学科的基因,不仅涵盖科学、技术、工程和数学,还涉及物理、化学、生物、信息、艺术和语文等学科。例如自制万用表的项目中涉及物理学科的电路知识;环境检测船项目涉及化学中 pH 值、浓度等概念。在最终的成果展示环节,要求学生通过文字和图形的方式展示自己的作品,这里又体现了绘画和语言表达的能力。在遇到跨学科问题时,学生可以向相关学科老师寻求帮助。

2. 根据课程标准精心选择教学内容。根据《普通高中通用技术课程标准(2017年版)》中相关内容,该校把必修内容的"计算机辅助设计"和"计算机辅助制造"以及选修内容的"智能家居"和"机器人设计与制造"作为教学的主要内容。"计算机辅助设计"和"计算机辅助制造"为方案实现提供了工具支撑,学生通过计算机技术表达自己的设计意图并打印出模型来进行检测。"智能家居"和"机器人设计与制造"作为问题的主要对象为项目提供了主要的应用场景。真实的场景产生真实的问题,激发了学生潜在的求知欲。在"我要解决问题"的想法指引下,学生自主探究,自主学习,自我反思和评价,逐渐掌握相关的知识和能力。

3. 专用教室＋专用实验器材＋专职教师,保障课程正常进行。专用教室配备了电脑和实验器材以及一些必要的工具,为课程的顺利实施提供了硬件条件。每年新学期开始,还会根据课程安排和学生需求采购器材。在教师方面,通过传帮带以及专业化培训培养专职教师,通过具体措施鼓励教师提升教学质量。

4. 积极推进"项目化"教学模式,激发学生学习热情。项目化教学模式非常适合用于课程。课程的内容都是源自于真实生活的需要,通过设置真实的情景,激发学生的好奇心。通过分析问题、提出问题解决方案、动手实践、成果展示和交流等环节真实体现了面对问题的解决之道,从而达到培养学生学科核心素养的目的。

四、创新之处

课程凝聚了老师们的智慧,在诸多方面做了大胆尝试。

1. 课程内容新颖,紧跟科技发展。当今社会,3D打印、智能机器人应用日益广泛,学校在课程的"智能机器人"部分设计了相关内容让学生了解和体验相关技术,感受新技术的神奇魅力。近两年,人工智能、大数据技术发展迅猛,学校也引入了智能摄像头,通过编程实现颜色识别、人脸识别以及人机对话。

2. 开放式学习方式,学生不仅学到更多的知识和技能,而且学到了在信息化时代进行学习的方法。在学生完成项目的过程中,许多问题的答案不是在课本上找得到的,他们需要通过查阅资料、上网搜索以及请教他人来获得解决的方法,而且,即使是相同的问题,有可能有多种解决方案,如何进行取舍需要他们去权衡。这正是他们日后会经常用到的有用的知识和能力。

3. 科技社团服务师生,彰显红色精神。在课程之外学校组建了科技社团,不仅继续学习STEM课程的内容,而且在学校范围内开展志愿者服务活动,利用所学到的知识和技能为广大师生服务,例如修理小电器、设计和打印小物件等。这些活动不仅使得社员学以致用,而且增强了学生的服务意识。当他们发现所学的知识技能可以真实地帮助别人解决问题,就会有更大的动力继续学习。

五、案例反思

一门课程从设立到成熟,需要走过一个漫长的过程。回顾这几年,大家觉得在课程创立之初,课程的目标和架构非常重要。只有目标明确,架构合理,日后的完善过程中才会少走弯路。当然,课程形成本来就并非一成不变。随着社会的发展,科学技术不断进步,课程也要与时俱进,把新的技术和新的理念带进课堂,只有这样才能充分发挥课程的知识载体功能。

课程建设是一个系统工程,绝不是单打独斗可以做出来的,一定要有一个团队,大家统一思想,群策群力,充分发挥每个人的主观能动性,才可能成功。

三、 课程执行的能力

课程执行的能力也被称为课程执行力,是对已经确定的发展策略的执行能力。教师基于已有的课程设计,以标准为准则,以目标为导向,按质、按量、按时地完成相应的任务。日常的 STEM 视野下的综合实践活动还是要由一线的教师去操作,但在常态化实施的情景中,教师的操作也可能存在着一些问题。

有的课程由校长领衔,但一个课程组的老师层次不一,如"项目组由校长领衔,副校长统筹,为顺利推进'创课程'项目,组织带领探究老师、数学老师和自然老师各一名进行校本课程的建设",有的课程在实施的过程中发现"学生思维活跃,有的问题往往让教师猝不及防""学生的反馈会超出预设的时间"等,虽然现象是多样的,但这都反映了教师不能灵活地驾驭跨学科课程的实施,有的课程会遇到"在课程讲授过程中,经常会碰到专业性很强的问题""执行的过程中,跨学科的一些专业问题明显对课程的执行带来了一些阻碍"⋯⋯这些都指向了教师的课程执行能力。

大部分进入这个研究领域的老师们是积极的,且带着较大的主动性去进行探索,但在执行的过程中,这些问题明显对课程的执行带来了一些阻碍,使得活动的成效有所折扣。

问题一　教师多维保障的欠弱(详见"案例 21")

在课程教学过程中,教师需要在课程执行的过程中具有综合统筹的能力,借助一切可以运用的资源以便课程的开展,但往往由于我们的老师,在某些专业认知方面的缺漏,不一定想得清楚,从而导致课程开展中顾此失彼。

问题二　教师课程实践的低效(详见"案例 22")

STEM 活动开展对课程教师的要求是比较高的,需要教师有对课程相关知识的储备,并且能在课堂中根据实际探究进程进行灵活地应对、巧妙地引导、专业的指导。开设 STEM 视野下的实践课程往往需要综合人才的进入,当然我们也通过不同的培训方式得以解决。

问题三　教师临时应变的缺失

教师在充分预估课程活动展开的同时,有的时候对预设的引导环节较为理想化、流程化,但面对真实课堂,总是难以按设计程序实现,那么这就对老师提出了较大的挑战。教师需要一边鼓励学生踊跃参与,一边还要勉励学生静心聆听,同时自己需要及时拆解现象,提出及时性的应对措施,保证活动围绕主题正常开展,并就活动形式而言得到一个相对满意的收获。

案例 21

救生圈 STEM 项目

救生圈 STEM 项目是在一次自然课中衍生出来的学生拓展类活动,在课程开展的两年里,经过教师的不断改进和优化,"身边的救生圈"项目被孩子们评为本年度最受欢迎课程,并在奉贤 STEM 教育微信公众号上分享交流。

该小学围绕着"法布尔生态实验室",组织开展了以丰富学生科学学习经历为宗旨的小学自然学科综合性实践活动,力图在综合性实践活动的基础上,形成洪庙小学"法布尔自然课程"。学校的小学自然学科综合性实践活动分为两个层面,针对拓展课学生,开展小课题项目化研究和动植物种类调查等长周期观察活动;针对全体学生,开展科普活动和认识动植物的竞赛等。"救生圈的奥秘"就是一项灵感来自上海科教版自然二年级第三单元"物体的沉与浮"一课的项目化探究活动。安全教育是小学阶段的孩子们必须了解的生存常识,一到暑假,总会从新闻中看到 xx 地方 xx 幼儿溺亡的消息,缺乏安全意识最终导致了悲剧的产生,我们能做的就是教导孩子们注意安全,并通过开展"救生圈的奥秘"这样的活动,从侧面让孩子们知道游泳需要戴上游泳圈,指导学生了解并制作救生圈,提高学生的安全意识。

救生圈作为水上救生设备的一种被孩子们所熟悉。究其原因,它能够轻松地承受起一个成年人的重量,浮在水面上。因此救生圈的材质值得我们去仔细探究,不仅仅是选择能够浮在水面上的材料,更是要选择能够承受一定重量的材料。孩子们对救生圈产生的兴趣是本项目开始的基础,在这个基础上创设一个科技创新大赛的情境,邀请孩子们一起来设计制作救生圈是本项目的场景。在设计救生圈的奥秘项目的时候,老师查阅了有关救生圈的定义。救生圈是指水上救生设备的一种,通常由软木、泡沫塑料或其他比重较小的轻型材料制成,外面包上帆布、塑料等。供游泳练习使用的救生圈也可以用橡胶制成,内充空气,也叫作橡皮圈。这里定义了救生圈的材料选择,实际在教授的时候,还需要考虑使用的人群(成人、婴幼儿);使用的途径区别及救生圈的分类;救生圈的形状等。这样才是探究了救生圈的奥秘,而不是简单地制作一个救生圈。

一、问题描述

"身边的救生圈"项目活动,结合自然学科的原有知识,积极引入STEM理念,在整个实施过程中,注重学生多学科的运用,发展学生的操作能力、团结合作的能力。但是在实施过程中,还是发现了一些问题,如认知学习与体验活动脱钩、个人精力与指导负担背离、活动资源与学习需求矛盾等问题,尤其是教师多维度保障欠弱的问题。

本课程活动灵感来自上海科教版自然二年级第三单元"物体的沉与浮",因此授课主要面向的是二年级的学生,此外对于小课题探究有兴趣的学生也会参与到本课程活动的教学中来,学生的参与普及度不高,没有面向全校学生进行招生活动。救生圈课程是由教师本人设计并执行授课,在开展过程中面临的是团队的缺失,实际教学中负担过重。不仅要投入大量的精力去指导学生参与活动,还要对课程进行完善和研发,所以课程的实施进度缓慢,难以完成既定的课程目标。本课程是基于学生的自主设计,利用身边的材料制作救生圈,学校没有那么多的资金投入,所以上课的学生都需要自己准备好需要的材料,继而在课堂中利用这些材料进行制作,但有时学生家庭也无法提供相应的材料,整体的活动就受到了影响,开展过程困难重重。

二、实施策略

在本项目的开展过程中,秉承着"利用有限资源,做学生喜欢的,家长能够接受的,带有泥土味的课程,接地气的课程"这一工作目标,挖掘各方资源,充分调动活动,打造出以生为本的新氛围。

1. 课堂实践

本课程是以暑期的新闻为情境,为了减少学生溺亡的发生,你可以设计一款怎样的救生圈?通过学生的讨论交流,首先了解救生圈的奥秘,搭建学生和救生圈之间的思考点。整个探究活动是在学生们随着调查研究的深入展开逐步形成的,因此学生的探究欲望非常强。再以各种材料为辅助,让学生通过创意设计并制作属于自己的救生圈,达到本课程的目标,满足学生个性化学习的需要。

2. 课程研发

在课程研发的过程中,一个人的力量总是单薄的,为此学校为课程搭建了团队平台,邀请了专家帮助建设完整的课程体系,将课程的内容与日常教学有机结合,融为一体。以二年级为课程试行起始年级,尝试在四年级大力开展,确保课程开展的过程中,保证上课的时间,让学生有充分的活动时间;基本保障了课程合理的实施。

3. 合作互动

本课程是以学生的问题展开的一系列活动,在探究过程中生成性的疑惑和困难较多,需要团队的力量去解决,因此在这其中就会产生多种合作方式。a. 生生互动。指的是学生间的交流互动,探究中大部分的活动都是生生互动。b. 师生互动。指的是老师和学生之间的互动,探究中的许多活动都是师生互动。c. 家校合作。指的是家长和学校间的合作,这种合作为学生带来了其他的资源,有利于课程的开展,为课程的开展提供了便利。

三、实施机制

在课程研发和实践的过程中,会遇到很多的问题,有的问题通过教学中的随机应变尚可解决,有的只能留在之后修正课程设计。在开展过程中,我们不断寻找"救生圈"课的发展新方向,让课程更多地体现育人价值。

1. 跨学科整合

本项目是探究活动课程,其内容涵盖多个学科,通过创设科技创新大赛的情景,邀请孩子们一起来设计制作救生圈,引发学生对救生圈的观察和思考,产生疑问"怎么样的材料才能用来制作救生圈",从而产生探究活动的过程,基于学生的创作设计,以小组为单位完成创意救生圈的制作。在过程中学生需要利用数学知识进行测量和绘制,利用美术知识设计图稿,利用工程知识进行制作等,对救生圈有一个较广的探究。

2. 问题链设计

通过布置课前小任务:介绍救生圈。学生通过查阅资料等方式了解救生圈的原理,在资料检索过程中,培养学生信息收集和整理能力。课堂中着重介绍救生圈的形态和材料在历史的演变中都发生了一定的变化,从一开始的渡水腰舟,到宋代的"浮环",再到现在的救生圈,随着科技的进步,人类的发明创造同时改变着救生圈。课程引导学生发现科技的进步带来了人类生活的便利,从而激发学生创新的意识,为之后设计不同的救生圈做好铺垫。

3. 模拟性实践

从一开始认识材料的沉浮开始,学生通过将材料放在水中感受不同的材料有不同的浮力;在制作好救生圈以后,以模拟场景的形式,对孩子们制作的救生圈进行调试,根据场景中出现的问题,改进救生圈的设计;接着通过再模拟,将改进后的救生圈再一次进行使用调试,在这个过程中不断地促进学生发现问题,提高解决问题的能力。

四、创新之处

身边的救生圈 STEM 课程开展中,关注的是学生能力的提升,包括思维、交流、创新、设计、总结、评价等多方面能力的培养,关注的是对救生圈背后的科学知识的学习,提高学生的科学素养。

1. 多方向融入课堂

当下教育,坚持立德树人,着力培养担当民族复兴大任的时代新人,坚持五育并举,全面发展素质教育。救生圈的课程就是致力于以生为本的活动,关注学生各方面的发展,该课程将原来书本上的内容,细化、实化,带给学生丰富的活动经历,提升学生的科学素质。在课程开展的过程中,除了二年级的学生参与其中,也将课程辐射到三、四年级,以 330、综合实践活动等多种渠道带动学生的探究学习。

2. 课程的有效实施

课程在开展过程中注重活动的有效实施,从一开始布置的课前预习开始,学生对于救生圈的奥秘产生了兴趣,经过探究—设计—制作—调整等一系列的活动,充分挖掘学生的思维点和创意点,让课程的实施生动化、生活化。例如:课堂中给了学生这样的情境,大洪水爆发,如何自制救生圈自救?学生就不会局限于圆圈式的救生圈,而是探究各种物品的浮力,运用身边的物品制作一个临时的简易救生圈,从而达到自救的效果,这不仅培养了学生动手制作的能力,也提高了学生的安全意识。

3. 完善家校机制建设

本课程的情境来源于生活,救生圈也是生活中的产物,在水边、船上、游泳馆等地都能看到救生圈的身影。学校能提供的材料是有限的,而学生的创意是无限的,用有限的资源去制作无限可能的作品是不行的,所以该校为课程建立了家校机制。学生通过前期的学习了解了不同材料的沉浮,掌握了材料的特性,再根据自己的设计选择合适的材料。家校合作为课程的开展提供了便利。

五、案例反思

短周期的项目化活动深受学生们的喜爱，孩子们在活动中的交流互动特别积极。在之后的教学中，教师将专注于问题的研究，完善"身边的救生圈"项目化设计。在今后的研发和实施中，学校将从以下几个方面进行思考和实践：

1. 活动设计的依据科学性

STEM课程是以跨学科学习方式为主导的课程模式。救生圈活动的设计是基于自然教材中沉与浮内容的拓展延伸，对于有浮力的材料进行探究发现，在这个过程中学生就会以科学的态度去对待所有的材料，最终找寻到心目中"最优"的材料。在设计和制作好救生圈之后，不再以简单的交流反馈结束活动，而是需要模拟场景调试救生圈，以科学的眼光去审视自己的救生圈，发现救生圈存在的问题并加以解决，最终形成对救生圈科学的认识。

2. 活动开展的序列生活性

在本项目一开始的活动中，以暑假的安全教育为情景，以在游泳过程中遇到危难而没有安全设备为问题，孩子们主要利用自己探究的能够浮起来的材料进行救生圈的制作，并通过不断地调适进行优化制作，完成对救生圈的探究学习，提高学生的安全意识。学生对于救生圈固有的知识阻碍了学生进一步探究学习的步伐，因此学校特意找寻了古代劳动人民设计制作的渡水腰舟的资料，以及洪水中人民群众自制的简易救生设备，以此激励学生发现问题并解决问题，告诉学生动用已知的沉浮知识去设计并制作救生圈。

3. 活动研究的问题主体性

在活动的过程中，学生是学习的主人，孩子们从一开始的被动学习到后期的主动探究，是一个质的跨越。本课程致力于以丰富的活动带动学生积极探究，以学生的学为主，教师的导为辅，形成完整的课程体系。

4. 活动评价的指标激烈性

在课程实施的过程中，关注学生在活动过程中的表现。评价贯穿在整个活动过程中，关注学生在活动过程中的态度、情感、行为等各方面的表现，重视学生在活动中的努力程度，积极参与小组合作的意愿，主动思考、解决问题等能力的评价。

身边的救生圈课程是依托自然课本的产物，是基于教材的项目化学习体验活动，这样的活动能够丰富学生的课余生活，提高学生发现问题、解决问题的能力。这样的活动没有完善的课程体系和学校的支持很难开展,靠教师一人做光杆司令无法将课程延续下去。为此,学校在支持课程研发的道路上,提供了专家团队的帮忙,结合学校的法布尔生态实验室,融入 STEM 理念,做实救生圈课程。

案例 22

"迎风而上风帆车"项目

该校坐落于金海社区上海之鱼湖畔,作为一个新兴的旅游打卡圣地,坐拥许多草坪山坡和人工湖。一般旅游景点内会设有很多儿童游乐设施,有风帆船、滑滑梯、热气球等项目来吸引游客的光临。上海之鱼作为虹梅南路延伸段南上海的标志性景观工程,具有较大的平地草坪和开阔的室外场地资源,水上风帆船等娱乐项目对小学生而言稍有危险,将"船体"改造成"车体"在地势相对安全的草坪上,不仅能提高游乐安全性,更能激发学生的尝试体验兴趣。风帆车项目可以"迎风而行",它的原理是将"帆船原理"运用到小车的行动轨迹上,借助帆的每一面所产生的力量,让小车沿着迎风方向进行移动。本项目利用小车、竹丝、薄纸等材料进行小车的设计与制作,将结合上海之鱼景观的草坪山坡环境,创设科学娱乐项目"迎风而上"的风帆车,借助风的力量助推小车爬坡登顶。

"迎风而上风帆车"项目是该校教师自 2019 年起开设的 STEM 子项目。项目时间虽短,但成果喜人,不仅学生的参与度较高,还荣获了中国第二届"学习素养　项目化学习"项目化学习案例二等奖;基于此活动开展的研究被列为上海市级青年项目,同时其研究被列入上海市科学学会重点课题,在"上海市中小学创课程 2018 年项目总结研讨会"得以进行论坛交流;论文《有"料"实践　助推学生"创"思维发展》还发表于《创课程——上海市中小学跨领域实践创新课程的研究》。

"迎风而上风帆车"小课程是基于一堂自然课而引发的研究与探索,我们一起来看看课程的一些研究经历与思考。

一、问题描述

"迎风而上"风帆车项目自开展以来,充分培育学生的科学品质,挖掘学生的科学素养。基于课程教学以小学自然教材为启蒙,初步渗透科学原理,融合跨学科项目式学习创设校课程。在课程实施过程中,我们发现有以下问题,如授课方式受限、教学材料局限、团队成员组建困难等,尤其是课堂实施过程中的实践低效的问题。

本学期至今的学科教授方式都是线上教学,同样的项目式学习开展也是在线上举行,通过视频、直播、微课、讨论、活动等组织方式进行互动和讲授。在所难免的一个问题就是没有使用教师和学生面对面指导交流的直接讲授方式。在小范围的学生团体授课中,存在着学生差异化习授的问题。如何解决学生个性化差异导致的听课不全面,从而引发细节上的问题,需要老师去探究一下解决方式。众所周知线上教学不能进行面对面指导,同样的线上制作的材料也是受到了授课方式的局限。学校的材料受疫情影响,征订和配送都受到了或多或少的限制。学生用材料也无法及时全面地配送给每一位参加项目活动的学生手中。那么在项目开展过程中,教师尽最大可能地鼓励学生利用家中身边经常出现的低结构材料去进行项目构思和作品制作。利用低结构材料进行设计物化和结果优化。这是一个由多方面因素造成的问题,授课方式的改变、小组成员的熟悉度不足、材料的简单匮乏等,导致了小组合作的效能低下,产出不够。在团队参与度和积极性都尚且不错的情况下,仍旧导致了最终结果的低产能现象。部分小组最终没有作品呈现,可能是因为项目组长没有统筹规划好,或者组员配合度不够等原因导致,教师需要去发现和了解,并最终能够妥善调节好这一问题。

二、实施策略

在本项目研发中,该校以"培育健康品性,滋润金色心灵"为理念,遵循"敦品·力行"校训,联动整合各方资源,积极打造人民群众满意的品牌学校。

1. 逆风而行,聚焦问题

观察是科学思维培养的起点。在"风帆车"项目式学习的活动中,通过对"风帆"构造的观察能够精准地培养学生的科学思维,也就是说科学思维是现象观察后的活动延续。学生通过对观察到"帆"结构是有弧度的这一现象进行分析描述,进而产生对问题"为什么帆结构是弯曲的"的疑惑和思考。在梳理问题的过程中聚焦项目式学习的核心问题,激发科学思维的实质。通过"迎风而上风帆车"项目实践研究,将课本科学知识迁移到现实生活环境,聚焦真实情境问题,从而有效提升小学自然科学思维品质。

2. 阅读储备,建构模型

阅读后的合理建模是科学思维培养的捷径。学生在阅读"风帆"结构相关资料后基于周边资源等条件建立帆的"假设"模型,这对于科学思维的激发而言是非常重要的阶段。合理的优化假设能够更便捷更迅速地达成问题实践与解决,而"帆结构"建模本身对学生而言,就是一种科学思维的创新。阅读"风帆"结构的资料后,通过合理建模不仅能够提高学生项目式学习的成功机率,更能体现学生在科学思维激发过程中的创新价值。

3. 帆车试行,实证检验

实证意识是科学思维培养的关键所在。个性化的实践活动能够帮助学生获得自己的思考,能在体现科学思维的正确性的同时,检验科学思维的连贯性、存在性和严缜性。在检验"风帆车"实操过程中,通过对"伯努利原理"科学逻辑的有序循环,能检验科学思维是否合理严谨,并能够连贯延续。

三、实行机制

在"迎风而上风帆车"的研发实践过程中,学校综合实践项目组发现,从课程的框架设计到内容选择都需要不断地打磨和优化,要在"创课程"的基础上挖掘适合学校校情的 PBL 项目化综合实践项目。

1. 迁移学科知识

本项目作为综合实践探究类项目,通过项目的设计和实践研究,将科学、劳技、数学等学科课本知识有效整合迁移,融入真实生活情境,提升小学 PBL 项目化活动思考方式,同时提高学生的动手操作能力,培育工匠精神。

2. 个性评价机制

在项目实施过程中制定个性化的项目学习评价机制,通过小组之间多维度的互动评价,优化各组"风帆车"项目作品。在提升组内成员作品质量的同时,优化项目物化成果。为项目化学习制定适合该项目的评价量表,为后期循环开展项目增添丰富有效的实践经验和评价标准。

3. 凝聚团队合作

作为实际操作类的项目课程,"风帆车"帆杆的搭建需要小组成员多元互动合作,通过项目任务分工,合理分配项目主管、操作员、设计师、记录员等角色,细化任务分工,明确项目小组合作意识,从而提升学生动手操作能力、培养学生团队精神和综合实践应用能力。

4. 搭建项目平台

在"风帆车"项目开发过程中,收录学生 1.0 版、2.0 版等过程性体验资料,完善和充实学生的综合实践学习记录,让学生在"做中学"里感受到自我科学价值的体现,并为学生搭建展示平台,开拓校外合作资源,在家校共育通力合作下,资源联动深化互动体验。

三、创新之处

"迎风而上风帆车"项目开设至今,历经"新冠疫情"线上学习和线下学习两个阶段,对于课程实施而言,需要修改课时内容,调整学生材料,从居家模式中搜寻适合学生"项目化学习"的创新型低结构材料简易化场地等,在风帆车"迎风而上"的同时,课程设计也在"逆风而行",不断探索前进。

1. 选择新场地

由于疫情学生们近几个月居家隔离,因此项目设定的寻找场地的要求,在本轮项目学习过程中,修改为"在家寻找一块适合进行项目活动的区域"。项目组成员在父母的通力协助下,都能在家中寻觅或整理出一处适合自己进行科学活动的场所。

2. 构思新设计

要求项目成员能够设计一个风帆车结构,且结构合理。通过"晓黑板"平台的文字、语音发送等形式,将合理设计文字和图画说明发送给老师,项目要求对风帆车设计结构和制作过程有详尽的阐述,对设计的风帆车每个环节都有相应的文字或语音步骤说明。

3. 物化新模型

项目成员能够利用各种材料,制作一辆结构稳定的风帆车,在调试不同风帆角度下风帆车能前行很远的距离。在制作过程中,学生考究严谨的使用低结构材料,并认真贯彻执行项目制作,提高低结构材料利用率。

4. 优化新成果

各项目小组对风帆车进行优化且效果显著,演示过程清晰明了,充分表述了风帆车的设计和制作过程,对风帆车的娱乐性进行明确的展示。在整个过程中利用视频软件、语音联系、电话沟通等方式进行项目组成果优化。

五、案例反思

在居家隔离的疫情期间,"迎风而上风帆车"项目教师的授课方式进行了转变,由现场教学变为线上直播,通过每周在中心组教师带领下进行小学自然二年级教材梳理,并进行"在线教学资源库"的建设,加深了对学科教材知识的理解和探讨。通过对"风帆车"这一课的项目化学习设计,让学生利用家中的低结构材料,进行风帆车的结构设计和比例模型制作，为学生创造科学探索的方向和途径。结合家校合作，借助家长的推进，培养学生学习科学的兴趣和动手操作能力，有效帮助学生和教师在 PBL 项目式学习、综合实践探究方面进行更进一步的理解和应用。同时还存在着很多问题需要老师去思考解决：

1. 增加场地面积

"风帆车"项目是一项结合科学、体育、劳技、数学等多学科的综合项目，那么在体育运动这一规划上，需要更大的场地和更安全的保护设备。充足的场地资源能够为学生的试验操作环节更能施展开来，增加多样性选择，多方位多角度地加入"控制变量法"进行小车动能测试。

2. 周期循环计划

作为科教版自然第四册"风帆车"的衍生项目，学校计划将本项目进行周期性开展。在每学年上完"风帆车"教材内容后，及时进行项目课程的跟进，帮助学生加深对教材内容的理解和应用，活学活用地将课本知识进行"真实化"和"娱乐化"，增添学科趣味性，从而让更多的孩子爱上科学的学习和对项目化学习实践的探索。

3. 专业外援组建

项目化学习不是单一学科的深化，而是多学科多知识的融合。项目组老师在教授方面可以提供专业的学科讲授能力，但是更多的像家用车、赛车、风速、竞速等概念，是学校教师所无法全方位涉及的专业领域，需要配备专业的外援支持，保障该项目的专业领域由相关人士进行场外知识的支撑。

4. 打响宣传知名度

在这一系列的工作之下，项目组也需要有一个好的平台去展示项目组的成果，需要大众关注到该项目组，知道并了解项目团队的"前世今生"，并帮助进行更好的宣传，提供更高层次的交流平台。项目组能够在展示自我的同时，汲取相同乃至更高水准项目团队的经验，丰富项目化开展内容，以此来进行自我审视和优化。

在"迎风而上风帆车"项目式学习活动的推进过程中，由学生自己观察到的实验现象为起点，以知识阅读基础上的认知为辅助，加上关键的实证检验为关键点，才能够很好地将科学思维连贯为整体。项目化学习要努力体现科学的本质，让项目化学习具有浓厚的科学底蕴，必须从培养学生的观察能力、阅读后的有效建模、实证检验意识等方面入手。也就是说教师应该在项目式活动的开展过程中，建立科学的思辨观念,关注科学思维的整体架构,由"现象-问题-假设-实践-评价"的科学逻辑开展思维训练,激发学生科学思维,培养学生科学素养。

第四节　教学案例的实践

自2014年STEM课程研究以来,以区域团队进行STEM的整体研究,虽然发现了众多的问题,但在不断地解决过程中,一大批的STEM课程成长起来,在区域内也有了一定的示范作用。而探寻这些课程的经历时,我们发现每一个课程都曾经面对着一系列的问题,包括之前分析到的课程本身的问题、管理平台的问题、教师自身的问题,其中我们也尤其关注STEM视野下的课程的评价问题。

一个课程的发展可能是充满未知的,但我们的老师在团队、专家的帮助下,最主要是在实践中进行问题的梳理、经验的积累,从而使自己的课程不断地发展,有些已经成为区域的品牌课程。

让我们一起在以下的这些案例中去寻找成功的秘籍。

案 例 24

挖掘潜能"品牌"驱动　生态发展
——以"砖桥"课程为例

一、案例分析

该校的砖桥STEM课程开设至今已有四年时间。在过去的三年多里,"砖桥"项目获第一届全国中小学STEM案例评选二等奖;区中小学生研究性学习成果一等奖;"砖桥"课程被评为区校本特色课程;砖桥社团被评为奉贤区二星级社团;"砖桥"项目被评为奉贤区教育信息化实践重点项目、奉贤区特色发展"品牌"计划项目特色优秀项目。受上海市教委推荐,砖桥项目在澳大利亚校长团的交流学习、海峡两岸城市教育论坛、上海市自然学科主题教研活动暨小学STEM专场活动、上海市"两纲"教育现场推进会中交流展示,深受好评。

2016年,学校开展了"芦苇少年弘扬工匠精神'砖心一志'再现家乡古桥风貌"的科技创新实践体验活动。该活动荣获上海市青少年科技创新大赛特等奖,全国青少年科技创新大赛一等奖,这为课程的实施奠定了良好的基础。于是在STEM教育理念的引导下,学校把家乡古桥作为学校的STEM课程内容,把"弘扬工匠精神、继承传统文化、培养创新人才"确定为"十三五"学校自主发展系列中"STEM课程"本土化的主打项目之一。在校长的引领下,2017年起,学校开始探索校本"砖桥STEM课程",调查探究家乡古桥,利用仿真砖制作多座家乡古桥,以此来锻炼学生动手、动脑能力和团队协作精神。学校组建由专家引领、校长领衔、骨干教师参与的项目研究团队,对项目进行顶层设计和具体的操作实践开展。

2017学年,学校在二年级开设砖桥课程,利用每周一节的探究课和快乐星期五活动课落实砖桥的课程,开展以桥文化为主的文化类学习;2018学年,学校调整课程方案,在四年级加入以基于真实问题解决、创新思维能力培养和实践动手操作为主的砖桥STEM课程,通过两方面课程内容的融合,学生在一年中也获得了多方面能力的提升;2019学年,学校在砖桥课程中融入贤文化内容,在工程实践的基础上加入家乡桥文化的探究和学习,以此来丰富砖桥的课程;2020学年,学校在原有课程的基础上融入信息化元素,借助数字信息化教学资源平台更好地支撑课程的开发和学生学习过程。

二、问题描述

砖桥STEM课程,以原有的砖桥科技创新实践活动为出发点,积极引入STEM理念,以学校教师为主体进行课程内容的自主开发,并积极探索进入日常课堂教学的可行性模式,在整个实施的过程中学生的动手能力、团结协作能力得到了大幅的提升。但是在实施过程中,还是发现了一些问题:

1. 实体操作资源短缺

本课程活动资源主要是小砖,是由砖窑加工后形成的人工材料,在学生实践操作的时候几乎每节课都需要使用小砖进行砖桥的搭建,每次的搭建都需要实体材料,而这些实体材料缺少再生性,每次完成操作后,除极少的部分小砖可回收,大部分只能是一次使用,整体呈现出耗材严重的问题;

2. 课程实施教师缺乏

学校为积极落实本课程,特地抽调了多名年轻教师参与本课程的建设,但整个团队在实际的课程实施中,还是负担重重,教师除自己所负责的基础课程外,还需要为本课程的实施投入大量的精力去进行课程的研发,时间上不能充分地保证。且原有的团队由于众多客观原因,调动较为频繁,目前只有一位老师还在坚持。课程实施任务重,整个课程研究的进度缓慢,难以完成既定的课程目标;

3. 课程学习资源匮乏

在"砖桥"项目开发和实施过程中,课堂环境学习资源目前比较匮乏,虽然奉贤是桥乡,周边有着丰富的桥文化资源,但是要将所有的资源搬进教室,对于授课教师来说,实地考察难度较高,且工作量实在太大,从而导致在课堂授课环节有些自然现象或者效果不能达到理想的状态;

4. 课程评价系统不完善

过程性成长描述不够系统化,每次的学习活动学生都会有较多的记录,这些记录能较完整地描述学生的学习成长过程,但现实状况下一些数据不能够及时完整地留存,甚至还有照片、视频等大容量的信息化信息的留存等问题。

三、实施策略

在本项目研发中,学校秉持"让课程适应每一位学生的发展"的工作目标,挖掘各方面资源,充分整合,营造出课程建设发展的新氛围。

1. 顶层设计

学校秉持"让课程适应每一位学生的发展"的工作目标,从学校管理层对课程进行整体规划,进行课程的内容开发与课堂实践。在课程实施过程中,学校采用梯度推进的形式,搭建起有效的结合点,与日常教学融为一体,与探究课程设置相结合,依托探究课开设砖桥 STEM 课程,保证上课时间,始终努力体现其教育性、真实性、工程性、综合性、直观性的特点。

2. 团队打造

课程需要教师团队的实施,教师是课程正常实施的基础。整体规划之后,学校全力打造项目团队。为了保证课程的有效落实推进,学校在一开始组建课程建设队伍时就充分考虑到课程建设的难度,在充分征求教师的意见基础上,调整教师的课务,合理调整了原有的课程设置,挑选了参与过区校本课程及 STEM 课程培训的种子教师作为本课程专任教师,负责课程的具体操作与落实,以二年级为课程试行起始年级,基本确保了本课程有序、有效地实施。

3. 课程研发

学校邀请了区 STEM 课程组专家为特别指导,对课程内容设计、单元目标设定、课时安排做专业性的把控；以课程群建设为核心，全学科参与，全范围覆盖，将学校原有的基础型课程及校本特色课程融入"砖桥"项目化学习活动建设中来。通过项目组领衔的方式，挖掘"贤文化"教育优质资源，建立健全课程评价体系，践行"砖桥"课程与STEM理念的有机融合，也形成了一定的课程实施文本。

4. 课堂实践

STEM教育最核心的原则是在真实生活情境中解决实际问题，让问题成为学习的起点。学生以与桥有关的问题为思考点，形成了"创设情境——求真设计——工程实践——成果解释"的课堂教学研究模式。再以数字化平台为助推，打破时间、地点方式的限制，实现随时学、处处学，从而进一步转变教师的教学方式和学生的学习方式，促进教育教学与研究的一体化。通过大数据分析学生的学习行为，精确找到其薄弱点，进行推送，满足学生个性化学习需求，整体提升学校教育教学品质。

四、实施机制

在课程研发和实践的过程中，我们意识到就课程做课程难以突破我们的研究现状，在提倡"五育并举"的当下，我们应该找寻课程发展的新方向，让我们的课程体现其教育性、真实性、工程性、综合性、直观性的特点。

1. 跨学科内容整合

该项目作为综合实践活动课程，其内容研究涵盖不同学科领域，如借助自然学科承重力的影响因素探究、美术学科对桥的造型设计、数学学科对桥的长宽高比例测算、语文学科对桥文化的探究等。学校将在不同的学科领域组建小项目团队，开展学科领衔的综合实践活动课程群建设。

2. 多层次课程实施

STEM教育最核心的原则是在真实生活情境中解决实际问题。而桥就是一个基于真实情境的工程实践问题。在制作之前，教师让学生对桥进行全面地观察和探究，而在此过程中，需要对桥的样式、材质、位置、历史等做深入的研究，甚至桥所涉及的周边环境也可以纳入本课程的实施，使"砖桥"课程的实施为社会人的培养而服务，从而真正地设计不同层次内容的探究活动。

3. 多维度评价机制充实

完善评价机制。在实践课程的过程中，将建立课程执行力自我评价与自我修正的指标，对学生的学、教师的教、课程的实施效果开展评价，初步形成五层面评价机制,促进课程的健康发展。建立三方面综合评价主体;设计三个维度的学生综合评价内容;架构五版块课程方案评价内容;设计教师综合性课堂教学评价表;采用三时段课程实施评价手段。

4. 高效率信息平台

利用丰富的数字资源进行教学,通过一些音、视频文件、3D动态模型图和虚拟实验平台来提升学生的学习及思维想象空间,提高知识的视觉化传达,加强学生的课堂参与性和互动性,培养学生的创新能力和想象力,实时留存师生探究各个主题的中间数据和课堂反馈情况,改变了长期以来纸质教材单一刻板的传统教学模式。

五、创新之处

砖桥STEM课程建设,关注的是学生思维能力的训练、创新能力的培养;关注的是现实复杂情景下的工程实践的整体建设;关注的是砖桥背后的文化内涵,是对与桥相关的环境文化的探索与思考,在探究"桥"的同时,探讨桥的"生命"。

1. 项目形式及时转型

从最初1.0版本的科技创新实践活动转变为3.0版本的砖桥综合实践活动课程。从活动到课程,转变的不仅仅是项目的活动形式,更是参与的对象。课程的实施能够让更多的学生参与到项目的学习中,充分挖掘本土资源,变"精英活动"为"全员课程",让砖桥课程成为每一位学生的必修课程,扩大课程普及面。

2. 项目内涵及时转型

从最初的关注学生制作能力和动手能力的培养变为以活动为载体的综合素养的提升。1.0版的科技创新实践活动关注的是学生能否根据要求完成一座仿真桥的搭建,在过程中是否锻炼了动手操作的能力,关注点在操作方面。而3.0版的课程研发更加关注的是学生在真实情境中的问题解决能力、团队协作能力、创新思维能力,最终指向的是学生综合素养的提升。

3. 项目评价及时转型

从最终成果物化的结果评价转变为课程实施的过程性评价。1.0版的活动关注的是最终作品的呈现和展示,以作品的完整、美观、创意等来进行评价;而3.0版的综合实践活动课程更加专注的是过程中学生能力的培养、过程性资料的积累,为学生的设计、讨论、制作等不同学习环节设计相应的评价指标,及时有效地开展评价,促进学生更加高效地开展学习活动。

六、案例反思

砖桥项目被列入"品牌"课程发展之列，该校更是对本课程的发展寄予厚望。在新的发展时期，学校充分调动本校已有资源，扩编课程建设师资队伍，利用品牌经费购置必需的工具、材料，聘请专家对课程进一步规划，旨在培养学生的科学素养及自主探究和解决问题的能力，提高学生学习的层次和效率，使课程的教学模式趋向于"多元化、参与化、科学化"，形成教师主导、学生主体的教育互动模式。在今后的研发和实施中，该项目将从以下几个方面进行思考和实践：

1. 营造校园文化氛围

借助砖桥综合实践活动课程实施已有的影响与辐射，从单课程发展向校园文化建设发展，从探究砖桥的制造向桥文化内涵发展，从经典砖桥的复制向生活中的桥资源探究发展，从而收集整理各式各样经典的家乡桥梁，以实物、展板、模型、微景观等不同形式在校园内不同的地点进行呈现，展示奉贤桥文化的发展史，使学校成为奉贤古桥的展馆。

2. 撰写教师学生用书

合适的校本学材能够整体呈现课程的设计思路，学校将邀请区 STEM 课程组专家为特别指导，对课程内容设计、单元目标设定、课时安排做专业性的把控。对原有1.0 版本的"砖桥"STEM 课程之二年级"平板砖桥"系列教材进行修改，融入文化、环境、历史等人文因素，撰写 2.0 版本的《平板砖桥》教师用书、学生用书，设计配套教学设计和课件，形成一套完整的课程资源。

3. 汇编学生成果资料

课程品牌实施的过程中，应更多地注重资料的积累。学生活动的过程中，会以交流、讨论、考察、展示等多种形式展现对桥的研究，通过制作不同的经典生态桥梁展现学生的考察、设计、实践、分享的过程，及时记录学生学习研究过程中的收获和心得，及时将学生的研究性成果整理、汇编，以成果集的形式记录，做好过程性资料的积累。

4. 建立数据共享平台

整合信息化硬件设施，参与砖桥项目化的实践与探索，以数字化平台为助推，打破时间、地点方式的限制，实现随时学、处处学，从而进一步转变教师的教学方式和学生的学习方式，促进教育教学与研究的一体化。通过大数据分析学生的学习行为，精确找到其薄弱点，进行推送，满足学生个性化学习需求，整体提升学校教育教学品质，并形成基于信息化技术的分享平台,积累、分享课程建设大数据资料。

　　课程是一个师生共同生活、成长的生态系统,也是一项系统工程,它富有生命力,需要整体架构和推动。砖桥STEM课程是学校课程建设的一个点,以江南水乡特色砖桥为切入口,结合奉贤桥乡环境特点,利用仿真砖进行桥梁设计制作,融入STEM教育理念,以点带面,开启课程全学科参与,结合学校原有特色项目来撬动整个学校的课程创新,打造"砖桥"综合实践活动品牌课程,创建"砖桥"项目品牌校!

案 例 25

多维联动传承　协同"品牌"创新
——以"路口前行"综合实践活动课程发展为例

一、案例分析

　　作为上海市"创课程"实验学校,该校开展"创课程"项目至今已有四年时间,学校以市级重点课题"立足校本资源的小学自然创课程项目式实践研究"导行实践,"基于校情的小学自然创课程项目化执行的实践研究"荣获上海市级青年项目立项;"'迎风而上'风帆车"项目荣获中国第二届"学习素养-项目化学习"项目化学习二等奖;"创课程"实践经验在"上海市中小学创课程2018年项目总结研讨会"作市级交流;《有"料"实践,助推学生"创"思维发展》出版发表于《创课程——上海市中小学跨领域实践创新课程的研究》;"梦想改造家——木地板铺设"项目在市级公开执教;学校承办区"创课程"教育现场研讨活动,"'创'教育基于学科整体推进的实践""迎风而上,助推思维发展"等经验总结在区级作交流,"金品手工坊"校本课程被评为区特色校本课程,并出版发表于区《校本特色,区域推进》书中。

　　"创"课程是上海市中小学跨学科综合实践活动的重要组织与实施形式,在拓展知识、技能与方法的过程中融入了研究性学习,在此基础上强调跨领域、跨学科教育。在知识重构、流程再造后形成新的学习环境,有助于对学生创新品质的培养。"创"课程强调融合"STEM"等国际先进教育理念,更强调传承发扬"做中学"等中华民族优秀教育理念。

　　2017年,学校与上海市教委教研室签订创课程试点校,进行了"梦想改造家""十字路口"等实验项目的校本化实践,实验成果得到了市教委的高度认可和好评,2019

年学校正式成为上海市创课程实践校。

2020 年,学校基于创课程项目的前期经验,在提炼、总结"十字路口"项目实践经验的基础上,申报了区"路口前行"品牌特色发展项目,并通过资源整合和分析,配备项目团队,以项目式学习研究为主,在邀请专家的引领、指导下,结合各学科主要特色,融入学校"品性教育"主题和东方美谷地域元素进行 STEM 创新课程的综合实践与体验,旨在从多方位多角度深入进行综合实践活动的探索研究。

二、问题描述

"路口前行"综合实践活动课程的推进基于"十字路口"项目的经验基础,在整体实施过程中学生的综合运用与问题解决能力得到了有效提升,但是在实施过程中,还是存在一些问题:

1. 周边高科技资源缺乏

学校位于东方美谷核心区域,毗邻上海之鱼金海湖畔,周边项目相关资源丰富,但仍然缺乏相对专业的科技行业技术支持。"十字路口"项目需要红绿灯 LED 编程技术、路口全息影像投影等高科技 VR 技术,目前学校尚未找到合适的资源提供。

2. 教师课程实施能力欠缺

学校"路口前行"项目组由校长领衔,副校长统筹,为顺利推进"创课程"项目,组织带领探究老师、数学老师和自然老师各一名进行校本课程的建设。但在项目实施过程中,项目组对项目的深层解读还不够深入,对教研员的指导渗透不够彻底,虽然能够基本完成课程编撰任务,但对后续发展稍感后劲不足。

3. 学生信息设备材料紧缺

学校教师配有平板支持,但学生使用的平板设备数量明显不足。在课程设计中类似于构思信息资料查询、课外阅读等环节,由于设备短缺,只能通过教师先行查阅搜集后向学生进行展示,无法达到让全体学生自主操作的要求。

4. 校外学习培训资源匮乏

在参与的其他培训活动中,项目组有参与到"交大无人机"项目实验基地、"小学自然人工智能 STEM 编程"课程培训中,同类比较发现学校团队教师的培训机会还可以再增加,多接触高等学府的培训项目,提升教师自己的眼界,鼓励教师将所见所学迁移给项目组学生团队。

三、实施策略

学校坚持"培育健康品性,滋润金色心灵"办学理念,引领项目组全体教师积极探索致力于 STEM 教育的综合实践活动课程的设计与组织策略。

（一）系统思考,顶层设计

1. 明确课程目标。以东方美谷区域发展为资源,通过项目化学习的逐步展开,形成一系列与"路口"有关的问题研究题库,创造性地解答并完成路口优化、路口规则建设、路口发展预设等研究成果,完成品牌项目的建设,建设一支具有探索与研究精神的教师队伍,有效提升学生综合学习素养,培养其对东方美谷的朴素感情,并为自己是奉贤人而感到自豪。

2. 实施长短课时。按照课程内容,根据教师教学和学生活动需要,学校灵活设置课程时间。分别设置有 35 分钟的班团队课,70 分钟的社团活动课,还有不定课时的体验考察课等。

3. 确立课程结构。学校坚持传承"创课程"项目优势,与学校品牌项目建设相结合,融入东方美谷地域元素,确立以"路口本身""路口资源""路口规则"和"路口发展"四个活动主题为主要课程内容的活动框架,体现金海社区和学校特色。

4. 形成实施纲要。从创课程项目的开展,到"路口前行"品牌项目的建设,学校根据活动的发展和需求,一边行动,一边调整,一边充实课程内容,初步形成了《"路口前行"实施纲要》,以此引领全校有志于课程建设的教师逐步加入项目化学习的研究中。

（二）统筹协调,行动实践

1. 组建项目团队。"创课程"明显有着原有学科学习的背景,而"创"思维的导入与整体参与,给予学科类科学实践活动很深远的影响。为丰富"创"思维课程资源,学校组建了两个团队。一是"路口前行"项目组,负责项目的具体执行,具体指导学生开展活动。二是课程领导小组,具体负责项目的规划、组织、协调和管理等,以保证综合实践活动的有效实施。

2. 挖掘周边资源。在原有区农科站、伟星管业等一批活动基地的基础上,进一步加大与东方美谷企业、事业单位的联系,增加建交委、交通队等单位为学生活动基地,确保了跨学科综合学习的需要。

3. 研发课程内容。学校邀请区 STEM 专家为特别指导,对课程进行三期规划,同时对课程内容设计、单元目标设定、课时安排做专业的指导和把控,形成了一期的教材供师生使用。同时,基于学校体育、艺术特色,将学校"金品手工坊"特色课程融入"路口前行"项目化学习活动中,通过项目化学习的形式,将学校"品性教育"主题融入综合实践活动中,进一步充实、完善学校品性教育课程体系。

4. 开展课堂实践。"创课程"提倡五种学习路径,即研究一个规律、设计一个方案、制作一个产品、体验一种规则、思辨一个问题。其中,无论哪种路径都是问题指向的,并通过"项目—任务—环节—活动"的实施链层层推进,将学习的整个过程,用"问题解决"串联起来,形成问题解决的课程教学脉络,以此为学生"创"思维发展和培养助力。

四、实行机制

学校明确"路口前行"品牌特色发展目标,并以目标为导向,研究"路口前行"综合实践活动课程的运行机制。

1. 项目式研究

组建项目团队,以项目驱动课程设计,在团队解决问题的过程中体现多维协作创新,包括如何获取知识,如何计划项目以及控制项目的实施,如何加强小组沟通和合作等。

2. 即时性培训

设有"路口前行"微信工作群,将学校领导、区 STEM 专家、项目组成员等邀请到群里,针对项目执行中碰到的问题或困难进行即时培训。既有理论学习类的指导,也有工具应用的操作类培训,体现实践过程中培训的全程性和全面性。

3. 联动式管理

将课程分类落实到学校各个部门,条线部门、学科组长、年级组长、班主任、学科教师全员参与管理,做到跨学科综合管理,做到"时时有沟通,课课有巡查,日日有反思、周周有改进",确保活动按计划有序推进。

4. 多元化展示

以多途径、多形式的作品展示和活动宣传来呈现"路口前行"综合实践活动课程的经验和成果。如专用实验室成果展示、教研组活动展示、课堂教学展示、经验总结交流、学生创意作品展评等。

五、创新之处

"路口前行"综合实践活动课程,坚持文化传承与创新,以项目驱动形式,通过探究、服务、制作、体验等方式,培养学生综合素质,具有以下创新之处:

1. 项目内涵传承性

本课程的实践,始终基于"创课程"一至三期的研究与实践,传的不仅仅是项目本身,更是项目文化内涵的深度与创新。只有在传承中不断创新,在创新中不断传承,项目本身才不会单薄,才能更好地延续,并发展为课程。

2. 项目实践生活化

由金海社区"大金球"的拆除向学生发起问题的思考,始终引导学生以社区小主人的身份,带着对社区发展建设的思考,从生活、自然以及社会交往中去学习,解决生活中的困惑。

3. 项目作品特色化

从最终单一的项目物化成果,转向为彰显学校"金品手工坊"特色,带有东方美谷元素,融合金海社区发展为一体的比较大型的成果作品,项目更关注的是引导学生将对学校特色文化的自信,内化为对建设更美好城市的向往和信心。

六、案例反思

综合实践活动的实施涉及全体师生,为有序推进项目实施,在专家引领下,学校规划了三年发展目标和任务,制定了实施方案,组建了项目团队,优化了组织管理框架,做好了各期推进计划,明确目标,以项目式学习研究的方式,有序、扎实、有效地推进,在今后的实施中,学校将着重以下几个方面的思考和改进。

1. 大课程意识

综合实践活动课程的推进中,如何引导跨学科教师从探索性的指导到经验性的指导发展,并最终发展至创造性的指导,这需要全体教师主动学习、勇于实践,在实践中不断发现并研究问题、解决问题,自觉、自主地提升大课程意识。

2. 高科技技术

5G时代的来临以及信息技术的快速迭代,使得高科技产品的迭代日新月异,俗话说"没有做不到的,只有想不到的",如何在深化实践的过程中大胆融入现代、甚至未来高科技技术,还需要邀请社会各界更多专业技术人才的专业支持。

3. 资源库建设

在项目实践的过程中,同步开展资源库建设,将整个过程中的所学、所思、所想、所做、所用(包括教学资源、技术工具、学习成果等),所有的痕迹在资源库中保存、展示,用动态的成果来记录整个过程,可以丰盈项目成果。

综上所述,"路口前行"项目力图推进小学跨学科领域的综合实践学习,促进课堂教学组织方式(内容组织、资源组织、人员组织)、认知方式、活动方式的新探索,以生活情景问题,让创新型实践育人更加"落地",是以项目学习为主要学习方式,从跨学科学习、问题解决等课程要素整体切入,开展小范围、高纵深的小学 STEM 综合实践活动试验,为深化基础教育课程改革增加课程案例与实践经验。

案 例 26

高中劳动技术 STEAM 课程开发与实施
——以"技术专项"课程发展为例

一、案例分析

该校近几年"技术专项课程"个性化学程设置,体现了"以学生为中心"和"促进学生个性发展"的价值取向,也是学校适应综合素质招生的改革举措。学校突破原有课程框架,基于项目化进行顶层设计,在课程开发、课程内容选择、教学实施及评价等各方面进行了有益的实践探索,并取得一定成效,为其他学校探索个性化学程设置建设提供操作经验。

(一) 项目成果

从 2013 年学校开设技术专项课程至今,在课程建设、教学研究、教育科研、学生竞赛等各方面取得了一系列的成果。

1. 课程建设方面。完成了十二门技术专项课程的建设(见表 4 - 2)。

表 4 - 2 奉贤中学技术专项课程开设汇总表

序号	课程名称	任课教师	专业背景
1	创新设计思维工坊	翁燕燕	应用电子技术
2	电子技术基础	徐春凤	物理
3	创意 3D 设计	王欢	信息技术
4	无人机技术与设计制作	季忠刚	物理

序号	课程名称	任课教师	专业背景
5	结构设计与制作	熊安丽	物理
6	激光雕刻设计与制作	华丽	化学
7	智能机器人	周世平、姜雄、徐瑞	物理
8	创客综合	夏爽、林保全	化学、信息技术
9	单片机基础	林保全	信息技术
10	人工智能基础	许骏	信息技术
11	传统木作工坊	夏爽	化学
12	APP开发与设计	苏莉莉	信息技术

2. 教学研究方面。经过多年项目化学习实践探索该校提炼出技术课程"四三一二"教学范式(见图4-7),即"四重真实、三维空间、一套流程、二层分解",优化课堂教学,促进学生的学习。

3. 教育科研方面。技术专项学科组编写了多本校本实施教材,其中《指尖上的智慧——机器人设计与制作入门》《走进 STEAM——中学一线教师项目式学习实例》《项目化学习的案例透视:设计、实践、反思、建议》三本已出版。

4. 学生竞赛方面。近几年专项课程培育了一大批个性鲜明、志趣高远的优秀学生。每年有大量学生活跃在国内外各类比赛中,屡屡获奖;学生申请专利累计有几百项。以2017到2019学年为例,国际级获奖25人次;国家级获奖123人次;市级以上相关比赛获奖人数共计700多人次,有的项目是团队获奖,涉及人数更多(见表4-3)。2017年获得 DI 全球赛第一名(见图4-8),2019年获得世界机器人国际赛冠军(见图4-9)。学校在2017年学校被评为上海市科技教育特色学校和上海市知识产权示范学校,2019年被评为全国知识产权试点学校。

表4-3 2017—2019学年指导学生获奖情况汇总

级别	获奖人数
世界	25人
全国	123人
市级	700多人

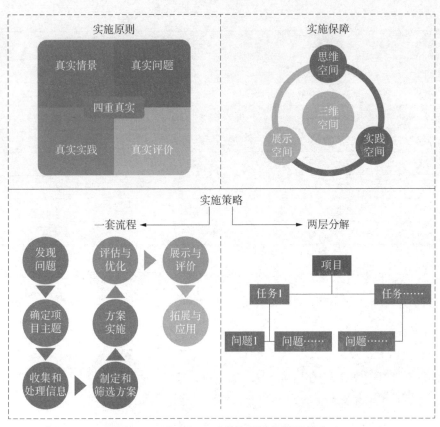

图 4 - 7 "四三一二"劳技项目化学习范式

图 4 - 8 2017 年 DI 全球赛第一名

图4-9 2019年世界机器人大赛国际赛冠军

（二）课程发展的基础分析

1. 问题分析。2012年,通过问卷及访谈发现原有的劳技课程至少存在以下四个问题:

（1）课程内容设置单一,难以满足不同性别、个性和兴趣的学生需求。

（2）课程时间设置单一,45分钟的课时时间难以让学生真正动起手来。

（3）班额过大,难以个性化指导和团队交流。

（4）师生教与学的幸福感不足。

2. 现状分析。2012年时学校仅有3位劳技任课教师,3间专用教室分散在科创楼、实验楼,教学内容按市统编教材有序开展,教学模式以学案导学为主;学习资源比较单一。

3. 学科价值定位。首先,课程应当引导学生融入技术的世界,增强学生的审美能力和社会适应性。其次,课程要激发学生的创造欲望,培养学生的创新精神。第三,课程要强化学生的手脑并用,发展学生的实践能力。第四,课程要增进学生的文化理解,提高学生交流和表达能力。第五,引导学生理解艺术与技术之间的内在联系,学会系统思考。第六,课程要改善学生的学习方式,促进学生的终身学习。在此基础上,2013年起学校尝试用基于兴趣且真实可触的项目来设计课程,去实现课程的独特价值。

4. 实施背景支撑。2014年,上海市颁布了《上海市深化高等学校考试招生综合改革实施方案》,随后启动本市高等学校考试招生综合改革,其中的综合素质招生改革更加坚定了学校走专项化课程改革之路,也为课程的探索指明了方向。

(三) 课程发展步入正轨

1. 专项课程师资队伍建设

师资质量是课程建设的关键要素。学校鼓励各学科有特长和兴趣的老师兼职或专职技术课程,先后有 5 位物理老师、3 位信息技术教师加入到劳技专项课程教师队伍;通过引进高素质高学历人才,提升教师队伍整体素质,2015 年引进 3 位化学博士,后又引进物理、生物博士 2 名,其中 3 位加入到技术专项课程建设中;通过聘请外聘特色教师配备校内专项助教实施"双师制",以助为培,逐步完成了新专项课程开发建设及专任教师的培养。到 2020 年,劳技专项教师有 13 人(见图 4 - 10,2020 年新加入 2 人),其中博士研究生 3 名、硕士研究生 4 名、在读研究生 1 名,主要具备物理、化学、信息技术专业背景。

图 4 - 10 劳技专项课程教师队伍

2. 项目化学习环境建设

环境本身即课程资源,环境可以改变人的学习经历,环境建设包括硬环境和软环境。2018 年 2 月新科创大楼四楼 5000 多平米 13 间专用教室启用,2020 年五楼人工智能专用教室启用。学校不仅添置了大量相关设施设备,而且通过软环境布置展现技术课程的独特文化和功能,如走廊中有智慧创造苑展示墙、教师团队展示、课程特色介绍、优秀学生发展案例等内容;同时各个专项课教室的环境布置也特色鲜明,无不透射出课程项目的魅力(见图4-11)。通过技术专用教室的学习环境建设,并构建项目学习共同体,满足个性化学习需求和发展。

图4-11 项目化学习环境建设

3. 项目化学习的探索实践

第一阶段,从2013—2017年。劳技学科合格考试从全市、全区的统一抽查,权限下放到各个学校自行组织。而恰逢2014年上海提出了综合素养评价和高考综招改革。劳技教学打破传统的"先教后学、先学后做"的方式,而尝试以"以做导学,边做边学,以做促学"的方式来开展课堂教学。同时选择科技比赛中与学科内容密切相关的话题作为项目化学习挑战任务。富有挑战且又有展示平台的学习方式,让学生的综合能力得到很大提高,学生获奖人次和等地屡创新高。

第二阶段,从2018—2019年。在2017年版课标出台之后,专项课程教学目标设置上就严格按照课标学业质量要求,项目评价规则和指标按照教学目标来设置,项目化学习的案例设计按照夏雪梅博士的《项目化学习设计》一书中的六个要素来进行。两年里形成了项目化学习汇编案例成果《项目化学习的案例透视:设计、实践、反思和建议》,该编著于2020年6月获得CIP批号,即将在今年完成出版。

反思前两个阶段,发现项目对学科知识与技能关注较多,而对于学科核心素养的各素养达成等级,没有客观明晰的评价举措和实施指标。新教材即将全市统一启用,思考项目化学习如何通过新教材开展校本化实施,学科核心素养培养与发展如何通过具体评价落实。2020上半年进行了一些思考与实践,并且在暑假期间提交了市级课题"基于学科核心素养培育的通用技术学科校本化实施的实践研究"的申请。

二、问题描述

结合学校做好"潜能教育"品牌的核心追求目标,劳动技术学科确立了构建个性化技术学程设置的目标:全方位、多层次、宽领域的技术通识课程,自主选择的个性化技术专项课程。要面临和思考这些问题:

1. 关于教师

丰富多样的课程开设,师资队伍哪里来? 专业能力如何培养?

2. 关于课程

开设哪些专项课程? 课程体系如何构建? 选择什么样的内容和载体?

3. 关于素养

采用什么样的教学模式、学习方式、评价机制,才能更好地实现全面而又个性发展的学生培育?

三、实施策略

奉贤中学潜能教育的育人理念是顺应每个学生的天性,发现、唤醒每个人的潜能,使每个学生成长、成人、成才,预见最好的自己。如何能够通过技术教育,培养更多有理念、会设计、能动手、善创造的社会主义建设者和接班人。学校尝试通过以下策略解决上述问题。

1. 建立管理机制激励跨学科教师队伍的发展

学校在 2015 年将劳动技术、信息技术、创新素养及艺术四个学科共 14 位教师组建为科艺创新教研组,并直属课程发展中心分管。同时激励名师牵头组建了科创互助团队,通过政策鼓励、资金扶持、考核监督等多种方式让各理科教师加入到科创队伍,拓展跨学科教师队伍。学校的教师自主发展评价机制,鼓励教师可以在课程建设、教学管理、教育科研、学生竞赛等各方面自主发展,并通过教师自主制定的三年规划和考核进一步规范督促。通过专项教师团队自培、互培、外出培训及结对带教等多种方式促进教师专业发展。

2. 教、科、研一体化,促进专项课程建设

技术专项学科组通过制定校本教程编写并出版的计划,获得学校支持,有序推进

校本课程建设。以公开课、比武课为抓手深入研究教与学的方式,并撰写成案例,以点带面,从一个课例到一门专项课程,从一门课程辐射到多门课程。通过研读课标,反复交流讨论确定编写目标、体例、项目主题选择和人员安排等,以编促研,以教带研,技术专项学科组两年内完成了两本校本课程的编写和出版。

3. 开展项目化学习,提升学生综合素养

项目化学习就是通过在真实情境中找到真实问题,通过小组一段时间持续的合作体验探究,促进学生主动学习。真实情境包含着丰富的学习内容,真实问题激起挑战欲,体验探究让学生真正动手,项目成果展示交流促进学习的目标感和成就感,同时提升了学生的综合素养。

4. "通识-专项-社团"梯度课程设置,促进个性特长生培养

通过构建"技术通识体验课程、个性化自主选择专项课程、课题研究为抓手的拓研课程"梯度课程设置,提供给每个学生多样化、个性化、自主化学习方式和途径,发现、唤醒、释放学生的潜能,促进个性特长生的培养。

四、实行机制

1. 大走班、小班化、长课时,提供个性化学程设置

2013年起,学校以专项化为抓手,打破传统按照统编教材内容和学时统一授课的模式,从单一课程转变为基于项目的多元课程;从每次1课时转为每周2课时连上,扩大教学时空;从行政班(40人左右)授课到基于个性化项目的小班(20人左右)上课。

2. 项目化学习范式全面实施

各技术专项课程校本教材的编写统一按照项目化学习开展的方式进行,通过校本教材的编写、实施与优化,技术专项组形成了统一的学科项目化学习范式,要求统一规范按照"四三一二"教学范式开展课堂教学。

3. 学分绩点制评价,鼓励学生个性发展

劳技专项课程的评价纳入到学习素养评价方案,采用学分绩点制,学分表示学生的学习经历,绩点表示学生的学习成效。一个项目化课程,只要学生完成各个子项目学习,就可以获得学分;各个项目的完成情况作为绩点考核依据。学分绩点制和学生的各项评优直接挂钩,这将鼓励学生主动参与学习,不断挑战自我,发展特长。项目评价纳入到志趣素养评价方案中,也采用学分绩点制,并设置了各级各类比赛和学分

的对应关系以及绩点的认定依据。通过学分绩点制评价方案，不断鼓励学生发展个性并积极展现。

五、创新之处

1. 以"志趣激发，特长培育"为课程建设主目标

高中的育人目标是既要奠定学生的文化基础，培养学生的社会参与，更要为他们创设自主体验和自我认知的机会和条件，让学生提前了解大学的相关热门技术专业基础，提前了解和适应大学的学习方式，通过课程系列化项目实践，来进行自我认知，并修正和完善自我认知，从而促进学生的志趣潜能激发，通过课程体系化学习，培养发展特长，奠定更好的知识与技能基础。

2. 以"因趣分群，因志分层"为课程体系主框架

每个学生的特长和志向发展需求不同，因此课程设置的内容要有很大的选择性和发挥余地。几年来学校不断创设条件，加大技术专项课程科目开发。该校近几年建立了"通识课体验、专项课培育、拓研课发展"的个性化课程体系，努力开发和建设丰富多样又紧跟时代步伐的专项校本化课程体系，这也成为老师们共同的教科研目标。

3. 以"跨学科融合，项目化学习"为课程学习主模式

以"项目化学习"为专项课程的主要学习模式开展实践研究，并建立项目化学习范式。基于生活实际问题解决或需求引发学生对课程学习兴趣和热情，引导学生自主探究、合作学习，以解决具体问题和需求为学习目标。在解决问题和需求的过程中，自然主动实现跨学科的知识与技能、过程与方法、情感态度价值观的融合，实现了以讲授为中心的"知识为本"向以学习为中心的"核心素养为本"的教学理念和学习模式的转变。学习方式的改变，使得学习不再只是"把外部世界的知识装进我脑袋里去"，而更是在持续地自我发现问题和自主解决问题中，探索世界、认知自我、发展理性。

4. 以"多元评价，个性发展"为课程评价主体系

在课程建设中，始终立足于核心素养的培育，建立和开展多元化评价体系研究，促进个性发展。项目化学习，促进了每个孩子在想象力、创新能力、设计能力、动手能力、逻辑思维能力、表达能力、领导能力、执行能力等各个方面不同程度的发展，不同个体在不同方面的表现各有优劣。"让每个不一样的孩子成就更加优秀的自我"是该

校的教育目标,因此建立多元化、客观全面的评价体系,有利于更好地鼓励督促学生多元发展,保障学生对学习兴趣的持久性和实效性,促进学生的个性发展。学校以过程性评价与终结性评价相结合,自我评价与他人评价相结合,激励性评价与管理型评价相结合,小组评价与个人评价相结合为评价基本原则,客观全面地进行评价。学校从知识与技能(基础知识、基本技能、解决问题能力、项目展示能力)、过程与方法(创新性、可行性、实用性)、情感态度价值观(参与性、规范与安全性、团队合作能力)、成果、能力成长等多维度评价,并按照评价指标设定分值和比值,产生最终的分数和评定等级,让每个学生更好地了解自我、发展自我。

六、案例反思

1. 项目化学习资源库建设

项目化学习中,学习资源的获取是灵活广泛的。比如说某一项技能的习得,可以是教师现场示范,也可以是教师录制的示范视频推送播放,又或者是提供对应的学习指导资料,也可以让学生通过网络自主获取学习该技能的学习资料。同时在技术类项目化学习实践活动中,除了需要学习资源内容本身外,还需要各学习软件和对应的硬件资源所需要的知识与技能,同样也需要对应的学习资源支撑。对于资源内容获取的方法和如何利用,必须是结合如何促进学生深度学习、核心知识的学习、实际问题的解决等综合能力培养来考虑,同时也要考虑时间、空间和方便性、效能等因素。

学习资源库建设也越来越重要,空中课堂在线教育大数据调查表明,对于学生在线学习最有效的不是教师的在线直播,而是资料包的提供,以及学习共同体的建设。建立师生共同参与项目化学习资源库建设的机制,以及更好地挖掘、利用好学习资源,也是促进学生深度学习的有效方法之一。

2. 混合式学习的开展

最好的学习必然是各种学习时空和方式的系统整合和取长补短。为此学校提出"混合式学习"。以项目化学习作为课程教学改革的载体,实现线下、线上混合式学习流程再造。线上学生的学习更侧重个性化的自主学习,如知识建构、检测反思、项目学习的自主研究阶段等内容。通过学习数据分析,教师可准确把握学生的学情,学生可清楚知道自己的不足之处,进行必要的矫正学习和个别辅导。线下建设各类学习环境,让面对面学习活动更多元、更丰富、更深刻。专用教室学习环境中,线下的学习活动中师生有更多互动交流、实践探究、评价展示、巩固检测的机会。一致且清晰的学习目标和评价导向,以及基于数据分析的学习技术,可实现线上和线下、正式和非正式学习的无缝链接和融合,充分满足各类学生的个性化需求。

3. 各专用学习空间的打通融合

目前的技术专项教室在空间建设和使用上相对比较独立,而项目化学习实际需要各种材料和工具,知识与技能等丰富多样的资源支撑。如何更好地进行各专用学习空间的优化,如创意设计与加工制作区域空间及功能发挥的有效融合,不同教室、实验室设备的有效互通及管理,校内、校外实验室设备的互补,需要进一步的思考探索。

4. 跨学科教师互助互培体系的建设

目前开设的技术专项课程虽是丰富多样且各有专业技术指向,但教师在指导项目实际任务开展时,从设计思维、电子技术、编程技术、机械技术、人工智能、物理、数学等学科知识,到项目报告撰写等步骤,都需要广博的知识面且又要一定的专业深度,为了让每一位跨学科教师自身专业特长与创新课程的开发相互适应,跨学科教师互助互培的体系建设是非常必要重要的。

案 例 27

未来问题解决
——以创新思维课程建设之 DI 挑战活动为例

一、案例分析

该校自成立以来,就重视学生创新思维素养的形成,秉承顶层设计、全面推进、重点突出的工作策略开展教育教学工作。学校把"公民之家,快乐之苑,世界之窗,梦想之源"作为办学目标,把学生创新思维素养的培养作为学校工作的重要内容,学校已经创建了创新思维教育品牌特色,确立了"青少年科创能力培养"项目,将"培养学生高品质创新思维"作为学生的培养目标。

学校 DI 创新思维 STEM 课程开设至今已有 8 年时间,每年 9 月都会在六年级招募优秀学生加入 DI 社团,所培养的学生先后获上海市 DI 创新思维大赛初中组第一名,DI 创新思维全国总决赛初中组第一名,连续五年晋级全球总决赛,代表中国学子在国际舞台上展现风采,2015 年、2017 年两次获 DI 全球总决赛初中组第一名,学校也被评为上海市 DI 模范学校。

2017 年,在科技艺术节来临之际,学校组织全校师生开展了 DI 即时挑战和 DI 中心挑战。学生以班级为单位进行 PK,合作完成剧本的排练和道具的制作,最后在舞台上尽情展现各自的才艺,在此过程中深切地体会了 DI 的魅力。活动也开展得很顺利,并收到了社会的广泛好评。

2018 年,为了让广大学生都能受益于该课程,学校召集了各学科的老师加入到了 DI 创新思维课程体系,学校制定了 DI 创新思维 STEM 课程方案,将探究、劳技、美术、音乐、信息科技等课程纳入其中,阶段式地开展 DI 创新思维 STEM 课程,通过各学科老师的通力配合,完成 DI 创新思维中心挑战—最高机密,组建专业指导教师团作为评委评出各班最优秀的团队进行最后成果展示。借助这样的平台,让每位学生都能参与其中,同时选出优秀的苗子加入 DI 社团,为接下来的创新思维竞赛活动提供保障。

二、问题描述

DI 创新思维课程是一个综合实践性很强的活动,参与者需要组成一个 5—7 人的团队,根据主题制定方案、设计剧本、制作道具、完成表演,齐心合力共同完成挑战任务。此活动的解决方案可以多种多样,要求参与者做到新、奇、特,没有统一的标准答案。在准备过程中挑战团队可能会遇到各种各样跨学科领域的难题,需要用不同学科的知识来解决,因此给团队提供了广阔的想象和创造的空间,极大地提高了学生的动手能力、问题解决能力,增强了团队合作的意识。尽管开展 DI 创新思维系列课程取得了很好的效果,但也遇到了一点问题。

1. 教师团队不固定

DI 创新思维课程是一个综合性很强的跨学科实践活动,在课程实施的过程中会涉及各个学科领域,前期准备也需要投入大量的精力去设计教学内容和教学环节,并且需要花大量的时间来准备上课用的耗材,因此需要安排相对固定的教师团队长期开展课程。学校已经组建一支涉及各学科的教师指导团队,但由于工作需要经常会临时变更团队成员,给课程顺利开展造成了一定的困难。

2. 场地空间不足

在 DI 创新思维课程开展的过程中,每个团队都要合作完成五至六个道具的制作来配合剧本的表演,且在道具制作过程中会不断产生新的问题,需要不断地迭代改进。在学校层面铺开该活动需要准备足够的空间来放置各团队的道具和制作材料,这是后期活动开展需要解决的迫在眉睫的问题。

3. 评价体系不完善

课程成果的呈现方式是剧本表演,这也是学校课程开展初期最重要的评价内容。但是在整理课程资料的时候发现,对学生学习过程中的评价非常少。DI 创新思维课程作为一门需要通过团队合作来完成的综合实践性的课程,更加关注学生在学习过程中的成长经历,应注重学生以及团队的过程性评价。

4. 过程性资料不完整

课程开展后期,发现除了最后成果展示的相关微信和照片,对于每个团队在课程开展过程中的资料没有留下太多的痕迹,教师的过程性资料积累意识还不够强,或者当时拍摄了照片和视频,但没有及时地去归类整理,这给后期资料的整理造成了困难。

三、实施策略

1. 打造教师团队

不断充实新鲜血液,壮大团队力量,通过以老带新的方式让更多有特长的年轻老师加入到团队中来,在课程实施时有更多师资配备的余地。同时制定教师团队工作考核方案,将考评结果纳入到学校的绩效奖励方案中,激发教师团队的积极性。

2. 建立保障机制

组建课程保障工作小组,协助创新思维课程开展。学校总务处加强对专用教室的改造力度,配备足够的场地空间,学校教导处也积极配合,在六、七年级开设了 DI 创新思维系列课程,并调整相关老师的课时安排,为课程的有序开展铺平了道路。

3. 完善课程设计

DI 创新思维课程的开展围绕"青少年科创能力培养"项目,将活动分为三类课程实施,构建了金字塔创新思维能力培育课程体系:覆盖全体学生参与的主题式学科拓展课程作为塔基,开展"DI 即时挑战"和"DI 中心挑战"课程,初步体验 DI 创新思维课程一般流程,培养学生爱动手、勤动脑、重合作的学习习惯;学生自主选修的拓展课程作为塔身,进一步激发学生的创新意识、创新思维、创造潜能,主要开展"DI 创新思维"拓展课;学生自主组建,学校审核确认,由导师团实行个性化指导的社团课程作为塔尖,主要代表学校和奉贤区参加各类创新思维大赛。三类课程作为载体,确保了创新思维课程的有效实施。

4. 设计评价体系

创新思维课程中成果展示只是学生学习过程中的一个组成部分,完善的评价体系既要关注学生作品的呈现效果,又要关注他们在学习过程中的具体表现,注重学生多方位变化和个性化的发展。需要设计从评价内容、评价手段及评价的行为主体等各方面进行多元化、发展性的评价体系,从而促进学生不断反思、不断完善修正自己的学习行为,使评价真正起到激励学生学习兴趣、促进学生个性发展的作用。

四、实施机制

1. 跨学科教学融合

创新思维 STEM 课程是一个综合性实践活动,所涉及的学科领域广,因此该课程可以将课程按照学科特点分成不同的阶段,设计以下环节:剧本编写—信息搜集—道具制作—剧本编排—成果展示。利用探究课的时间完成剧本编写,在编写剧本的过程中会涉及一些专业的知识,在信息科技课上进行信息搜索,随后根据剧本的剧情对相关道具进行设计加工和制作,这就涉及劳技课的相关知识和学习内容。当完成道具框架的设计制作后,为了使道具更具美感,可以利用美术课的时间完成道具的美化,利用音乐课的时间对整个剧本进行编排。最后在科技艺术节来临之际,以班级为单位进行成果展示。通过这一系列的活动,在学科与学科之间架起了沟通的桥梁,真正做到了跨学科的相互融合。

2. 教学资源多元化

传统的教学方式都是以讲授型为主,教师讲解完相关的内容,学生再根据教师的要求进行操练。STEM创新思维课程更多地需要学生根据驱动任务,创造性地解决问题,对学生主观能动性要求更高,教师的任务主要是辅助学生完成任务或者是给出一些指导性的意见,对具体的操作不强加干预。学生可以通过各种途径获取各种有助完成任务的学习资料,如去图书馆查阅专业书籍、利用搜索引擎查找相关教材,在B站上下载视频教程等,也可以通过各种渠道向自己的父母、老师以及专业人士寻求帮助,真正做到教学资源多元化发展。

3. 展现平台多渠道

利用一年一度的科技艺术节,各团队的作品可以在校级层面进行展示,从中遴选出优秀的团队和个人加入学校拓展课兴趣小组,代表学校参加区级各类科创类竞赛活动。通过区级的竞赛活动,选出精英队员组建社团,代表奉贤区参加市级以上科创类大赛。通过层层选拔,给具备创新能力的优秀学生提供更多展现自己才华的机会。

五、创新之处

创新思维 STEM 课程涉及的学科领域非常广泛,有探究、劳技、美术、音乐、物理、科学、文学等,学生以团队合作的形式完成相关任务,包括设计方案、设计情节、制作道具等,充分调动学生发散思维能力、应变能力、知识遴选能力、时间掌控能力。整个课程充分体现了动手动脑相结合、科技与艺术相结合、自然科学与社会科学相结合的特点,通过该课程可以使学生们的素质得到全面的提升。

1. 阶梯式培养模式

创新思维课程起初是作为一个科技竞赛项目开展,主要是选择一些学有余力的优秀学生参与,代表学校和奉贤区参赛屡屡获奖。在收获荣誉的同时,学校也渐渐意识到只有将竞赛活动做成相应的课程,才能让更多的学生获益,因此逐步开始在六年级开设基础课程,普及 DI 创新思维活动,同时主要面向学有余力且对这方面感兴趣的学生开设拓展课,在七年级开设 DI 社团,主要面向特别有天赋的优秀学生,代表学校参加创新思维竞赛活动,形成了从点到面的阶梯式培养模式。

2. 过程性评价模式

在课程开展的初期,学校主要是以最终的成果展示作为评价的标准。如今学校对课程制定了完整的过程性评价体系,在课程开展过程中的各个环节设定了评价指标,让课程开展更加有计划性和目标性。

3. 跨学科教学模式

团队在活动开展过程中会遇到各种各样跨学科领域的难题,需要用不同学科的知识来解决,本课程并不是单一的学科性课程,而是将整个课程按照课程实施过程中每个阶段所要达到的不同成果,根据其所涉及的知识安插到各学科的教学中,各负责老师以接力的形式逐一辅助团队完成课程内容,可以说是环环相扣,对学生和老师的综合素养和团队合作都是一次极大的考验,真正做到了跨学科的教学模式。

六、案例反思

创新思维项目经过教学资源的重新整合,已经从少数学生可以参与的科技竞赛活动,转变成了具备普及型-提高型-精英型一体化的阶梯式培养模式的课程体系,旨在培养学生的动手能力、创新思维能力、团队合作精神,逐步提高学生的综合素养。在今后课程建设的过程中,学校将从以下几个方面开展研究:

1. 完善评价体系

经过上一轮创新思维课程的实施,学校已经建立了创新思维课程过程性评价体系的整体框架,但是肯定还有许多考虑不周到的地方需要在今后的实践过程中不断发现并进行迭代改进,最终形成一套能够比较完整呈现学生学习成果的创新思维课程过程性评价体系。

2. 撰写校本教材

自开展创新思维课程以来,学校已经积累了大量的教学资料,但是没有进行系统化的整合,课程的长期开展需要以校本教材作为依托,下一阶段就是整理和归纳出符合各年级学情的教学资料,并撰写校本教材。课程相关负责老师进行具体教材的编写,邀请 STEM 课程的专家进行一对一指导,完成 DI 创新思维系列教材及配套课件的制作,最终形成一套完整的创新思维课程教学资源库。

3. 营造校园文化氛围

打造学校创新思维项目特色,在校园中营造良好的创新思维的文化氛围,使师生不仅受到知识技能的学习,更受到潜移默化的熏陶,达到育人的目的,并在区级层面上产生较大影响力,形成区域辐射。既在面上普及创新思维教育,又做好优秀学生的提高培养,为社会输送更多能动手、会创造、重合作的优秀人才。将创新思维项目向集团学校辐射推广,一是学材共享,二是教师培养带教,从而带动集团内更多的科技老师参与进来,更好地培养学生创新能力和素养。

4. 收集学生成果资料

在创新思维课程开展过程中,涌现出一些学生的优秀作品。作为教师应该在平时教学中做个有心人,及时收集并整理保存相关资料,为进一步完善课程建设积累宝贵的资料。

汇贤中学创新思维课程开展丰富了学生的校园生活,开阔了学生的视野,培养了学生的动手能力、问题解决能力和团队合作精神,为发展学生个性特长提供了更大的舞台。今后将继续优化课程内容,完善课程建设,融合 STEM 的教育理念,将 DI 创新思维课程打造成区科创品牌项目课程。

后 记

　　在上海市奉贤区教育局、奉贤区教育学院的关心支持下,奉贤区教育研究中心从2010年起,先后以校本特色课程、STEM教育、跨学科学习为抓手展开综合实践活动课程的研究与实践。结合上述课题、项目的研究成果,以上海市教科研课题《STEM视野下中小学综合实践活动课程区域本土化实践研究》为进一步推进区域课程改革的抓手,展开新一轮的研究与实践。本书结合此项课题研究进行经验提炼。在有限的时间内,编写组既分工明确又通力合作、集思广益,放弃许多休息时间完成了书稿的编写。希望通过区域专业部门对于中小学综合实践活动的整体规划与实施,让STEM教育等跨学科学习理念能真正在一个地区落地生根,帮助学校打造起适合本土特点的综合实践活动课程,为学校培养具有跨学科素养的教师,提升奉贤学子的核心素养与综合能力。

　　本书在编写过程中,借鉴和参考了国内外众多知名专家的著作和研究成果,同时引用了许多一线教师的案例。该书各章节组织撰写分工如下:全书序言、统稿,孙赤婴;第一章,孙群英、王朝平;第二章、第三章,吴志群;第四章,褚克斌;黄瑞花等老师参与书稿框架讨论、设计。在书稿完善过程中,中国科协"做中学"科学教育改革实验项目教学中心(东南大学)叶兆宁副教授提出了许多宝贵的意见、建议,在此向以上所有专家、教师致以衷心感谢! 由于编写时间仓促,书中疏漏之处在所难免,请读者多多批评指正。

编　者

2021 年 7 月 8 日

参考文献

1. 中华人民共和国教育部.中小学综合实践活动课程指导纲要[M].北京:北京师范大学出版社,2017.

2. 王素,李正福.STEM教育这样做[M].北京:教育科学出版社,2019.

3. 上海市教育委员会教育技术装备中心.创新实验室里的成长超越——基于课程的创新实验室之实践探索[M].上海:上海教育出版社,2017.

4. 孙赤婴.全面课程 校本特色——校本课程的区域管理与指导[M].上海:上海三联书店,2017.

5. 中国教育科学研究院.中国STEM教育白皮书[R].成都:第一届中国STEM教育发展大会,2017.

6. 上海市教育委员会.上海市普通中小学课程方案(试行稿)[M].上海:上海教育出版社,2004.

7. 上海市委,上海市人民政府.上海市教育综合改革方案(2014—2020年)[R].上海,2014.

8. 中华人民共和国教育部.义务教育小学科学课程标准[S].北京:北京师范大学出版社,2017.

9. 上海市教育委员会教学研究室.小学科学与技术单元教学设计指南[M].北京:人民教育出版社,2018.

10. 罗伯特·M.卡普拉罗,玛丽·玛格丽特·卡普拉罗,詹姆斯·R.摩根.基于项目的STEM学习 一种整合科学、技术、工程和数学的学习方式[M].王雪华,屈梅,译. 上海：上海科技教育出版社，2016.

11. 哈兰德. STEM 项目学生研究手册[M]. 中国科协青少年科技中心，译. 北京：科学普及出版社，2013.

12. 赵中建. 美国 STEM 教育政策进展[M]. 上海：上海科技教育出版社，2015.

13. 陈如平，李佩宁. 美国 STEM 课例设计（小学卷）[M]. 北京：教育科学出版社，2018.

14. 布兰思福特，等. 人是如何学习的——大脑、心理、经验及学校[M]. 程可拉，等，译. 上海：华东师范大学出版社，2002.

15. 韦钰，P. Rowell. 探究式科学教育教学指导[M]. 北京：教育科学出版社，2005.

16. 美国科学教育标准制定委员会. 新一代科学教育标准[M]. 叶兆宁，杨元魁，周建中，译. 北京：中国科学技术出版社，2020.

17. 阿卡西娅·M. 沃伦. 跨学科项目式教学——通过"＋1"教学法进行计划、管理和评估[M]. 孙明玉，刘白玉，译. 北京：中国青年出版社，2020.

18. 格兰特·威金斯，杰伊·麦克泰格. 追求理解的教学设计（第二版）[M]. 上海：华东师范大学出版社，2017.

19. 刘月霞，郭华. 深度学习：走向核心素养（理论普及读本）[M]. 北京：教育科学出版社，2018.

20. 孙赤婴. 课程改革注活力 不拘一格育人才——奉贤区 STEM 教育实践研究[J]. 现代教学，2016(23).